Wilhelm Hinrichs
Kamilla Will
Christian Wopp
(Hrsg.)

**PERSPEKTIVEN
ALTERNATIVER SPORTKULTUR**

WIR BRINGEN WAS IN BEWEGUNG..

Der Versuch der Einphasigen Lehrerausbildung an der Universität Oldenburg wurde vom Bundesministerium für Bildung und Wissenschaft gefordert (Kennzeichen B 4048). Die Herausgabe dieser Publikation wäre ohne diese Forderung nicht möglich gewesen.

Universität Oldenburg
Zentrum für pädagogische Berufspraxis

Wir bringen was in Bewegung...
Herausgegeben von WILHELM HINRICHS, KAMILLA WILL und CHRISTIAN WOPP.

Daß dieses Buch so geworden ist, wie es nun vor Euch liegt, verdanken wir in erster Linie HOLGER G. SCHWENZER, der das Buchprojekt konzipierte und auch realisierte. Die Bild- und Textredaktion hat KAMILLA WILL besorgt, der Text wurde von UTE WENDLAND bzw. UTE KUNZE in 'Satz' gebracht und ULRIKE BUCHHOLZ, KATRIN MEERBOTHE und SYLVIA NEUMANN haben fleißig reproduziert. Die Fotos wurden von JÜRGEN KOCH, HEIKO LANGMACK, GEROLD SCHMIDT, PETER KREIER, WALTRAUD GIERE und KAMILLA WILL erstellt.

Mit Unterstützung und Förderung durch das ZENTRUM FÜR PÄDAGOGISCHE BERUFSPRAXIS der Universität Oldenburg konnten wir diese 1. Auflage bei LITTMANN in Oldenburg drucken lassen.

Die 1. Auflage ist nicht über den Buchhandel zu beziehen, sondern nur direkt bei uns: entweder mit Verrechnungsscheck (DM 12,-- + 2,-- DM Verpackung und Porto) beim HOCHSCHULSPORTBÜRO DER UNIVERSITÄT OLDENBURG, Uhlhornsweg 49 - 55, 2900 Oldenburg oder durch Einzahlen des Betrages auf das Sonderkonto K. Will Nr. 554 000 605 319 bei der Verbraucherbank Oldenburg.

Alle Rechte liegen bei den Herausgebern bzw. den Autoren.

Oldenburg, Juli 1983

ISBN 3-8142-0069-1

Inhalt

Annäherung

ALTERNATIVE SPORTKULTUR Christian Wopp über eine Annäherung an eine komplizierte Sache 5

DER SPRUNG VOM WISSENSCHAFTLICHEN ELFENBEINTURM oder welche Alternativen gibt es zu einführenden Referaten 25

Tanz und Gymnastik: zwei Ansätze

TANZFORUM OLDENBURG Walburga Deters über Entstehung und Aufbau einer Schule für Bewegung und Ausdruck 29

SPRINGEN, SPIELEN, SPINNEN Inge Deppert zeigt, was ein Gymnastik-angebot alternativ macht 34

Spielaktionen

DIE MOBILE-SPIEL-SPORT-AKTION der Hamburger Sportjugend stellt Edith Ströh vor 37

SCHÜLERORIENTIERTE SPORT- UND SPIELFESTE Rainer Baltschun und Heiko Gosch arbeiten mit Jugendlichen ohne Ausbildungsvertrag an der allgemeinen Berufsschule Bremen 42

Traum wird zur Realität

JEDER ENTWICKELT SICH IN DIE RICHTUNG, DIE IHM SPASS MACHT Heino Nawrath über Clownerie und Pantomime als Möglichkeit der Persönlichkeitsentwicklung 51

MANEGE FREI Jürgen und Ursula Kretschmer präsentieren den Zirkus Kunterbunt, einen Zirkus mit Grundschülern 56

DER ZIRKUS LARIFARI von Hamburger Sportstudenten 62

DIE TRAUMFABRIK Rainer Pawelke u.a. berichten über das Projekt Traumfabrik 63

TRAUMFABRIK ODER TRAUM(A)FABRIK Arne Bergmann, Georg Lubowsky und Anke Möhring betreuten die Traumfabrik 73

SCHATTENSPIEL UND TANZ an der Hauptschule Sperberweg in Oldenburg. Sigrid Albrecht und Achim Schönberg über einen Versuch, Neuland zu erobern 81

Durch Sport Realität begreifen und verändern

DIE HISTORISCHE ROLLE DER ARBEITERSPORTBEWEGUNG beschreibt Franz Nitsch 87

DIE SOLIDARITÄTSJUGEND DEUTSCHLAND 91

SPORTLER GEGEN ATOMRAKETEN - ein Aufruf 96

SPORT UND ARBEIT Körpererfahrungen als Gegenstand der Lehrerausbildung werden von Rüdiger Klupsch u.a. vorgestellt 97

EINE BEWEGUNG, DIE NICHT ZWECKFREI IST Rüdiger Hillgärtner zur Alternativen Sportkultur **107**

Der Elfenbeinturm wackelt

DAS PROGRAMM MIT DEN ELEFANTEN Christian Wopp und der Hochschulsport an der Universität Oldenburg **111**

SPIEL BEWEGUNG UMWELT Wilhelm Hinrichs und Kamilla Will über ein Projekt an der Universität Oldenburg **113**

SPIEL UND KULTURFEST in Oldenburg Eversten, organisiert von Wilhelm Hinrichs und Kamilla Will **115**

GIBT ES ALTERNATIVEN ZUR TRADITIONELLEN SPORTSTÄTTENPLANUNG ? Jürgen Koch beschreibt einige Ansätze **118**

DIE KIELER SPORTPÄDAGOGIK-GRUPPE über ihre Arbeit **126**

FREIE LERN- ÜBUNGS- UND SPIELGELEGENHEITEN Eberhard Helms zeigt Ergebnisse eines längeren Unterrichtsprojektes am Beispiel einer 3. Grundschulklasse **131**

Fremde Kulturen werden für uns zur Alternative

DIE LEIDENSCHAFT DER BALKANTÄNZER Heidi Zieger vermittelt Lebensfreude durch Bewegung nach fremdländischer Musik **133**

ASIATISCHE SPORTARTEN Frank Zechner und Heimke zur Kammer berichten über den Symposiumsarbeitskreis **137**

KÖRPERBEWUSSTHEIT ein Lernziel von Herbert Maier **142**

Im Sportverein bleiben ...

AUS DER SICHT EINES SPORTFUNKTIONÄRS Anmerkungen von Herbert Hartmann **145**

... oder neue Vereine gründen?

Der VEREIN FÜR SPORT & KÖRPERKULTUR e.V. in Köln **147**

und die WERKSTATT für Medienarbeit & Freizeitpädagogik e.V. in Oldenburg **155**

sowie einige Beiträge einer längeren DISKUSSION **158**

Was sagen denn die Wissenschaftler dazu?

ALTERNATIVE SPORTKULTUR AUS HANDLUNGSTHEORETISCHER SICHT von Peter Weinberg **161**

THEORIE ALTERNATIVER SPORTKULTUR Holger Grabbe mit soziologischen Betrachtungen zur Beziehung Spiel-Bewegung-Umwelt .. **166**

DAS OLDENBURGER MANIFEST zur alternativen Sportkultur ... **170**

ANHANG mit Literatur- und Adressenlisten **173**

Erinnert Ihr Euch?

Am 19. und 20. November 1982 habt Ihr bei uns in Oldenburg getanzt, gespielt, Eure Körper gespürt, diskutiert, Vorführungen zugeschaut, die Meinungen von Wissenschaftlern angehört.
Was, Ihr habt gar nicht teilgenommen?
Macht nichts. Denn in diesem Buch dokumentieren wir die Aktivitäten, Einstellungen und Meinungen, die die ganze Vielfalt der alternativen "BEWEGUNG" erahnen lassen. Wir haben uns bemüht, aus dem vorliegenden Band mehr als nur einen trockenen Bericht von einem Symposium werden zu lassen.
Vielleicht sollten wir aber genauer sagen, was das für ein Symposium war und wer wir eigentlich sind.

Das Symposium zu dem Thema "Spiel-Bewegung-Umwelt : Perspektiven alternativer Sportkultur" wurde vom Allgemeinen Deutschen Hochschulsportverband veranstaltet. Es war immerhin schon das 5. Symposium zum Hochschulsport. Alle vorausgegangenen Symposien wurden an der Universität in Bremen durchgeführt. Die Bremer haben damit eine "Pionierarbeit" geleistet, die die Voraussetzung dafür waren, daß das 5. Symposium in Oldenburg stattfinden konnte. Organisiert wurde es von dem Projekt "Spiel-Bewegung-Umwelt" das eine Arbeitsbeschaffungsmaßnahme ist, und von der Zentralen Einrichtung Hochschulsport.
Alles klar?
Viel Spaß wünschen Euch Wilhelm, Kamilla und Christian

5. Symposium zum Hochschulsport
des Allgemeinen Deutschen Hochschulsportverbandes

SPIEL - BEWEGUNG - UMWELT
PERSPEKTIVEN ALTERNATIVER SPORTKULTUR

19./20.11.1982 UNIVERSITÄT OLDENBURG

- VORFÜHRUNGEN
- INFORMATIONEN
- DISKUSSIONEN
- ERFAHRUNGSAUSTAUSCH

Bewegungstheater
Schulsport
Zirkus
alternative Sportvereine
Traumfabrik
Baden
Spielaktionen
Fahrradinitiative
Akrobatik
Schattenspiele
New Games
Friedensfahrt
Folkloretanzgruppen
Pantomime
Turnen

AUFGERUFEN SIND ALLE GRUPPEN, DIE LUST HABEN, IHRE ANSÄTZE VORZUSTELLEN UND DARÜBER ZU DISKUTIEREN.

Informationen: Projekt Spiel-Bewegung-Umwelt,
Universität Oldenburg, Ammerländer Heerstraße,
D-2900 Oldenburg (Oldbg.), Tel.: 0441/798-3164

Annäherung

Christian Wopp

Alternative Sportkultur

Annäherungsversuche an eine komplizierte Sache

"Ja, wo laufen Sie denn . . . ?"

Überall! Zumindest die Alternativen. In der BRD und Westberlin gibt es zur Zeit ca. 11.000 - 12.000 alternative Projekte mit ca. 80.000 Aktivisten. 3/4 Millionen Menschen sind irgendwie mit der Alternativbewegung verbunden (STATTBUCH 2, S. 13).
Und der Sport? Wird er von den Alternativen ignoriert?
In den folgenden Kapiteln wollen wir aufspüren, wo im Bereich des Sports Alternativen praktiziert werden, welches Aussehen und welche Ziele sie haben. Wir wollen herausfinden, ob es gerechtfertigt erscheint, heute schon vom Entstehen einer alternativen Sportkultur zu sprechen.

Dazu wählen wir folgende Vorgehensweise.
Da nach unserer Auffassung der Sport und insbesondere die alternativen Formen des Sports nicht isoliert betrachtet werden können, wenden wir uns erst einmal dem Bereich der alternativen Kultur zu und fragen, welche Ziele und Inhalte für sie charakteristisch sind.

Erst danach rücken wir den Sport in den Mittelpunkt, wobei wir von der Frage ausgehen, welche unterschiedlichen Erscheinungsformen des Sports bei den jeweils unterschiedlichen Ansätzen der alternativen Kultur aufzuspüren sind.
Wir glauben damit eine pragmatische und praktikable Vorgehensweise gefunden zu haben. Begriffe wie Sport, Alternativen und Kultur zeichnen sich insbesondere dadurch aus, daß sie relativ unpräzise sind. Deshalb könnt Ihr Euch sicherlich vorstellen, wie schwer es uns fiel, sich dem Begriff der alternativen Sportkultur zu nähern. Vielleicht können wir Euch eine Lesehilfe geben, wenn Ihr Euch auf folgendes Spiel einlaßt.
Überlegt erst einmal selber, welche Praxisformen Ihr dem alternativen Sport zuordnet und welche Ihr nicht dazuzählt.

Beispiel:

ja	Gummitwist ....
nein	Fußball ....

Im nächsten Schritt könnt ihr versuchen, Begründungen für eure Entscheidung zu finden. Beispiel: Einfachheit, denn . . .

Jetzt solltet Ihr in Ruhe die nächsten Kapitel durchlesen und besonders darauf achten, ob Ihr dort die von Euch genannten Praxisformen und Begründungen entdecken könnt.

Da wir nicht so überheblich sind, mit dem vorliegenden Beitrag den Bereich der alternativen Sportkultur schon umfassend und abschließend bearbeitet zu haben, findet Ihr vielleicht Praxisformen und Begründungen, die wir noch nicht bedacht haben.

Neues aus dem Dschungel oder was ist alternative Kultur?

Wie der Begriff alternative Kultur schon besagt, handelt es sich hierbei um den Versuch, der herrschenden Kultur eine Alternative entgegenzustellen. Ein wesentliches Merkmal dieser vorherrschenden Kultur ist ihre angebliche Zweckfreiheit. (MÜHLBERG 1978, S. 262).
"Für die bürgerliche Kulturtheorie wurde Kultur zur Erhebung der Seele über die Knechtschaft des Leibes, Feiertag des Geistes." (HUND/KRAMER 1974)
Wie sieht aber demgegenüber die alternative Kultur aus?
In der Fachliteratur gibt es eine Vielzahl von Begriffen, die den Anspruch erheben, eine Alternative zur herrschenden Kultur zum Ausdruck zu bringen.

- "Kultur für Alle" (HOFFMANN 1981)
- "Zweitkultur" (HUND 1978)
- "Soziale Kulturarbeit" (FUCHS/SCHNIEDERS 1982)
- "Freizeitkulturelle Breitenarbeit" (OPASCHOWSKI 1979)
- "Sozialistische Gegenkultur" (SCHUPPAN 1978)
- "Subkultur" (HOLLSTEIN 1979)
- "Demokratische Kultur" (HUMMEL 1979)

Die Liste mit den Begriffen könnte noch verlängert werden. Für uns sollen die verschiedenen Begriffe ein Verweis darauf sein, daß es eine einheitliche Bestimmung dessen, was alternative Kultur ist, offensichtlich nicht gibt. Für uns soll als erstes Bestimmungsmoment gelten:
Alle Formen der Kultur, die den Anspruch erheben, eine Alternative zur Herrschenden Kultur zu sein, bezeichnen wir als alternative Kultur.
Damit haben wir erst einmal eine Eingrenzung vorgenommen, die von uns ganz bewußt noch sehr ungenau gehalten wurde. Diese Ungenauigkeit entspricht der beobachtbaren und teilweise verwirrenden Vielfalt von Aktivitäten, die ihrem eigenen Anspruch nach sich zur alternativen Kultur zugehörig fühlen.

Ein Blick in den Kultur-Katalog (GÜNTER/RUTZEN 1979), der Anregungen für alternative Kulturpraxis geben will, zeigt u.a. folgende Bereiche:

- Kochen, Essen, Trinken
- Wohnen
- Radfahren
- Treffpunkt Straße und Maßnahmen zur Verminderung des Verkehrs im Wohnbereich
- Feste feiern
- Kommunikationszentren
- Flohmärkte
- alternative Bücherläden
- Druckwerkstätten
- Zeitungen selber machen
- Spielbus/Medienbus
- Pflastermalen
- Musik
- Tanzen
- Schreibwerkstatt
- Theater
- Sozialfotografie
- Film-Video-Werkstatt
- Anders reisen
- Bürgerinitiativen

Im Stattbuch 2, einem alternativen Wegweiser durch Berlin, finden wir noch u.a.
- alte Menschen
- Alternative Technik
- Arbeitslose
- Ausländer- und Dritte-Welt-Gruppe
- Behinderte
- Frauen
- Gesundheit
- Schwule.

Wann wird aus anders alternativ?

Der Anspruch der alternativen Kultur im Gegensatz zur herrschenden Kultur ist es, daß sie die sogenannte Zweckfreiheit ablehnt. Bei der Zweckbestimmung lassen sich jedoch unterschiedliche Ziele erkennen, die es ermöglichen, die Erscheinungsformen der alternativen Kultur nach verschiedenen Gesichtspunkten zusammenzufassen.

Nach ROPOHL (1980) gibt es alternative Kultur als:
1. Soziokultur
2. Gewerkschaftliche Kulturarbeit
3. Gegenkultur

Soziokultur
Nach diesem sozialdemokratischen Kulturkonzept heißt alternative Kultur "Demokratisierung von Kultur" mit Hilfe von alternativen Formen der Kulturvermittlung. Dieses Konzept wird häufig mit dem Schlagwort "Kultur für alle" charakterisiert.

Ansatzpunkt für dieses Konzept ist die gravierend sozial ungleiche Chance der Partizipation an der traditionellen Kulturvermittlung (KOHL 1980). Deutlich wird dieser Sachverhalt an der einseitigen Subventionierung jener Kultur, die priviligierten Schichten vorrangig zugänglich ist. Bei den Städten teilt sich der Kulturetat wie folgt auf:
41 % für Theater
38 % für Bibliotheken, Museen, Orchester, Musikschulen, Volkshochschulen
21 % für Kulturverwaltung, Künstlerförderung, Heimatpflege und sonstiges (Kirche, Karneval).

Nur ca. 1 % werden für soziokulturelle Breitenarbeit, d.h. nach HOFFMANN (1981, S. 273) für alternative Kultur ausgegeben.

Bei dem Konzept der Soziokultur steht das Bemühen um die Öffnung kultureller Einrichtungen (Theater, Museen usw.) im Mittelpunkt. Außerdem gehört dazu die Förderung der sogenannten "Alltagskultur", d.h. Amateurkünstler, Chorgesang, Vorgartenkultur, Kultur von Nachbarschaften usw.. So soll es z.B. Musik im Freien, Theater am hellichten Tage, Literatur im Cafe, bildende Kunst am Bau usw. geben.

Damit eine aktive Teilnahme und Teilhabe breiter Bevölkerungsschichten möglich wird, fordert OPASCHOWSKI (1979) besondere Formen der Animation mit dem Ziel: "Ehemals (elitäre) Kultur und (bürgerliche) Bildung werden zur "freizeit- kulturellen Bildung für alle" (S. 19)

Gewerkschaftliche Kulturarbeit
Die gewerkschaftliche Kulturarbeit zählen wir zur alternativen Kultur, weil sie das Prinzip der Zweckfreiheit ablehnt und sich eindeutig an den Interessen der Arbeitnehmer orientiert. Danach ist gewerkschaftliche Kulturarbeit ein Teil der Kulturpolitik der Gewerkschaften. Ziel dieser Politik ist es, "kulturelle Initiativen der Arbeitnehmer zu fördern und ihnen die Teilnahme am kulturellen Leben zu ermöglichen". (DGB 1981, S. 9)

Bei diesem Anspruch ergibt sich eine Nähe zum Konzept der Soziokultur, wenn der DGB sowohl die Öffnung etablierter Kultureinrichtungen als auch die Förderung von Ansätzen alternativer Kultur fordert.
Ein wesentlicher Unterschied zum Ansatz der Soziokultur besteht aber darin, daß der DGB die Arbeitsbedingungen konsequent mit in seine Überlegungen einbezieht.

"Wer sich Sorgen um seinen Arbeitsplatz machen muß, hat keine Zeit und Muße für andere, nicht minderwichtige Lebensbereiche". (SCHWAAB 1976, S. 2)
Die gewerkschaftliche Kulturarbeit soll deshalb einen spezifischen Beitrag zur Durchsetzung gewerkschaftlicher Ziele wie z.B. Arbeitszeitverkürzung, Humanisierung der Arbeit und gerechte Einkommensverteilung leisten.

In einer Bestandsaufnahme wird von der Abteilung Kulturpolitik des DGB festgestellt, daß kulturelle Aktivitäten in der gewerkschaftlichen Arbeit in den vergangenen Jahren erheblich zugenommen haben. (S. 8)
Danach gab es 117 gewerkschaftliche Kulturgruppen wie z.B. Songgruppen (37), Theatergrupppen (28), Foto-, Film-, Video-Gruppen (20).
Besondere Bedeutung haben gewerkschaftliche Kulturangebote am 1. Mai, am 1. September, dem Antikriegstag, und beim Pfingstjugendtreffen. Als zentrale Angebote können die Ruhrfestspiele mit über 100.000 Teilnehmern, das "junge forum" Recklinghausen und die Büchergilde Gutenberg genannt werden.

Zusammenfassend charakterisiert ROPOHL (1980) die gewerkschaftliche Kulturarbeit wie folgt:
"Die neuen Ansätze gewerkschaftlicher Kulturarbeit verstehen sich nicht als oppositionelle 'Gegenkultur', sondern als eine an den Arbeitnehmerinteressen orientierte Alternative, die gleichberechtigt neben der öffentlichen Kultur und mit ihr korrespondierend bestehen soll". (S. 193)

Gegenkultur
Seit ca. Mitte der 70er Jahre entstehen immer mehr Bürgerinitiativen, die sich u.a. gegen eine Zerstörung ihrer Umwelt, für alterna-

tive Schulen, Jugend- und Kommunikationszentren, für den Erhalt demokratischer Rechte und in jüngster Zeit insbesondere für Frieden und Abrüstung einsetzen. Der quantitative Umfang dieser Initiativen läßt es gerechtfertigt erscheinen, heute von einer Bürgerinitiativbewegung zu sprechen (KARL 1981). Parallel mit dieser Bewegung entstanden Landkommunen, Produktionsgemeinschaften, künstlerische Gruppen, Öko-Experimente usw.

Obwohl die spezifischen Ziele dieser einzelnen Initiativen sehr unterschiedlich sind, läßt sich als allgemeine Zielrichtung dieser Bewegung formulieren:

". . . am Beispiel positiver und sinnvoller Existenz der offiziellen Welt einen desillusionierenden Spiegel vorzuhalten und sie zu attackieren." (HOLLSTEIN 1979, S. 14)
D.h. durch die Gegenkultur soll eine umfassende alternative Lebenspraxis entwickelt werden (ROPOHL 1980, S. 194).
Darin wird deutlich, daß es sich hierbei um einen sogenannten holistischen Ansatz handelt, bei dem versucht wird, der Aufteilung der verschiedenen Lebensbereiche (Arbeitszeit, Freizeit, Schlafzeit) entgegenzuwirken und sich um eine Rekonstruktion des Lebenszusammenhanges "Wohnen", "Arbeiten", "sich Erholen", "sich Bewegen" usw. zu bemühen (BAACKE 1980).

Zusammenfassung
Innerhalb der alternativen Kultur gibt es reformerische und oppositionelle Ansätze. Während die Konzepte der Soziokultur und der gewerkschaftlichen Kulturarbeit sich darum bemühen, Kultur an die Massen heranzutragen bzw. Formen der Alltagskultur verstärkt zu integrieren, ist das Konzept der Gegenkultur auf die Veränderung gesellschaftlicher Existenz im weitesten Sinne gerichtet. Während bei den Konzepten der Soziokultur und der gewerkschaftlichen Kulturarbeit die Gefahr besteht, in einen kulturmissionarischen Ansatz zu verfallen, der die realen Lebensbedingungen der Individuen nicht genügend reflektiert und damit den Anspruch aufgibt, Kultur als gesamte Lebensweise der Individuen aufzufassen, besteht bei den Konzepten der Gegenkultur die Gefahr, in das subkulturelle Getto abzugleiten, und damit das Ziel der Autonomie zu verfehlen.

Land in Sicht!
Kultur selber machen.

Die Beschreibung der allgemeinen Ziele der alternativen Kultur als reformerisches oder oppositionelles Konzept zur herrschenden Kultur hat bisher zu einer Vernachlässigung der Betrachtung der Inhalte alternativer Kultur geführt. Denn in der Realität sind die Konturen zwischen reformerischen und oppositionellen Ansätzen nicht immer eindeutig und eher fließend. Um die Elemente alternativer Kultur aufzuführen, betrachten wir die Entstehung und Arbeitsform von Bürgerinitiativen, die wir als sogenannte "Keimzellen" alternativer Kultur ansehen können.

Prozeßcharakter
Die Entstehungsgeschichte einer Bürgerinitiative kann nach KARL (1981, S. 98) wie folgt beschrieben werden.

Ausgangspunkte bilden Mängelerscheinungen in den Bereichen von Verkehr, Umwelt, Bildung, Gesundheit und Wohnen.
Diese Mängelerscheinungen bedurften in vielen Fällen nicht der komplizierten theoretischen Vermittlung, sondern der direkten, praktischen Abhilfe. (HOFFSTEIN 1979, S. 135)
Bei diesen Aktionen scheinen die Handlungen der Betroffenen häufig vorerst nur auf die Beseitigung der Mängel gerichtet zu sein, wohingegen die positiven Alternativen, die nach der Beseitigung der Mängel gegeben sein sollen, in vielen Fällen anfänglich noch nicht zu erkennen sind. Vielmehr sind Prozesse des Erforschens und Veränderns zu beobachten, bei denen die Realität unaufhörlich und beharrlich fortschreitend verändert wird (FUCHS/SCHNIEDERS 1982, S. 13).

Dieser Prozeßcharakter beinhaltet vielfältige Probleme. Es können Wege beschritten werden, die sich als nicht oder zur Zeit noch nicht praktikabel erweisen, Fehlschläge drohen, die Mitglieder der Initiative können auf das Fehlen eindeutiger Zielvorstellungen leicht durch eine massive Gegenpropaganda verunsichert werden usw. Als erstes Element alternativer Kultur halten wir fest:
Bei alternativer Kultur steht der Prozeß des Veränderns und Gestaltens im Vordergrund.

Selbständigkeit
Die Betrachtung der Entstehungsgeschichte von Bürgerinitiativen zeigt, daß die Bürger bestimmte Mängelerscheinungen erleben und daß zur Beseitigung dieser Mängel auf bürgerliche Volksvertreter und etablierte Parteien kein Verlaß ist. Eingaben der Bevölkerung wurden nicht berücksichtigt oder es formierte sich teilweise sogar ein Allparteienkonsens von CDU/SPD/FDP gegen die Interessen der Betroffenen (KARL 1981, S. 99/100)

Wichtiger "Nährboden" für die Entstehung von Bürgerinitiativen ist die Erkenntnis, daß die Betroffenen sich selber um die Verwirklichung ihrer Wünsche bemühen müssen und die Vertretung ihrer Interessen selber in die Hand nehmen müssen. (KARL 1981, S. 101).

Durch die konkrete Arbeit in den Initiativen haben viele Bürger erlebt, zu welchen Veränderungen Selbsttätigkeit, Eigenaktivität und Solidarität führen können und wie sich bei den Bürgern bisher brach liegende Möglichkeiten individuellen Handelns entfalten können. Es wurden Werte wiederentdeckt, die scheinbar in unserer Gesellschaft schon verschwunden schienen. D.h. mit der politischen Arbeit sind Möglichkeiten der Persönlichkeitsentwicklung verknüpft.

Begriffe wie Selbermachen, Selbsttätigkeit, Eigenaktivität usw. subsumieren wir unter dem Begriff der Selbständigkeit.

Zentrales Merkmal alternativer Kultur ist die Selbständigkeit des Handelns der Betroffenen

Aufhebung des affirmativen Charakters von Kultur
Wir hatten aufgezeigt, daß in der alternativen Kultur die Bürger Möglichkeiten der Entfaltung von Selbständigkeit unmittelbar erleben. Die Machtlosigkeit gegenüber bürokratischer Selbstherrlichkeit endet mit der Gründung empörter Initiativen, der Markt gleichgeschalteter Medien wird durch lokale Gegenöffentlichkeit zurückgedrängt. (FUCHS/SCHNIEDERS 1982, S. 13) D.h. alternative Kultur bezieht sich auf die Veränderung aller Lebensbereiche, wie z.B.
- Kochen/Essen/Trinken
- Kleidung selber machen
- Flohmärkte
- Feste feiern
aber auch auf die Bereiche wie
- alternative Landwirtschaft
- alternative Technik
- Netzwerk oder Kulturkooperative als Formen der Kooperation von Initiativen untereinander.

Der Aufbau von Lebensbereichen, die eine Selbstverwirklichung ermöglichen, beinhaltet immer die Auseinandersetzung mit Konflikten, Problemen, das Erproben neuer Möglichkeiten und die Entwicklung von anderen Vorstellungen des sozialen Lebens.
Während herrschende Kultur in den meisten Fällen Konflikte ausklammert (Kultur als das Wahre, Schöne, als die Muße, das Zweckfreie), überwindet alternative Kultur diesen affirmativen Charakter.

Alternative Kultur entsteht aufgrund von Widersprüchen und macht diese zum Inhalt des Handelns.

Einfachheit und Natürlichkeit
Während der Prozeßcharakter, die Selbständigkeit und die Aufhebung des affirmativen Charakters von Kultur als Element sowohl der Soziokultur, gewerkschaftlichen Kulturarbeit und der Gegenkultur angesehen werden können, sind in der Gegenkultur darüberhinausgehende Elemente bedeutsam, die mit den Begriffen Einfachheit und Natürlichkeit beschrieben werden können.

Mit diesen Begriffen ist die Absicht verbunden, an Stelle der Wachstumsideologie und der Ausweitung großer Technologie, eine sanfte Technologie entgegenzustellen, die von einer kreativen Rücksichtnahme von Natur, Mitmenschen und Gesellschaft ausgeht (HOLLSTEIN 1979, S. 129)

"Eine große Bedeutung bei der neuen Natürlichkeit nimmt der Wille ein, vom Fertigprodukt wegzukommen und wieder alle Schritte bei der Nahrungs-, Kleider- und Geräteherstellung selber zu lernen und zu vollziehen." (HOLLSTEIN 1979, S. 130)

Bei der Gegenkultur sind Einfachheit und Natürlichkeit wesentliche Elemente.

Alles auf einen Blick

Die Aussagen zu den unterschiedlichen Zielen und Inhalten der alternativen Kultur können wir sogar in einem Schema zusammenfassen.

Ziele \ Inhalte	Prozeßcharakter	Aufhebung des affirmativen Charakters	Selbständigkeit	Natürlichkeit Einfachheit
Soziokultur				
Gewerkschaftl. Kulturarbeit				
Gegenkultur				

An dieser Stelle haben wir zur Abwechslung für euch eine Aufgabe: Welche Inhalte würdet ihr schwerpunktmäßig den einzelnen Kulturkonzepten zuordnen?

[Lösung auf dem Kopf:] Soziokultur: Prozeßcharakter, Selbständigkeit; Gewerkschaftliche Kulturarbeit: Aufhebung des affirmativen Charakters von Kultur; Gegenkultur: Selbständigkeit, Einfachheit, Natürlichkeit.

Der alternative Sport - mehr als eine Rolle rückwärts?

Der Umfang der Bürgerinitiativbewegung und der alternativen Projekte (vgl. DAS ADRESSBUCH 1981) lassen es gerechtfertigt erscheinen, von der Existenz einer alternativen Kultur zu sprechen. Wenn wir davon ausgehen, daß der Sport ein Bestandteil der Kultur ist, dann müßte es auch eine alternative Sportkultur geben.

Auch hierbei gehen wir von der Feststellung aus, daß alle Formen des Sports, die sich um eine Alternative zum Herrschenden Sport bemühen, dem alternativen Sport zuzuordnen sind.

Wir wollen versuchen, entsprechende Aktionsformen in den folgenden Kapiteln genauer aufzuspüren, um aufzuzeigen, daß es gerechtfertigt erscheint, vom Entstehen einer alternativen Sportkultur zu sprechen. Dabei wollen wir belegen, daß eine Aussage, wonach es im Sport keine nennenswerte Gegenbewegung gibt (STATTBUCH 2, S. 738), falsch ist.

Bei der Vorgehensweise lehnen wir uns an die Systematik des vorangegangenen Kapitels an und fragen, welche Formen alternativen Sports es innerhalb der Soziokultur, der gewerkschaftlichen Kulturarbeit und in der Gegenkultur gibt.

Wir betrachten besonders solche Spiel- und Bewegungsformen, bei denen Elemente wie Prozeßcharakter, Selbständigkeit, Aufhebung des affirmativen Charakters, Einfachheit, Natürlichkeit im Mittelpunkt stehen.

Soziokultureller Ansatz und Sport

Wir hatten beschrieben, daß beim Soziokulturellen Ansatz vorrangig die Öffnung und Popularisierung vorhandener Kultureinrichtungen bzw. Institutionen unter verstärkter Einbeziehung alltäglicher Kultur angestrebt wird.
Auf dem ersten Blick erscheint es so, daß bei den Soziokulturellen Ansätzen der Sport scheinbar vergessen wird. So benennt HOFFMANN (1981) nur Bereiche wie Theater, Musik, Museen, Kunst, Weiterbildung, Film, Kino und Medien. Auch unter dem Begriff der kulturellen Freizeit finden wir bei ihm keine Aussage zum Sport. Diese Ignoranz gegenüber dem Sport durch die Apologeten der Soziokultur kann vielleicht dahingehend interpretiert werden, daß der große Bereich der Sportvereine der sogenannten Alltagskultur (wie Kaninchenzüchtervereine, Chöre, Spielmannszüge usw.) zugerechnet und damit als ein Bereich angesehen wird, der nicht der Veränderung, sondern höchstens der verstärkten Integration in andere Kulturbereiche bedarf (SABAIS 1975).

Auf dem zweiten Blick ist aber festzustellen, daß unter dem Sammelbegriff des Spiels innerhalb des soziokulturellen Ansatzes eine alternative Sportkultur aufzuspüren ist. Dazu einige Beispiele.

In der BRD gibt es zur Zeit ca. 50 Spielmobile. Ausgangspunkt war dabei die mobile Spielplatzbetreuung, die in den einzelnen Städten sehr unterschiedlichen Charakter hat. Sie reicht vom rollenden Gerätespielplatz bis hin zu materialintensiven Spielaktionen wie Spielturniere, Theater, Zeitungen selber machen, Ortsrallys (BKJ 1981, S. 951; MAYRHOFER/ZACHARIAS 1973).

Umfassender als einzelne Spielmobile ist die "Pädagogische Aktion" in München, die auf Schulhöfe, Straßen, Spielplätzen, Parks, Museen, Schulen und Jugendzentren Freiluftausstellungen Robinson-Spiele, Basteln, Zirkusspiele, Jahrmärkte, Theater usw. durchführt. Dabei werden auch vielfältige alltägliche Materialien verwendet (MICHAEL, 1982).

Die Pädagogische Aktion erhielt den von der GEW gestifteten "Georg-Tappert-Preis" für "kulturelle Aktivitäten in Bildungs- und Erziehungseinrichtungen", weil ihre ursprünglich außerschulischen Angebote heute bis in die Schulen hineinwirken.

Innerhalb der Schule oder Vorschule können wir bezogen auf das Spiel u.a. folgende Angebote entdecken:

- Bewegungsbaustelle

Diese wurde errichtet im Rahmen eines Projektes zur Förderung von Spiel und Bewegung unter dem Leitsatz "Hilfe zur Selbsthilfe" von Erzieherinnen, Studenten und Kindern mit leicht zu beschaffenden Materialien (Autoreifen, Klötze, Balken, Bretter) MIEDZINSKI, 1982).

- Pausengestaltung

D. h. innerhalb der Schulpausen werden Spielmöglichkeiten aber auch ganze Spielaktionen angeboten (vgl. BAER/HOYER 1982; SCHWERBITZ/WITTEBORG 1982).

- Pausenhofgestaltung

In enger Verbindung mit der Pausengestaltung steht auch die Umgestaltung der Schulhöfe, damit entsprechende Pausenspiele möglich sind.

Aber auch innerhalb des Unterrichts werden neue Formen des Spielens eingeführt (vgl. dazu das Schwerpunktthema Spielen in der Zeitschrift Sportpädagogik 1/80).

Spielaktionen, die dann überwiegend den Charakter von Festen haben, werden teilweise auch als Alternative zu den traditionellen Bundesjugendspielen durchgeführt (PETERSEN 1977; GASSER/ODEY, 1977).

Die Ausweitung der Angebote zu den "Kleinen Spielen" ist vermutlich nicht lösgelöst zu sehen von der Aktion Spielfest des Deutschen Sportbundes. Bei diesen sogenannten volkstümlichen Festen des Spiels soll jeder mitmachen können, es soll kein Leistungsdruck herrschen, die Kommunikation soll im Vordergrund stehen, Spontanität und Kreativität sind erwünscht (DSB 1980).

Um die Einmaligkeit dieser Spielfeste zu überwinden, hat der DSB Spieltreffs initiiert bzw. strebt die Errichtung oder Nutzbarmachung von Spielwiesen an. (PALM 1980)

Innerhalb der Vereine und Hochschulen werden solche Spieltreffs auch unter den Bezeichnungen Spielkarren (HSJ 1982), Spielkiste (POSCH/HINRICHS 1982) oder als Kurse "Kleine Spiele" (KUHL/SIEMPEI KAMP/BLAETTER 1980) durchgeführt.

Vielleicht wird so mancher Leser nicht damit einverstanden sein, wenn wir die Spielfeste des DSB der alternativen Sportkultur zuordnen. Hierbei handelt es sich um die gleiche Kritik, die Vertreter des gegenkulturellen Ansatzes gegenüber den Vertretern des soziokulturellen Ansatzes vorbringen. Bei aller Kritik an den Spielfesten des DSB (HINRICHS/WITZKE/WOPP 1982) muß anerkannt werden, daß sich die Spielfeste des DSB in Form und Inhalt von denen im "normalen Sport" üblichen Angebotsformen unterscheiden. Wenn wir jedoch die Kriterien für eine alternative Kultur als Maßstab an die Spielfeste des DSB anlegen, so werden diese nicht erfüllt, wie der Leser leicht selber überprüfen kann. Im Kapitel über die Gegenkultur und den Sport werden wir aufzeigen, daß es schon wieder eine Alternative zu der Alternative "Spielfest des DSB" gibt.

Dem soziokulturellen Ansatz sind ebenfalls die Parks (z.B. Revierparks, Gesundheitsparks) und die Spielstraßen (in München und Kiel) zuzuordnen. Hier geht es vor allem darum, organisationsarme und rollenwechselnde Beschäftigungen für die Besucher zu ermöglichen mit dem Ziel, "zu schöpferischen, geistigen und politischen Aktivitäten" anzuregen. (OPASCHOWSKI 1979, S. 163).

Wir können zusammenfassend festhalten, daß der Schwerpunkt der Soziokulturarbeit in den Bereichen des Spiels und der Feste liegt. Die Beurteilung darüber, ob dieser Ansatz zu einer Veränderung der Lebensgewohnheiten (zumindest im Bereich des Spielens) geführt hat, oder ob lediglich nur gewisse Nischen als Freiräume für Spiel- und Sport erschlossen wurden, kann und soll an dieser Stelle nicht abgegeben werden.

Gewerkschaftliche Kulturarbeit und Sport

Allgemein zutreffend ist hier das Wort "Fehlanzeige".
Obwohl in den Vorstellungen des DGB zur Kulturpolitik und Kulturarbeit der Sport genannt wird (S. 10) taucht dieser Bereich in der konkreten Kulturarbeit der Gewerkschaften nicht mehr auf.

"Die gewerkschaftliche Kulturarbeit betrifft im wesentlichen die Einbeziehung von Kunst und künstlerischen Ausdrucksformen in der Gewerkschaftlichen Praxis" (BESTANDSAUFNAHME S. 4).

Die Ursache für diese Ignoranz des DGB gegenüber dem Sport in der eigenen Kulturarbeit kann evtl. darin gesehen werden, daß der DGB mit der Gründung des DSB als Einheitssportbewegung auf die Durchführung eines von den Gewerkschaften organisierten Sports verzichtet hat.

Gegenkultureller Ansatz und Sport

Charakteristisch für den gegenkulturellen Ansatz ist es, daß es sich hierbei vorrangig um Veränderungen von Lebensweisen ausserhalb bestehender Institutionen handelt.

Ein wesentliches Merkmal alternativer Kultur ist der Versuch, den affirmativen Charakter von Kultur aufzuheben. Das bedeutet, daß Sport nicht als Freiraum oder Selbstzweck, sondern bewußt in politische Zusammenhänge hineingestellt wird. Ein wichtiger Träger dieser Bewegung sind die Bürgerinitiativen. Deshalb betrachten wir einmal den Sport in Bürgerinitiativen.

Bei Bürgerinitiativen gegen die Zerstörung von Natur und Umwelt engagieren sich zunehmend auch Sportler. Die Hamburger Sportjugend hat eine Dokumentation zum Thema Sport-Umwelt-Natur herausgegeben. In einem Arbeitskreis Umweltschutz haben u.a. Segler Informations-, Protest- und Sternfahrten durchgeführt, Fahrradtouren wurden unter dem Leitthema "Umweltschutz" und mit Besichtigung eines Industrie- und Kernkraftwerkes bzw. von der Industrialisierung bedrohter Gebiete durchgeführt. (HSJ 1980).

Eine Fahrraddemonstration fand u.a. bei der Demonstration und Kundgebung "Gegen ein atomares Emsland" statt.

An der Startbahn West gibt es Jogger. Ebenso haben sich dort am Protest auch zunehmend Sportvereine beteiligt (KARL 1981, S. 24).

Auch das Wandern wird wieder entdeckt. Dabei soll das Wandern als Lust, als eine Möglichkeit, um zur Natur zurückzufinden, erlebt werden. Gleichzeitig bietet es sich an, bewußt jene Abschnitte zu durchwandern oder evtl. sogar zu vermessen, die von der Industrialisierung zerstrört bzw. bedroht sind (SCHNIEDERS 1982).

Im Rahmen von Skifreizeiten werden Öko-Gruppen eingerichtet, Öko-Touren durchgeführt, um jene Schäden aufzuspüren, die durch einen hemmungslosen Skitourismus verursacht werden. Insbesondere beim Kampf gegen unnötige neue Erschließungen erfolgt eine enge Kooperation mit örtlichen Bürgerinitiativen (WOPP 1981).

Bei den Bürgerinitiativen, die sich mit den Themen Stadtsanierung/Wohnen befassen, ist der Sport bedeutsam im Rahmen von Straßen-/Stadtteilfesten. Bei diesen Initiativen geht es darum, die Straße als Lebensraum zurückzuerobern, wobei besonders durch Spiele und Tanz solche Möglichkeiten aufgezeigt werden sollen. Anders als bei den Spielfesten des DSB sind hier die entsprechenden Spiel- und Bewegungsformen ein Bestandteil der Auseinandersetzung um bessere Wohnbedingungen (STRUPPEK, 1982).

In der Frauenbewegung hat Karate und Selbstverteidigung eine gewisse Bedeutung, weil es bei diesen Sportformen weniger auf Körperkraft und zunehmend auf Reaktionsschnelligkeit ankommt. So gibt es sowohl einige Vereine "Selbstverteidigung für Frauen e.V." (STATTBUCH 2, S. 291) als auch entsprechende Angebote insbesondere an den Universitäten.
Innerhalb der Friedensbewegung werden auch die Sportler aktiv. So gibt es in Anlehnung an den

Krefelder Appell einen Aufruf "Sportler gegen Atomraketen", dem sich auch viele Spitzensportler angeschlossen haben. Die sportlichen Praxisformen innerhalb der Friedensbewegung reichen von Friedensturnieren, (KONKRET 7, Juli 1982), Friedensfahrten bis hin zu Spielaktionen während der Friedensdemonstration in Bonn am 10.06.1982. Unter dem Aspekt der Bewegung müssen auch die Ostermärsche gesehen werden, die teilweise eine erhebliche körperliche Anstrengung für die Teilnehmer sind. Hier vergegenständlicht sich der Ausdruck "etwas in Bewegung bringen."

Sport innerhalb oder in Verbindung mit Bürgerinitiativen bedeutet, zusammenfassend, betrachtet, vor allem Spielen, Feiern, Tanzen, Wandern, Fahrradfahren mit dem Ziel, sich gegen die Zerstörung der Umwelt zu wehren, sich für bessere Lebensbedingungen und für den Frieden einzusetzen. Der Sport wird hier vorrangig für die Verwirklichung politischer Ziele eingesetzt. Alternative Sportkultur bedeutet hier vor allem, daß die Sporttreibenden den Sport mit einem anderen Bewußtsein betreiben. In der Sportpraxis selber sind nur bedingt Veränderungen zu erkennen (z.B. bei den Straßen- und Stadtteilfesten).

Alternative Kultur als Gegenkultur erhebt den Anspruch, nicht nur einzelne Parzellen unseres Lebens zu verändern (Essen, Kleider, Wohnen, Arbeiten), sondern eine Veränderung der gesamten Lebensweise herbeizuführen. Deshalb sind in der Gegenkultur vielfältige Ansätze zu finden, Sport in den Alltag zu integrieren.

Besonderen Zulauf hat dabei das Fahrradfahren und die damit entstehenden Fahrradinitiativen. Das Fahrradfahren wurde sicherlich nicht nur ausgelöst durch die Energieknappheit. Hierbei wird auch Bewegung in die alltäglich notwendige Fortbewegung integriert (TIEDEMANN 1980).

Zu diesen Versuchen der Reintegration des Sports in das Alltagsleben gehören auch Versuche, Spielflächen, Volleyballfelder o.ä. auf Straßen zu errichten, Parkplätze an Wochenenden als Tennisplätze zu benutzen (GÜNTER/RUTZEN 1979, S. 96).

Ebenso gehören dazu die Feste auf den Straßen.

Auch das Spiel hat in der Gegenkultur einen besonderen Stellenwert. Bei diesen Spielen stehen insbesondere Solidarität und Kooperation im Vordergrund. Dadurch soll ein Gegenmodell zur Realität aufgezeigt und für die Spieler erlebbar werden. Wichtige Impulse sind dazu von den New Games ausgegangen, die in der USA soetwas wie eine gegenkulturelle Spielbewegung waren.
Solche New Games werden heute auch in der BRD durchgeführt, wobei nicht nur einzelne Spielformen übernommen werden, wie der DSB das in seinen Spielfesten macht, sondern es werden auch die Ziele und Funktionen solcher Spiele aufgearbeitet (STATTBUCH 2).
Auch die Entstehung von Aktivspielplätzen/ Abenteuerspielplätzen muß zu dem Bereich der Gegenkultur gezählt werden (SPITZER/GÜNTER/GÜNTER 1979; STATTBUCH 2, S. 600 - 609).

Bei dem Konzept der sogenannten Gegenkultur hatten wir dargestellt, daß Elemente wie Einfachheit und Natürlichkeit zentrale Bedeutung haben. Innerhalb dieser Natürlichkeit hat die Auseinandersetzung mit der eigenen Körperlichkeit einen besonderen Stellenwert. Zu diesem gehören u.a. Ernährung, Medizin, Sexualität und, was für die Betrachtung einer alternativen Sportkultur von besonderer Bedeutung ist, bewußte Übungen, um seinem Körper näherzukommen. Dazu gehören u.a.

- Atemgymnastik
- Tanz
- Eurhythmie
- autogenes Training
- Yoga
- überlieferte und neue Formen der Organerfahrung (HOLLSTEIN 1979, S. 131)

Dazu gehören weiterhin:
- Tai-Chi-Chuan (MAIER, 1979)
- integrierte Entspannung
- Bioenergetik (vgl. dazu ZIMMER-SCHÜRINGS (Hrsg.) 1979a)
- Verfahren psycho-physischer Körper- und Bewegungserziehung wie integrative Bewegungstherapie, konzentrative Bewegungstherapie, Rolfing, Expression Corporelle, Sensory awareness, Eutonie. (ZIMMER-SCHÜRINGS (Hrsg.) 1979b)
- Pa Tuan-Chin (MAIER 1979).

Zu den Praxisformen, bei denen

die Körperlichkeit eine wesentliche Rolle spielt, gehören auch Formen wie Pantomime als das Spiel mit der Bewegung,

- Clownerien,
- Bewegungstheater,
- vielfältige Formen des Tanzens,
- Rhythmik,
- Schattentheater,
- Masken bauen und verwenden
- Trommeln.

Zu fragen ist, ob das Joggen oder der Ausdauerlauf zum Bereich der neuen Körperlichkeit und damit dem alternativen Sport zuzuordnen ist. Die gleiche Frage stellt sich beim Rollschuh- und Skateboardfahren oder beim Surfen.

Ebenso ist u.E. das Wiederaufkommen des Turnens, hier aber vorrangig in den Formen des Schwingens, Kletterns und der Akrobatik der neuen Körperlichkeit zuzuordnen, ebenso wie das Baden in Formen des Selbstorganisierten Spielens, Planschens, Schwimmens mit alltäglichen Gegenständen (Holzbalken, große Blöcke usw.). Andererseits meiden immer mehr Menschen die öffentlichen Bäder, und versuchen Flüsse und Seen für das Baden zurückzuerobern.

Unter den Begriffen der Einfachheit und Natürlichkeit müssen auch Initiativen gesehen werden, die zu dem Trimmpfaden des DSB Alternativen wie Bewegungslandschaften GROEN 1981) entwickelt haben.

Wer, wann, wie wo?

<u>Organisationsformen des alternativen Sports</u>

Für die Durchführung des alternativen Sports gibt es unterschiedliche Organisationsformen, die sich verständlicherweise nach den jeweiligen Inhalten richten.

Am bekanntesten dürften die informellen oder auch spontanen Treffen von Initiativen, Gruppen oder zufällig anwesenden Leuten in Parks, auf Parkplätzen, Wiesen, in Badeanstalten usw. sein. Dort werden dann überwiegend Volleyball und Fußball, aber auch zunehmend Spiele aus dem Katalog der New Games mit selbstgesetzten Regeln gespielt. Diese Regeln stehen in Abhängigkeit zu der Zahl der zufällig anwesenden Mitspieler und den örtlichen Bedingungen.

In einigen Fällen haben sich Initiativen zu festen Fußballmannschaften zusammengeschlossen, die in ihrer Namensgebung wie FC Vorwärts Orient Mainz, FC Internationale Berlin, Blockfreiheit Wiesbaden, Eintracht/Zwietracht Westberlin ihren politischen Standort zum Ausdruck bringen. Zu den Spielen bringen sie Transparente mit und sammeln Unterschriften z.B. gegen den Bau von Autobahnen.

In der Praxis dieser Mannschaften gibt es offensichtlich einige Diskrepanzen.

"Da benehmen wir uns wie in jedem anderen üblen Fußballverein auch. Wenn man auf dem Platz steht, und man wird getreten, dann tritt man genauso nach und jagt dem anderen auch mal hinten in die Knochen rein. Da ist noch 'ne größere Diskrepanz zwischen dem eigenen Anspruch und der Realität." (aus KONKRET Nr. 7, Juli 1982, S. 71/72).

In anderen Orten wurden alternative Sportvereine gegründet, die sich bewußt nicht am Spielbetrieb der Fachverbände beteiligen, sondern die die Kommunikation, das gemeinsame Spielen und den Spaß in den Vordergrund stellen (vgl. dazu den Verein für Freizeitsport Oldenburg, oder den Verein für Sport- und Körperkultur in Köln.

Es gibt Vereine, die noch heute in der Tradition der Arbeiterbewegung stehen. Dazu gehören der Radfahrerbund Solidarität und die Naturfreunde Deutschlands. Auch Arbeitersportvereine wurden neu gegründet (z.B. ASV Solidarität in Westberlin).

Andere Initiativen bilden gemeinnützige Vereine oder sind in Jugend- und Kommunikationszentren integriert (vgl. dazu die Fabrik für Kultur und Sport in Westberlin). Ein anderes Organisationsmodell hat die Traumfabrik, bei der der Zusammenhalt der Mitglieder wesentlich durch die regelmäßig anfallenden Auftritte hergestellt wird.

Auch im Hochschulsport sind zumindest vereinzelt solche Initiativen angesiedelt.

Abschließend sollte noch erwähnt werden, daß die Ansätze der alternativen Sportkultur auch für den

Schulsport ausgestrahlt haben. Insbesondere unter dem Begriff der Körpererfahrung haben Pantomime, selbstgebaute Spielplätze, Ballancieren, Springen, Schaukeln, Schattenbilder, Masken und Trommeln, Volkstänze usw. Eingang in den Schulsport gefunden. (FRANKFURTER ARBEITSGRUPPE 1982).

Die Vertreter der "echten" Gegenkultur werden sicherlich einwenden, daß es sich hierbei nur um eine Verkürzung handeln kann, da die Institution Schule selber der Alternative bedarf. Andererseits habe auch sogenannte Alternativschulen versucht, den Sport eigenständig zu entwickeln. An diesem Punkt wird aber eine kontroverse deutlich, die in der Frage besteht, ob sich alternative Kultur nur außerhalb oder innerhalb bestehender Institutionen entfalten und entwickeln kann.

Wir selber vertreten hier die Auffassung, daß sich alternative Kultur sowohl innerhalb als auch außerhalb bestehender Institutionen entwickeln kann.
Eine Festlegung, wonach sich alternative Kultur nur außerhalb bestehender Institutionen entwickeln kann, scheint uns eine zu starke Eingrenzung und würde viele positive Ansätze innerhalb bestehender Institutionen (Schulen, Jugendzentren, Kunstschulen, Kunstlerhäusern, Volkshäusern, Volkshochschulen, Vereinen) ignorieren.

Andererseits muß zugestanden werden, daß die Entfaltung alternativer Kultur gerade in bestehenden Institutionen häufig von Trägern dieser Institutionen beschränkt oder auch eleminiert wird. Insofern haben sogenannte selbständige Träger alternativer Kultur häufig größere Handlungsspielräume, was wiederum die Gefahr beinhaltet, daß viele der Initiativen finanziell am Abgrund stehen.

Deshalb haben wir erst einmal die Vielfalt dieser Praxis- und Organisationsformen aufgezeigt, um zu verdeutlichen, daß eine alternative Sportkultur existiert.

Das Genie steht über dem Chaos

Wie Ihr vielleicht bemerkt habt, ist es sehr schwierig, die Formen alternativer Sportkultur eindeutig verschiedenen Kulturansätzen zuzuordnen. Ebenso werdet Ihr vielleicht einige Dinge, die wir hier aufgeführt haben, nicht mehr zur alternativen Sportkultur zählen, oder umgekehrt wird uns vielleicht der Vorwurf gemacht, daß wir verschiedene Dinge nicht aufgezählt haben, die angeblich auch noch der alternativen Sportkultur zuzurechnen sind.

Die Schwierigkeit bei der Zuordnung, Ein- und Ausgrenzung besteht darin, daß viele Praxisformen ohne längere theoretische Überlegungen entstehen (und teilweise ebenso schnell wieder verschwinden). Gerade in der alternativen Sportkultur ebenso wie in der alternativen Kultur allgemein gilt das Primat der Praxis gegenüber der Theorie (HOLLSTEIN 1979, S. 134).

Uns wurde häufig der Vorwurf gemacht, daß wir in den vorausgegangenen Artikeln zu sehr eine Addition aller möglichen alternativen Sportformen vorgenommen haben.

Dieser Vorwurf mag berechtigt sein. Uns ging es aber darum, diese Vielfalt aufzuzeigen. Uns ging es eben nicht darum, vorschnelle Ausgrenzungen vorzunehmen.
Deshalb haben wir auch solche Praxisformen aufgezählt, die von ihrem Anspruch und ihrer Entstehungsgeschichte her betrachtet eine Alternative sind (z.B. auch die Spielfeste des DSB). Viele von Euch werden vielleicht diese oder jene Praxisform nicht zum alternativen Sport dazuzählen.
Leider haben solche Ab- und Ausgrenzungsdiskussionen bei den Alternativen schon eine gewisse Tradition. Erst die Friedensbewegung in der BRD hat gezeigt, wie bezogen auf ein gemeinsames Ziel gemeinsames Handeln möglich ist, das durch Toleranz, Zuhören und Solidarität gekennzeichnet ist.

Daraus sollten wir auch im Sport lernen. Wenn wir einen alternativen Sport wollen, dann sollten wir nicht die einzelnen Praxisformen auseinanderdividieren. Denn leider gibt es eher zu wenige solcher alternativen Praxisformen, als daß wir uns solche kleinkrämerischen Diskussionen leisten können.

Was wir uns aber erlauben müssen ist die intensive Diskussion über die Ziele und Inhalte der einzelnen Praxisformen mit der Absicht, zum Entstehen einer alternativen Sportkultur beizutragen.

Kultur fällt nicht vom Himmel

Erklärungsversuche zur Entstehung alternativer Kultur

Bisher haben wir vorrangig die Ziele und Inhalte alternativer Kultur und Sportkultur aufgezeigt. Dabei wurde schon angedeutet, daß die Entstehung alternativer Kultur auf die Existenz von Widersprüchen zurückzuführen ist. In dieser Feststellung sind sich sowohl bürgerliche als auch "linke" Wissenschaftler einig. Unterschiede gibt es jedoch bei der Ursachenbestimmung dieser Widersprüche und bei der Entwicklung von Lösungsvorschlägen.

Wir betrachten einmal, was klugen Köpfen bisher zum Thema alternative Kultur eingefallen ist.

Bürgerliche Erklärungsversuche

Auch in der bürgerlichen Kulturtheorie hat sich ein weiter Kulturbegriff durchgesetzt. Daraus abgeleitet haben sich im Wesentlichen zwei Theoreme entwickelt, die mit den Begriffen "Kulturpessimismus" und "Freizeitgesellschaft" charakterisiert werden können. Beide Theoreme wollen wir nachfolgend kurz skizzieren.

Ein als konservativ zu bezeichnender Ansatz gesteht einer gehobenen Schicht, einer Elite, den Konsum von Luxusgütern zu, was eine verfeinerte Genußfähigkeit ermöglicht. Andererseits gibt es Werbegrafik, Massenkunst, Kitsch und eine große Vergnügungsindustrie. Wie KON (1971) aufzeigt, veranlaßt diese Entwicklung einige bürgerliche Kulturtheoretiker zu der Einnahme einer eher kulturpessimistischen Haltung, weil durch das Massenverhalten das genußvolle Verhalten einer Elite immer mehr zurückgedrängt oder sogar verstört wird.

Ein als liberal zu kennzeichnender Ansatz geht von einer Fortschreibung der bisherigen Zuwachsrate von Freizeit aus und gelangt zur Skizzierung einer "Freizeitgesellschaft". In dieser Gesellschaft, die mehr durch die Freizeit als auch die Arbeit geprägt ist, soll die Vermehrung der Freizeit eine erhöhte kulturelle, soziale und politische Partizipation der Bevölkerung ermöglichen. Einige Vertreter des Konzepts zur Demokratisierung der Kultur beziehen sich auf die o.g. Annahmen. So z.B. OPASCHOWSKI (1979), wenn er die wachsende individuelle und gesellschaftliche Bedeutung der Freizeit als die Voraussetzung für die Demokratisierung von Kultur ansieht (S. 35). Dieser Ansatz ist heute angesichts der 2,5 Millionen Arbeitslosen und der damit massenhaft entstandenen "Frei-Zeit" fast schon makaber.

Kritische Theorie

Bei der Betrachtung dieses Ansatzes beziehen wir uns vorrangig auf HORKHEIMER und ADORNO (1974). Sie gehen davon aus, daß der Freizeitbereich ebenso wie andere gesellschaftliche Bereiche durch die Struktur der Gesellschaft bestimmt ist. Da der individuelle Verbrauch weitgehend in der Freizeit stattfindet und die kapitalistische Produktionsweise an der Profitmaximierung orientiert ist, ermöglicht der Freizeitbereich keine Befriedigung und Entwicklung menschlicher Bedüfnisse. Danach ist der Freizeitbereich durch eingeübtes Konsumverhalten zum verlängerten Arm des entfremdeten Produktionsprozesses geworden.

Die Stabilität der bürgerlichen Gesellschaft ist darauf zurückzuführen, daß es durch industriell produzierte geistige Erzeugnisse, der sogenannten "Kulturindustrie", gelingt, das Individuum zu konfektionieren und zum Akzeptieren bürgerlicher Normen zu verführen.

Teile der Gegenkulturbewegung beziehen sich in ihren Konzepten auf die o.g. Annahmen. Eine Veränderung bürgerlicher Institutionen wird für nicht mehr möglich gehalten. Deshalb sollen eigenständige Maßnahmen außerhalb dieser Institutionen realisiert werden. Durch dieses Wirken sollen die Massen den Ideologiecharakter der Kulturindustrie erkennen und ihre persönliche Einbindung und Verstrickung in das bürgerliche System durchschauen.

Ansatz der Parzellierung der Lebensbereiche

Nach ROMEISS (1980) ist ein wesentliches Strukturmal unserer Gesellschaft die fortschreitende "Parzellierung", d.h. die zunehmende räumliche und auch bewußtseinsmäßige Trennung einzelner Lebensbereiche. Dazu gehören u.a. die Zerrissenheit des Lebensvollzuges wie Schule, Betrieb, Familie, Freizeit usw. oder festgefügte Rollenmuster wie

Schüler, Sachbearbeiter, Vater, Camper usw.

In den letzten Jahren ist aber beobachtbar, daß die Funktionalisierung und die Parzellierung einzelner Lebensbereiche nicht mehr beliebig ausweitbar ist. Die dadurch entstehenden Konflikte sind nach ROMEISS (1980 S. 135) darauf zurückzuführen, daß Bedürfnisse wie Erholung, Selbstverwirklichung usw. nicht auf die zeitlich definierten Blöcke wie "Feierabend", "Wochenende", "Urlaub" usw. aufteilbar sind.

So ist auch das Entstehen einer alternativen Kultur zu erklären, die versucht, einen Lebensstil zu entwickeln, der der Parzellierung des Alltags bewußt entgegenwirkt. Besonders der soziokulturelle Ansatz bezieht sich in seinen Konzepten auf die Überwindung dieser Parzellierung.

Gegen die Vereinzelung der Bewohner, die Abgrenzung der Rollen und Sphären formieren sich so Festgemeinschaften, Bürgerinitiativen und Komitees, die Geselligkeit, Baupolitik, Rechtsberatung und Nachbarschaftshilfe in einem leisten. Gegen Kolonisierung und bürokratische Fremdherrschaft baut sich stadtteilkultureller Eigensinn, gemeinschaftsgetragenes Selbstbewußtsein auf, das sich in historischen Arbeitskreisen - "back to the roots" - seiner selbst vergewissert hat" (FUCHS/ SCHNIEDERS 1982, S. 19)

Die Ambivalenz dieses Ansatzes wird deutlich, wenn auch die Geschäftswelt bezug nimmt auf die Zerrissenheit des Alltages und in Werbegemeinschaften Altstadtfeste feiert, in den Einkaufszentren Jazz aufführen und in den Passagen Clowns toben läßt. Künstler sollen hier von der Zweckbestimmung der Kaufparzelle ablenken, um die Verweildauer der Passanten und damit die Wahrscheinlichkeit des gesteigerten Konsums zu erhöhen.

Andererseits können vielleicht diese Künstler einen Beitrag dazu leisten den Straßenraum für Kultur zurückzuerobern?

Holistischer Ansatz

Der bei ROMEISS (1980) erwähnte Begriff des Alltags wurde besonders von LEFEBVRE (1974) in die Diskussion gebracht. BAACKE (1980) und KRAMER (1980) haben ihn aufgenommen. Sie sehen als Alternative einen holistischen Ansatz, der den Lebenszusammenhang von produktiver Tätigkeit, Reproduktion und Entfaltung betont.

Alternative Kultur kann sich deshalb nicht nur auf enge, besondere Bereiche des gesellschaftlichen Lebens beziehen, sondern muß die Veränderung der Lebenstätigkeit insgesamt beinhalten. Dafür wird häufig auch der Begriff der Lebensweise verwendet (HUND 1978; METSCHNER 1978).

Einzelne Teile der Gegenkultur nehmen auf diesen Ansatz bezug, wenn sie der Kolonisierung ihrer Lebenswelt durch die Schaffung von Überschaubaren und identifizierbaren Quartieren als Bezugs- und Wirkungskreis anstreben (FUCHS/SCHNIEDERS 1982, S. 16)

Erste und zweite Kultur

Nach LENIN gibt es eine Kultur der Herrschenden und eine Kultur der Beherrschten, die miteinander im Kampf stehen (METSCHNER 1978, S. 70). Während die erste Kultur von den Herrschenden gefördert wird, ist die zweite Kultur immer der Gefahr der Unterdrückung und Beseitigung ausgesetzt, weil sie sich den Herrschenden und ihrer Kultur mit dem Ziel ihrer Beseitigung entgegenstellt. (NEUMANN 1977, S. 56)

Das Theorem von der ersten und zweiten Kultur verweist darauf, daß es in jeder Gesellschaftsformation ein System antagonistischer Kulturen gibt. So ist z.B. in einem kolonialen oder imperialen System die nationale Kultur die zweite Kultur, während in einem feudalen System die bürgerliche Kultur die zweite Kultur ist.

Bei Anwendung dieses Theorems kann die Alternative Kultur als zweite Kultur gegenüber der bürgerlichen Kultur angesehen werden.

"Außenseiter, Arbeitsscheue, Minderheiten, an den Rand gedrängte und Aufwiegler haben eine '2. Kultur' geschaffen, die sich wie ein Netz über die ganze Stadt spannt und nahezu alle Lebens- und Arbeitsbereiche umfaßt" (STATTBUCH 2, S. 10).

Danach ist es das Ziel dieser Alternative oder, wie wir jetzt auch sagen könnten, zweiten Kultur, "in dieser Gesellschaft die Keimformen einer neuen Gesellschaft zu entwickeln, dieser Gesellschaft nicht zu entfliehen, sondern tatsächlich positiv auf sie zu reagieren" (STATTBUCH 2, S. 10).

Subjektive und objektive Kultur

Nach HUND 1978 (S. 65 ff) gibt es eine objektive Kultur als die Gesamtheit des kulturellen Erbes, das sich widerspiegelt

- in der erreichten gesellschaftlichen Organisation der Arbeit
- im Stand der technischen Produktivkräfte
- in den überlieferten wissenschaftlichen Strategien
- in den künstlerischen Artefakten.

Demgegenüber gibt es die subjektive Kultur als die klassenspezifische Art und Weise der Interpretation, Aneignung und Beherrschung des Lebens.

"Objektive Kultur wäre demnach die Gesamtheit der schöpferischen Möglichkeiten, die sich einer Gesellschaft als Kulturleistung vergangener Generationen bietet, die subjektive Kultur wäre die Fähigkeit der gesellschaftlichen Individuen, die objektive Kultur anzueignen und schöpferisch weiterzubilden." (HUND 1978, S. 65/66)

Aus dem Verhältnis von objektiver und subjektiver Kultur wird ein kultureller Grundwiderspruch abgeleitet, der darin besteht, daß es eine steigende gesellschaftliche Naturbeherrschung einerseits und den subjektiv spürbaren Herrschaftsverlust andererseits gibt. Diese steigende gesellschaftliche Naturbeherrschung wurde vor allem durch die Entwicklung der gegenständlichen Produktivkräfte hervorgerufen. (Automation, Mikroprozessoren usw.). Daraus leitet MAASE (1978, S. 30/31) ab, daß es auch ein gesteigertes Anspruchsniveau bei den kulturellen Bedürfnissen gibt, wie z.B. die Tendenzen zum rationaleren Verhalten (Ernährung, körperlicher Ausgleich usw.).

Interessant ist hier, daß die alternative Kultur als Form rationaleren Verhaltens charakterisiert wird, obwohl ihr gerade von bürgerlicher Seite immer eine Irrationalität und Subjektivität vorgeworfen wird.

Pauschale Kulturkritik

An anderer Stelle hatten wir davon gesprochen, daß in der alternativen Kultur das Primat der Praxis gegenüber der Theorie herrscht. Konzepte der alternativen Kultur und hier besonders der Gegenkultur wurden überwiegend nicht auf Grund theoretischer Konstrukte entwickelt. Ausgangspunkt ist lediglich das subjektive Spüren der Perspektivlosigkeit dieser kapitalistischen Gesellschaft, aber auch das Erleben einer weitverbreiteten Resignation innerhalb der sozialistischen Bewegung (HOLLSTEIN 1979, S. 19). Als Beleg werden die Millionen von Flugblättern herangezogen, die seit der Studentenbewegung vor den Fabriktoren, in den Universitäten und den Einkaufsstraßen verteilt wurden und die keine wesentliche Veränderung der politischen Verhältnisse in der BRD bewirkt haben.

Aus dieser subjektiven Empfindung heraus werden in den meisten Fällen ohne längere theoretische Überlegungen Konsequenzen gezogen. Dabei lassen sich in Anwendung einer radikalen Betrachtungsweise zwei wesentliche Gruppen unterscheiden:

1. Eine Gruppe, die von der drohenden Gewißheit ausgeht, daß dieser Staat im Elend enden wird (z.B. Punks, Tunix).
2. Eine Gruppe, die von der utopischen Gewißheit ausgeht, daß die Verhältnisse veränderbar sind (Alternativbewegung).

Beide Gruppen gehen also von einer sehr pauschalen Kulturkritik aus, und kommen zu jeweils sehr unterschiedlichen Handlungsweisen.

Persönliche Bilanz

Bei einem klassischen wissenschaftlichen Exkurs wäre es jetzt unsere Aufgabe, die verschiedenen Erklärungsansätze über die Entstehung alternativer Kultur miteinander zu vergleichen, zu gewichten, zu bewerten usw. Das jedoch kann und will ich nicht leisten. Ich entziehe mich dieser Aufgabe deshalb, weil ich annehme, daß es diese vermeintliche Objektivität nicht gibt. Die Bewertung der einzelnen Theoreme wird vermutlich der Leser aus seiner subjektiven Sicht (hoffentlich) schon vorgenommen haben. Auf diese Subjektivität will ich als Autor auch nicht verzichten.

Deshalb möchte ich nur einige Punkte benennen, die ich für eine Betrachtung der alternativen Kultur als wichtig erachte.

1
Der These, wonach die Freizeit durch die Arbeit einseitig determiniert wird, kann ich mich nicht anschließen. Grundlage bildet für mich eine Wechselbeziehung von Arbeit und Freizeit. Das bedeutet, daß ich der Freizeit eine gewisse Autonomie zugestehe, die den Individuen zumindest tendenziell Entfaltungsmöglichkeiten eröffnet, die auf den Arbeitsbereich zurückwirken (können).

2
Der kapitalistische Produktionsprozeß bewirkt m.E. keine kulturelle Verelendung. Vielmehr gehe ich davon aus, daß die Widersprüchlichkeit des Kapitalismus gleichzeitig solidarisches und konkurrenzliches, phantasievolles und diszipliniertes Verhalten produziert.
Genau das ist für mich der Grund, warum es neben einer wachsenden Alternativbewegung auch den totalen Konsum und die totale Verblödung durch die Massenmedien gibt. (BISCHOFF/MALDANER 1980, S. 169).

3
Das Verhältnis von objektiver und subjektiver Kultur darf nicht mechanisch angewendet werden, denn dann gäbe es keine alternative Kultur. Aber gerade die Theoreme von der ersten und zweiten Kultur und von der objektiven und subjektiven Kultur zeigen mir, daß es bei der Alternativbewegung nicht nur darum gehen kann, etwas anderes zu machen, sondern auch im Prozeß dieses Machens sich über die Ziele im Klaren zu sein. So imponiert mir, daß gerade die Alternativbewegung die vielen fruchtlosen akademischen Diskussionen um eine Veränderung dieser Gesellschaft durch praktisches Tun beendet hat.
Dennoch sollten wir wissen, wohin wir wollen, um nicht dort anzukommen, wo wir eigentlich nie hin wollten.

4
Zentrale Kategorie der Alternativbewegung ist für mich der Begriff der Solidarität. D.h. an Stelle der individuellen Konkurrenz tritt das gemeinsame Handeln zur Verbesserung unserer Lebensbedingungen. Das ist eine Zielvorstellung, die jeder von uns schon jetzt, hier und heute realisieren kann.

5
Durch dieses solidarische Handeln soll die Entfremdung beseitigt und die Realitätskontrolle zurückerobert werden. Entfremdung bedeutet, daß wir unter den gegebenen Bedingungen den Gesamtzusammenhang unserer Handlungen nicht mitbestimmen können und daß umfassende und komplexe Planungsvorgänge nicht möglich sind. Dadurch ist uns die Kontrolle der uns umgebenden und unserer eigenen Realität verwehrt. Ich will eine Aussage wagen, über die wir uns im Klaren sein sollten, auch wenn es vielleicht unter den bei uns gegebenen gesellschaftlichen Bedingungen gefährlich ist: Alternative Kultur ist in ihrem Kern antikapitalistisch.

Alternative Sportkultur – ein alter Hut?

Alternative Sportkultur gibt es natürlich nicht erst seit der Entstehung der Bürgerinitiativbewegung und der alternativen Kultur in der BRD. Wenn wir das Theorem von der ersten und zweiten Kultur zur Grundlage nehmen, dann hat es in jeder Gesellschaftsepoche eine Sportkultur gegeben. Dieser Sachverhalt ist relativ eindeutig nachweisbar (EICHEL 1973).

Von besonderem Interesse für die Erklärung der aktuell entstehenden alternativen Sportkultur ist für uns die Frage, wie jeweils in den Epochen die alternative Sportkultur entstand, welche Ziele, Inhalte und Organisationsformen sie hatte und wie das Verhältnis der alternativen zur herrschenden Kultur war. Eine solche historische Aufarbeitung würde den Rahmen dieses Beitrages sprengen. Deshalb wollen wir lediglich beispielhaft den Arbeitersport in der Weimarer Zeit und die Entstehung des Freizeitsports in der BRD betrachten.

Arbeitersport

Warum die Arbeiter gegen Ende des letzten Jahrhunderts gerade den Sport als einen Kulturbereich zu erobern versuchten, ist m.E. zu erklären, wenn wir uns den Sinn des Sports vergegenwärtigen. Der Sport selber ist schon eine gewisse alternative Kultur, weil dieser Bereich nicht auf die Produktion von materiellen Gütern gerichtet ist. Im Mittelpunkt steht vielmehr der Genuß am Spiel und der körperlichen und geistigen Kräfte.

Nachdem den Arbeitern die Durchsetzung des 8-Stunden-Tages gelungen war, wuchs auch das

Bedürfnis, an kulturellen Aktivitäten teilhaben zu dürfen. Als ein erstrebenswertes Feld, weil er als eine Alternative zur täglich als Knechtschaft erlebten Arbeit empfunden wurde, bot sich der Sport an. So gingen die Arbeiter anfänglich in die bürgerlichen Sportvereine. Bald spürten aber die Arbeiter, daß sie die Kultur der Herrschenden störten. Die Ablehnung, Mißhandlung und Diskriminierung der Arbeiter in den bürgerlichen Sportvereinen ließ es konsequent erscheine, eigene Sportvereine zu gründen.

An dieser Stelle entdecken wir Parallelen zur heutigen alternativen Sportkultur. Viele Freizeitsportgemeinschaften werden häufig in den Vereinen nur geduldet, eher mit Skepsis betrachtet und kaum gefördert. Viele Gruppen haben, wie wir an Beispielen belegen konnten, eigene Vereine oder entsprechende Initiativen außerhalb der Sportvereine gegründet, weil sie in diesen keinen Entfaltungsmöglichkeiten sehen oder aber die heutige Struktur der Vereine ablehnen.

Bei der Betrachtung der Praxisformen des Arbeitersports in der Weimarer Zeit muß festgestellt werden, daß dieser in großen Teilen nicht bewußt gegen den bürgerlichen Sport gerichtet war, sondern das es vorrangig darum ging, das Terrain des bürgerlichen Sports auch für die Arbeiter zu erobern. Insofern können wir hier Parallelen zur heutigen Konzeption der Demokratisierung der Kultur erkennen.

Die Arbeitersportvereine haben sich in ihren Praxisformen überwiegend nicht vom bürgerlichen Sport unterschieden. Der entscheidende Unterschied lag vorrangig in den alternativen Ideen über die Natur der gesellschaftlichen Beziehungen und über die Einbindung des Sports in diese Beziehungen (VON RÜDEN 1979, S. 13).

Wir nehmen an, daß der Prozeß des Eroberns eines Kulturbereiches Vorrang gegenüber dem Prozeß des Veränderns dieses Bereiches hatte.

Freizeitsport

Auch der Freizeitsport kann in seiner Entstehungsgeschichte als die Entwicklung einer alternativen Sportkultur angesehen werden. Bis Anfang der 60iger Jahre hatte in der BRD der an Wettkampfnormen orientierte Sport eindeutig Priorität.

Mit der Beendigung der Wiederaufbauphase, der Erlangung eines gewissen Wohlstandes und der Verfügung über ein größeres Quantum an Freizeit wuchs auch der Wunsch nach einem Sport für alle. Die Abteilung Breitensport im DSB zeigte auf, wie ohne aufwendige Anlagen, ohne komplizierte Anleitung und Betreuung und ohne kompliziertes Regelwerk ein genußvoller und geselliger Sport betrieben werden kann. Nicht ohne Skepsis blickten viele mächtige Fachverbände auf die Breitensportabteilung des DSB, die sich um die Verwirklichung eines "Sports für alle" bemühte (vergleichbar dem Ansatz "Kultur für alle").

Unsere These lautet, daß sich der Freizeitsport, den wir ursprünglich der zweiten Kultur zuordneten, nach und nach zur ersten Kultur entwickelt hat, weil er eine Alternative zum herrschenden Sport war.

Um diesem Prozeß nachzuspüren, bedürfte es intensiverer Forschungsrbeiten. Wir selber haben versucht, nachzuweisen, wie die Aktion Trimm-Trab (WOPP 1977) und die Spielfeste des DSB (HINRICHS/WITZKE/WOPP 1982) insbesondere durch die entsprechenden Werbemaßnahmen auf die Anpassung an bestehende Bedingungen abzielen.

Auch für den Freizeitsport muß konstatiert werden, daß der Prozeß des Eroberns von Sport für breite Bevölkerungsschichten vorrangig war. Anders als beim Arbeitersport wurde aber von den Apologeten des Freizeitsports der Prozeß des Veränderns gesellschaftlicher Realität gar nicht erst thematisiert. Das ist ein Sachverhalt, der sich eventuell bei der augenblicklichen Krise als fatal erweist. Denn unter den aktuellen ökonomischen Bedingungen läuft der Sport möglicherweise Gefahr, wieder zu einem Luxusgegenstand zu werden.

Alternative Sportkultur heute

Die Entstehung der alternativen Sportkultur sehen wir vor dem Hintergrund der aktuellen gesellschaftlichen Bedingungen. Nach MAASE (1980) können dazu folgende Punkte gesondert hervorgehoben werden:

- Durch eine hohe Arbeitslosenquote und durch eine drohende Arbeitslosigkeit werden heute physisch, aber auch psychisch belastendere Arbeiten bereitwilliger angenommen. Das muß schwerwiegende Folgen für die Vielfalt und Selbständigkeit der Aktivitäten in der arbeitsfreien Zeit haben.

- Durch eine Verringerung des Haushaltsbudgets müssen mehr Reparaturen und Hausarbeiten selber durchgeführt werden. Damit steht weniger Zeit für selbstbestimmtes Handeln zur Verfügung.

- Hinsichtlich der Arbeitsplatzstrukturen gibt es nur für einen kleinen Teil der Lohnarbeiter eindeutige Höherqualifizierungsprozesse. Für den größten Teil der Arbeitsplätze ist heute eine Verkürzung und Intensivierung der Arbeitstätigkeit zu beobachten. Diese Situation macht zumindest teilweise umfangreiche Prozesse des passiven Erholens notwendig.

Die oben skizzierten Bedingungen haben auch bezogen auf den Sport zu einer widersprüchlichen Entwicklung geführt. So sind z.B. viele Sportvereine in der BRD, teilweise aus der Notwendigkeit heraus, möglichst viele zahlende Mitglieder zu haben, zu Konsumträgern geworden. Die Vereine sind heute überwiegend hoch verschuldet. Viele Selbstaktivitäten werden heute in diesen Vereinen, die von ihrem Ursprung her einmal Selbsthilfeorganisationen waren, durch Bürokratisierung und Funktionalisierung gebremst. Durch diese vorrangig kommerzielle Ausrichtung sind die Sportvereine in vielen Fällen auch nicht mehr in der Lage, auf gewandelte Bedürfnisse der Bevölkerung einzugehen.
Die Einrichtung eines Angebotes für Pantomime, Yoga, Kinderzirkus usw. wird vermutlich erst dann erwogen, wenn dadurch die Mitgliederstatistik erheblich verbessert werden kann.

Die Freizeitindustrie hat den Sport schon lange entdeckt und mit Hilfe von Marktanalysen und Verkaufsstrategien ein Netz von kommerziellen Sporteinrichtungen geschaffen (Fitnesszentren, Tennishallen, Squashhallen, Eislaufhallen, Bäder, Saunen usw.). Gleichzeitig verschlechtern sich die kommunalen Angebote. Unrentable Bäder werden stillgelegt, Ferienspaßaktionen werden gekürzt, Zuschüsse werden gestrichen usw.
Der DSB scheint dieser Entwicklung nahezu tatenlos zuzusehen und sieht offensichtlich den Amateurstatus oder das schlechte Auftreten der Deutschen Fußballnationalmannschaft in Spanien als gewichtigeres Problem an als die sozialen Probleme des Sports.

Vor diesem Hintergrund der sich zuspitzenden Krise und veränderten Lebensbedingungen, die die Bedürfnisse nach bewußterem Leben und nach einem Erleben des eigenen Körpers hervorbringen, ist es nur zwangsläufig, daß eine alternative Sportkultur entsteht.
Zur Erklärung dieses Sachverhalts können wir die Erkenntnisse der objektiven und subjektiven Kulturbemühen. Objektiv wäre es möglich, daß für nahezu alle Menschen Möglichkeiten des Sporttreibens geschaffen werden. Objektiv kann Sport mehr erfassen, als nur schneller zu laufen, mehr Tore zu schießen, höher zu springen usw.. Subjektiv wird dieser Sachverhalt von zunehmend mehr Bürgern empfunden. Sie warten deshalb nicht auf bessere Zeiten, sondern realisieren ihre Bedürfnisse und Interessen, ermutigt durch die Erfolge anderer Bürgerinitiativen.

Darin liegt heute auch der Unterschied der alternativen Sportkultur im Verhältnis zu der 68iger Bewegung. Damals wurde der gesellschaftliche Charakter und die ideologische Funktion des Sports entlarvt. Heute wird nicht nur entlarvt und angeklagt, sondern auch oder gerade aktiv eingegriffen und verändert. Durch alternative Sportkultur werden Bereiche des Spiels und der Bewegung erobert. Besondere Perspektiven bieten sich dann, wenn damit Prozesse des Veränderns eingeleitet werden.

Ausblicke vom Turm

Im vorausgegangenen Kapitel hatten wir formuliert, daß sich Perspektiven für die alternative Sportkultur besonders dann auftun, wenn es nicht nur um die Eroberung von Spiel- und Bewegung, sondern auch um die Prozesse des Veränderns geht. Diese Perspektiven sollen abschließend thesenartig formuliert werden.

1
Alternative Sportkultur muß die Initiative und die Selbständigkeit der Betroffenen fördern. Bei dieser Förderung handelt es sich um eine

Selbstverständlichkeit. Anderenfalls dürfte es uns schwer fallen, von einer "alternativen" Sportkultur zu sprechen. Denn Einschränkungen und Abhängigkeiten erleben wir alltäglich schon genug.

2
Alternative Sportkultur muß individuelle und gesellschaftliche Befreiung miteinander verbinden. Denn sonst wird eine individuelle Eigenwelt idyllisiert, die unter entsprechend ungünstigen äußeren Bedingungen zusammenbricht.

3
Alternative Sportkultur sollte geeignet sein, die Schranken des Systems aufzuzeigen. Anderenfalls besteht die Gefahr, daß durch Selbsthilfe lediglich Lücken staatlicher Allgmeinversorgung ausgefüllt werden.

4
Alternative Sportkultur sollte vom isolierten Anlaß zur Kooperation gelangen. Das ist eine Erfahrung, die viele Bürgerinitiativen gemacht haben, die sich zwischenzeitlich ein Netz von Erfahrungs- und Informationssystemen geschaffen haben. Gruppen der alternativen Sportkultur haben häufig Widerstände zu überwinden, wenn es z.B. um die Anmietung von Sportanlagen, Anschaffung von Geräten, Unterstützung von Übungsleitern geht. Gemeinsames Vorgehen wird hier die Chancen zur Durchsetzung von Vorstellungen verbessern.

5
Es sollte überlegt werden, ob für den Informations- und Erfahrungsaustausch entsprechende Regional- und Bundesvereinigungen geschaffen werden sollen. Beispielhaft ist hier der Bundesverband Bürgerinitiativen Umweltschutz als Koordinationsstelle oder das Netzwerk zu nennen.

Es ist zu fragen, ob - wie damals beim Arbeitersport - eine Situation erreicht ist, die die Errichtung einer entsprechenden überregionalen Vereinigung ratsam erscheinen läßt, weil der DSB die Interessen der vielen Gruppen der alternativen Sportkultur nicht (mehr) vertritt?●

Damit Ihr nicht gleich von so viel Theorie erschlagen werdet, zur Auflockerung unsere Elefanten. Was es mit diesen Dickhäutern auf sich hat, könnt Ihr im Beitrag über den Oldenburger Hochschulsport nachlesen.
Die Elefanten werden gezeichnet von Christian Hansen, einem Oldenburger Schüler.

Welche Alternativen gibt es zu einführenden Referaten?

Der Sprung vom wissenschaftlichen Elfenbeinturm

Der Umfang und die teilweise vielleicht auch akademischen Formulierungen in dem grundlegenden Beitrag über die alternative Sportkultur lassen es erahnen, welche Schwierigkeiten es uns bereitete, sich diesem Thema zu nähern.

Als wir damals die Durchführung des Symposiums übernahmen, dachten wir bei der Programmplanung daran, mit ähnlichen Inhalten und gleichem Umfang zu Beginn des Symposiums Referate halten zu müssen, um den Teilnehmern erst einmal eine umfassende Orientierung zu geben.

Doch dann kamen so nach und nach in uns die Zweifel auf:
- Man muß bei einem Symposium, das sich mit alternativer Sportkultur befaßt, nicht auch die traditionellen Symposiumsformen abschütteln?
- Wenn eine alternative Sportkultur überwiegend aus der Praxis heraus entstanden ist, müssen dann nicht auf dem Symposium diese Praxisformen im Mittelpunkt stehen?
- Wenn alternative Sportkultur kein akademischer Selbstzweck sein soll, müssen wir dann nicht eine Symposiumsform wählen, die eine breite Öffentlichkeit mit einbezieht?

In vielen und langen Diskussionen haben wir dann versucht, die Fragen, Zweifel und teilweise auch Ängste vor dem Symposium aufzuarbeiten und sind zu folgenden Festlegungen gelangt:

- Das Symposium soll eine Verbindung von Praxis und Theorie herstellen. In Form einer Börse sollten Gruppen ihre Praxisformen darstellen, Arbeitsgruppen zu verschiedenen Praxisbereichen sollten stattfinden und alternativer Sport sollte in Form von Mitmachaktionen vorgeführt werden. Betroffene, Wissenschaftler und Teilnehmer sollten die Möglichkeit haben, zu dem Stellung zu beziehen, was sie auf dem Symposium gesehen und erlebt haben.

  Diese Festlegung hat dazu geführt, daß die (theoretischen) Diskussionen leider häufig zu kurz kamen. Wir meinen aber, daß angesichts des zur Verfügung stehenden zeitlichen Umfanges die Entscheidung, die Praxis in den Mittelpunkt zu stellen, richtig war.
- Es sollte zu dem Symposium keine bürokratischen Anmeldeverfahren oder Teilnehmergebühren geben. Günstige Übernachtungs- und Verpflegungsmöglichkeiten sollten angeboten werden (was leider nicht ganz gelang).
- Keine Gruppe, Initiative o.ä., die der Meinung ist, daß sie alternativen Sport betreibt, sollte ausgeschlossen werden. Dieser Sachverhalt schließt natürlich nicht aus, daß darüber gestritten werden kann (und auch reichlich getan wurde), ob alle auf dem Symposium vertretenen Praxisformen zum alternativen Sport gehören.

- Durch gezielt angekündigte öffentliche Mitmachaktionen wollten wir nicht nur verbal den Anspruch erheben, ein offenes Symposium durchzuführen, sondern die Bevölkerung bewußt in das Symposium mit einbeziehen. Wir glauben, daß der Besucherandrang und die Atmosphäre am Samstag gezeigt haben, daß uns dieses Vorhaben gelungen ist.

Nun blieb für uns aber immer noch die Frage, wie das Symposium eröffnet werden sollte. Von der Vorstellung, einleitende Referate zu halten, hatten wir uns in der Vorbereitung schon längst gelöst. Wir heben an dieser Stelle einmal für Euch unsere Schädeldecke ab und lassen Euch in unser (Planungs-)Gehirn hineinschauen.

Nach unserer Vorstellung sollten bei der Einführung in das Symposiumsthema die "Eckpfeiler" der alternativen Sportkultur verdeutlicht werden. Die Einführung sollte außerdem handlungsorientiert sein und wir wollten versuchen, an das Vorverständnis, das die einzelnen Teilnehmer/innen zum Thema alternative Sportkultur mitbringen, anzuknüpfen.

Das Resultat war schließlich ein Rollenspiel, in dem unterschiedliche Praxisformen und Positionen zum alternativen Sport dargestellt wurden.

Alternativer Sport - was ist denn das?

FUSSBALLER
Ich erwarte, daß der Sport ein Bestandteil der Bürgerinitiativenbewegung ist. Wir haben ein Fußballturnier für den Frieden gemacht. Andere Leute machen Fahrraddemos oder Ostermärsche oder joggen an der Startbahn West. Sport zur Unterstützung der Bürgerinitiativen, das ist alternativer Sport!

SPIELER
Alternativer Sport bedeutet für mich die Ablehnung der traditionellen, auf den Wettkampf ausgerichteten Formen des Sports. In einer Spielkiste spielten wir kooperative Spiele, New Games. Das ist alternativer Sport! Kommt, wir spielen mal was schönes, zum Beispiel "Schlangenhäuten".

LEHRER
Ich erwarte, daß mir konkrete Anregungen gegeben werden, wie ich einen andere Sportunterricht mit andere Inhalten als Fußball und Leichtathletik machen kann. Ich habe schon im Sportunterricht Schattenspiele und alternative Bundesjugendspiele gemacht. Das ist alternativer Sport!

CLOWNIN
Alternativer Sport, das ist das Spiel mit der Bewegung, Pantomime, Akro-

batik, Jonglieren, Straßentheater. Dafür erwarte ich Anregungen!

SKIFAHRER
Alternativer Sport bedeutet für mich, den Alltag zu vergessen, auszuklinken und abzuheben. Sport muß wie eine Droge sein, dann ist es alternativer Sport.
Frage: Und was machst du im Sommer?
Skifahrer: Da surf' ich natürlich!

ARBEITERSPORTLER
Für uns war der Sport nie etwas zweckfreies. Sport war ein Bestandteil unseres Kampfes für bessere Lebensbedingungen. Heute beobachten wir mit großer Freude, wie sich vorrangig junge Menschen nicht mehr alles gefallen lassen, sich organisieren und wehren. Wenn sie in diese Auseinandersetzung den Sport mit einbeziehen, dann ist das der Anfang einer alternativen Sportkultur.

FAHRRADFAHRERIN
Alternativer Sport heißt für mich, die Bewegung in den Alltag zu integrieren. Deshalb haben wir eine Fahrradinitiative gegründet. Wir wollen darum kämpfen, bessere Voraussetzungen für das gesündeste und einfachste Fortbewegungsmittel zu schaffen.

VEREINSVERTRETER
Ich höre immer nur alternativ. All das machen wir doch schon seit Jahren in unseren Sportvereinen. Zum Beispiel die vielen Spielfeste ...

FRAU
Also ich kann mich in den ganzen Positionen gar nicht wiederfinden. Ich habe nie aktiv und regelmäßig Sport getrieben, aber ich will mich auch bewegen und spielen, nicht nur Mutter-Kind-Sport oder Schwangerschaftsgymnastik. Und mit dem Fahrrad fahr ich schon immer, weil mein Mann das Auto braucht. Überhaupt bleibt ihr mit den ganzen Darstellungen nur in eurer heilen Männer-Sport-Welt. Ich kann allerdings auch nicht sagen, was genau ich mir eigentlich vorstelle.

Eine Kiste voller Fragezeichen.
Bei uns standen die Fragezeichen auf vielen bunten Luftballons, die dem Publikum zugespielt wurden.
Ob es eine Lösung dieser Konflikte gab, dies zu klären, war eine Aufgabe des Symposiums.

Zum Spiel mit den Luftballons erklang das Lied vom weichen Wasser von den Bots

Das weiche Wasser

Europa hatte zweimal Krieg
der dritte wird der Letzte sein
gib bloß nicht auf, gib nicht klein bei
das weiche Wasser bricht den Stein

Die Bombe die kein Leben schont
Maschinen nur und Stahlbeton,
hat uns zu einem Lied vereint
das weiche Wasser bricht den Stein
Refr.: ....
Es reißt die schwersten Mauern ein
und sind wir schwach und sind wir klein
wir wollen wie das Wasser sein
das weiche Wasser bricht den Stein

Raketen stehn vor unsrer Tür
die solln zu unserm Schutz hier sein
auf solchen Schutz verzichten wir
das weiche Wasser bricht den Stein
Refr.: ....

Die Rüstung sitzt am Tisch der Welt
und Kinder die vor Hunger schrein
für Waffen fließt das große Geld
doch weiches Wasser bricht den Stein
Refr.: ....

Komm feiern wir ein Friedensfest
und zeigen wie sich's leben läßt
Mensch! Menschen können Menschen sein
das weiche Wasser bricht den Stein

Tanz und Gymnastik: zwei Ansätze

Walburga Deters

Tanzforum Oldenburg

Entstehung und Aufbau einer Schule für Bewegung und Ausdruck

Das Tanzforum wurde im Februar 1982 von Walburga Deters und Heino Nawrath gegründet.

Nach umfangreichen praktischen Unterrichtstätigkeiten und beruflicher Weiterbildung setzten Heino und ich unseren Wunsch, die Gründung einer freien Schule für Bewegung und Ausdruck, in die Tat um. Wir wollten eine Begegnungsstätte in Oldenburg aufbauen, in der man im Bewegungsbereich sowohl wie im Bereich der Mimik und des Ausdrucks viele Betätigungsfelder finden kann. Umsere Planung lief nicht darauf hinaus, ein "Studio" zu gründen, zu dem man einmal pro Woche hingeht und dann, ohne Kontakt bekommen zu haben, wieder nach Hause geht. Uns war und ist wichtig, daß sich Kontakte zu uns als Leiter der einzelnen Gruppen als auch untereinander ergeben. Unsere Ziele sind, eigene freie Tanz- und Clownsgruppen zu gründen, um an festen Tanz-Theater- und Clownsstücken zu arbeiten (Aufführungen).
Unser derzeitiges Programm (fester Jahres-Stundenplan):

Jazz-Tanz für Anfänger und Fortgeschrittene
Modern Dance
Freier Tanz (Ausdruckstanz)
Step Tanz
Afrikanischer Tanz
Kinder Tanz
Volkstanz
Rock'n Roll
Gymnastik
Improvisation
Clownstraining
Pantomime
Aerobic
Yoga

Kurse - Seminare - Workshops
Gastreferenten
Mitarbeiter:

Chris Jarrett (U.S.A.) Piano
Petra Nettsträter (B.R.D.) Geige
Andy Kofi Addo (Ghana) Trommler
Clemens Larisch (B.R.D.) Trommler
Angela Dantzer (B.R.D.) Lehrerin
Regine Stein (B.R.D.) Lehrerin
Chrishna Lodh (Indien) Yogi

Am Symposium leiteten Heino und ich zwei Arbeitskreise über die jeweiligen Schwerpunkte der Arbeit im Tanzforum (siehe den Bericht von Heino Nawrath in diesem Band).
Außerdem waren wir an den Vorführungen und Mitmachaktionen am Nachmittag beteiligt.
Ich möchte hier hauptsächlich über den von mir geleiteten Arbeitskreis berichten. Die Fotos von den Nachmittagsaktionen sprechen meines Erachtens für sich.

Meine Vorstellung war, diesen Arbeitskreis nicht in der von mir so oft erlebten Form zu gestalten. Mir lag nichts daran, gleich zu Beginn des zweistündigen Zusammenseins mit einem ausführlichen Bericht über meine Person, das Tanzforum und die Konzeption der Schule zu referieren. Ich wollte eher die Teilnehmer motivieren, sich selbst aktiv an dieser Veranstaltung zu beteiligen.
So ergab sich während des Vormittags eine fruchtbare Mischung aus Eigenaktivität der Teilnehmer und Aktionen, die von mir angeleitet wurden. Automatisch wurden Fragen gestellt, während oder nach Aktivitäten /Aktionen - es ergaben sich Diskussionen, zum Teil in Kleingruppen oder der ganzen Gruppe. Die Themen der Fragen an mich oder der Diskussionen standen immer in unmittelbaren Zusammenhang zum gerade Erlebten.

Als Hauptthema in meinem Arbeitskreis wählte ich den Freien Tanz (Ausdruckstanz). Für mich bedeutet die Form von Tanz nicht, daß der Einzelne bestimmte Bewegungsqualitäten vorweisen muß, sondern sich lösen und erleben kann. Daß er durch vorgegebene Situationen - durch die Musik (es waren Musiker dabei - Piano, Geige, Konga) sich und die Gruppe zunächst spielerisch erfahren kann. Viele Bewegungsspiele gehörten dazu, ebenso wie Improvisationen zu kleinen Themen, Sensibilisierungsübungen, Spiel mit der Stimme und dem Atem.
Über diesen Weg des Selbst-Erlebens wollte ich eine Verbindung herstellen zu den Aufführungen zu diesem Thema: die freie Gruppe des Tanzforums oder die Videofilme. Ich erhoffte mir so ein besseres Verständnis für diese Form des Tanzes und die Motivation, in dieser Art selbst zu arbeiten, sei es allein oder mit eigenen Gruppen.
Über diese Mitmachaktion ergaben sich dann wieder neue Fragen über meine Idee, zur Gründung des Tanzforums und der Durchführung unseres Programms.

Afrikanischer Tanz mit Andy Kofi (Ghana)

Kurz nach der Eröffnung des Tanzforums lernte ich den Andy kennen. Er kommt gebürtig aus Ghana und lebt seit zwei Jahren in Deutschland. Seit Mai 1982 trommelt Andy jeden Tag zu allen Jazz Unterrichtsstunden, gehört inzwischen zur freien Tanzgruppe des Tanzforums und leitet selbst Workshops und Seminare im Bereich des Afrikanischen Tanzes. Seine Mitmachaktion wurde von den Teilnehmern des Arbeitskreises

begeistert aufgenommen. Andy zeigte einige leicht zu erlernende Schritte und Bewegungsformen, die immer in Verbindung standen mit dem Ausdrücken von bestimmten Lebenssituationen aus dem afrikanischen Leben. Um einige der Titel seiner Tänze zu nennen: ADOWA ABGAGA KPANLOGO
Während dieser Aktion ergaben sich erste Kontakte der Teilnehmer untereinander.

Freier Tanz (Ausdruckstanz) mit Chris Jarrett (Piano),
Petra Nettsträter (Geige) und Andy Kofi Addo (Trommel)

Diese Mitmachaktion begann mit dem freien Bewegen durch den Raum. Da der mir zur Verfügung gestellte Raum sehr klein war, die Anzahl der Teilnehmer jedoch einen doppelt so großen Raum erfordert hätte, begann diese Aktion gleich mit sehr viel Spaß.
Es passierten leichte "Zusammenstöße", die natürlich noch durch bewußtes vorsichtiges "Anrempeln" gesteigert wurden. Die Musik vom Chris (Piano) unterstützte diese spontane Reaktion der Teilnehmer. Wir entwickelten daraus kleine Bewegungsspiele, Situationen ergaben sich, die man miteinander spielen konnte.
Raum - Zeit - Dynamik
Finde durch den Raum, alles ist voller Gerümpel und Müll, alles steht voll, du mußt schon klettern - kriechen - krabbeln - steigen - usw. Helft euch gegenseitig durch den Raum. Tragt - zerrt - hebt - schleift - schiebt euch gegenseitig - - usw.

Sensiblilisierungsphase - Ausdrucksschulung

Der Ausdrucksschulungsphase ging eine Phase des Sich-Kennenlernens voraus. Wir experimentierten mit unserer Stimme - mit unserem Atem:
"Wie reagiert mein Körper, wenn ich schreie, rufe, brumme, schnaufe, laut oder leise atme, huste -- usw. Wie reagieren die anderen darauf."
Reaktion-Aktion-Reaktion
Diese Aktionen wurden größtenteils von mir geleitet.
Anschließend probierten wir, wesentlich unterstützt durch die Musiker (Piano, Geige, Konga), konkrete Situationen auszudrücken, sei es durchj die Stimme, den Atem oder die Bewegung. Die Mimik spielte hier eine wichtige Rolle.
Ein besonderes Beispiel möchte ich an dieser Stelle herausgreifen, an dem sich zeigen läßt, wie unterschiedlich nur eine konkrete Situation interpretiert werden kann: Decke auf dem Kopf

Ganz, ganz langsam kommt von oben eine Decke auf dich zu, sie kommt immer näher und näher --- was machst du nun?

Die Reaktion der Teilnehmer bei dieser Situation äußerte sich wie schon erwähnt, recht unterschiedlich. Für den einen war es eher eine lustige Situation, der andere fühlte sich bedrängt, für den nächsten war es eine unerträgliche Situation ... usw.
Mit diesem kleinen Beispiel möchte ich die vielen Feinheiten, die in den Zwischenräumen einer konkreten Situation stecken, versuchen zu erklären. Mir kommt es nicht darauf an, daß der einzelne Teilnehmer eine Situation so interpretiert, wie ich es mir als Leiter dieser Veranstaltung vorstelle, sondern, daß er sich mit dem Thema identifiziert und so individuell reagiert.
Zum Thema "Freier Tanz" zeigten wir auch noch einen Videofilm und die freie Tanzgruppe zeigte einige kleine einstudierte Bewegungsetüden, aber auch spontane Tanzverbindungen, die in ihrer Thematik unmittelbar im Zusammenhang standen mit dem, was die ganze Teilnehmergruppe meines Arbeitskreises vorher in der Inprovisation probiert hatte.●

Eindrücke von der Arbeit mit dem Publikum beim offenen Nachmittag des Symposiums

Die Rhythmische Gymnastik, die Funktionelle Gymnastik und der Moderne Tanz sind zu Beginn dieses Jahrhunderts entwickelt worden. Auch wenn sich einiges in den genannten Bereichen weitergebildet hat, so ist die Art, sich rhythmisch, tänzerisch oder gymnastisch zielgerichtet zu bewegen nicht neu. Gymnastik- und Tanzangebote führten nur lange Zeit im Schatten des Sports ein wenig beachtetes Dasein. Heute, da der Sport nach neuen Wegen sucht und gerade dem Körperbewußtsein mehr Aufmerksamkeit geschenkt wird als bisher, erinnert man sich an die Angebote von Gymnastik und Tanz. Der eine oder andere mag diese Art, sich zu bewegen, für sich neu entdecken, jedoch hat sich kein grundsätzlich neues Bewegungsangebot aufgetan (ausgenommen die Bewegungen der afrikanischen Folklore).
Was ist also neu, anders oder alternativ?
Mir scheint, daß weniger der Bewegungsstil als vielmehr das Ziel, was mit diesen Bewegungen erreicht werden soll, die Veränderung ausmacht. Das Ziel bestimmt auch, auf welche Art und Weise die Bewegung von den Teilnehmern erlernt oder erfahren werden soll.
Ch. Wopp hat in seinem Artikel "Alternative Sportkultur" einige grundlegende richtungsweisende Punkte der Alternativen Sportbewegung herausgestellt. An einen dieser Punkte, nämlich der Selbständigkeit, möchte ich anknüpfen. Um diesen Aspekt zu verdeutlichen, stelle ich die bisherige Vermittlung von Tanz und Gymnastik einem alternativen Ansatz gegenüber.
Ein altbekannter Gymnastik- oder Tanzunterricht läuft wie folgt ab: Der Lehrer oder Übungsleiter steht frontal vor einer Gruppe, er macht Übungen vor und seine "Schüler" vollziehen seine Bewegungen mit. Jeder der Übenden ist auf den Lehrenden fixiert, er bekommt alles vorgesetzt, muß nicht viel überlegen, darf jedoch vom Gebotenen nicht abweichen. Der ständige Blick auf den Lehrer läßt die Teilnehmer nur in kurzen Augenblicken dazu kommen, auf die eigene Person zu achten und schränkt den Kontakt zu anderen Teilnehmern ein. Der Teilnehmer hat also keine Möglichkeit, selbst tätig zu werden und jede Selbständigkeit muß im Keim ersticken. Wie könnte aber ein Gymnastik-Tanzangebot aussehen, das zur Selbständigkeit führt?
Die Oldenburger Sportstudenten haben einen kleinen Ausschnitt ihres Ausbildungsprogrammes Gymnastik in einer praktischen Demonstration gezeigt. Anhand der gezeigten Beispiele möchte ich versuchen, die Komponenten herauszufiltern, die zur Selbständigkeit führen können.

Inge Deppert

Springen, spielen, spinnen

– oder was ein Gymnastikangebot "alternativ" macht.

1
Die Sportstudenten legten mit Seilen ein Muster auf den Hallenboden, bestehend aus Schlangen, Kreisen, Dreiecken, Linien usw. Niemand sagte Ihnen, in welcher Weise dieses Muster gelegt werden sollte, sondern jeder konnte nach seiner Phantasie und seinem Geschmacksempfinden entsprechend tätig werden. Diese Figuren wurden (begleitet mit

einer dynamischen Musik) umkreist oder in eine Bewegung mit einbezogen, was in Form eines Schattenspiels geschah. Wieder war keiner da, der genau angab: Dort mußt Du hinlaufen, oder dort hast Du dieses oder jenes zu tun! Auch die Fortbewegungsart konnten sich die Teilnehmer selber wählen.

2

Jeder Teilnehmer nahm sich ein Seil und bewegte sich im kreisenden Seil und probierte die früher erlernten Fertigkeiten aus (z. B. vorwärts, rückwärts). Bei diesen Übungen mußte sich jeder Übende auf die Bewegung konzentrieren, da jeder Fehler sofort ein "Hängenbleiben" zur Folge gehabt hätte.

3

Das eben beschriebene selbständige Umgehen mit dem Gerät wurde durch Partner- und Kleingruppen erweitert. Hier galt es, gemeinsam mit den anderen Beteiligten die Übungen zu beherrschen. Ein Eingehen aufeinander ist dabei unausweichlich. Die Selbständigkeit, die man benötigt, um sich zu verständigen und zu kooperieren, wurde hier erwartet und gefördert.

4

Die nächste Partnerübung lief wie folgt ab: Einer hielt das Seil in einer ganz bestimmten Stellung oder legte es in einer Figur auf den Boden oder bewegte das Seil leicht. Der andere nahm diese Vorlage und versuchte, Stellung oder Bewegung des Seiles durch seine Körper auszudrücken. Beide Partner sind also aufgefordert worden, sich aktiv an der Gestaltung der Figuren zu beteiligen.

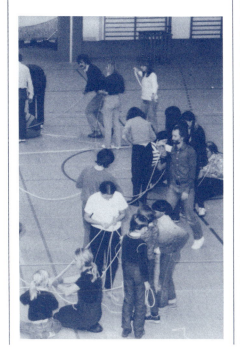

5

Die letzte Aufgabe bestand darin, daß alle Teilnehmer aus den Seilen ein großes Netz, ein Spinnennetz, knüpfen sollten, um sich am oder im Netz gemeinsam nach einer Musik zu bewegen. Die Gruppe konnte sich durch diese enge Verbindung einen einheitlichen Bewegungsrhythmus geben.

Bei den hier beschriebenen Aufgaben war der Lehrende als "Vormacher", ohne den es in vielen Gymnastik-Tanzangeboten nicht geht, überflüssig. Elementare, also beherrschte Bewegungen wurden von den Teilnehmern inform von Aufgaben abverlangt. Techniken für Fertigkeiten vermittelten sich die Teilnehmer in diesem Falle untereinander. Ein Lehrer, der die Übungen vorgemacht hätte, hätte den Teilnehmern von vornherein die Chance genommen, selbständig handeln zu können. In einem normalen Unterricht müssen sicher gerade beim Erlernen von Fertigkeiten und bei der Korrektur von Bewegungsabläufen neben Anweisungen und Erklärungen auch durch Vormachen Informationen gegeben werden. Ist jedoch die Bewegung erklärt worden, muß die Erfahrung mit der Bewegung jeder Lehrende für sich machen können, d. h. er muß sie selbständig anwenden, weiterentwickeln und gestalten können. Nur dann ist es meiner Meinung nach berechtigt, Gymnastik- und Tanzangebote auch als alternative Bewegungsangebote zu bezeichnen. Auch wenn die "alternative Welle" einmal vorüber sein sollte, erscheint mir wichtig, die Erziehung zur Selbständigkeit in jeder Zeit zu fördern.●

Sportstudenten zusammen mit dem Publikum am offenen Nachmittag des Symposiums

Spielaktionen

Edith Ströh
Hamburger Sportjugend im HSB

Die Mobile Spiel-Sport-Aktion

Arbeitskreis der HSJ am Symposium

1978 führte die Hamburger Sportjugend das erste mal eine Mobile-Spiel-Sport-Aktion (MSSA) durch. Spielaktionen waren aus der Kunst- und Theaterpädagogik schon bekannt. Im Bereich des Sports wurden 1978 von Seiten des DSB und der DSJ erste Ansätze gemacht. Mit der MSSA wollten wir vor allem alle die Kinder erreichen, die in ihrer Spiel- und Bewegungsumwelt stark eingeschränkt sind, d. h. in Gebieten wohnen, die von ihrer sozialen Infrastruktur generell unterversorgt erscheinen. Hieraus ergab sich die Auswahl bestimmter Wohngebiete.

Das Spiel- Sport-Angebot sollte für alle Kinder offen sein, durfte also nichts Kosten und auch keine Vereinszugehörigkeit bedingen. Im ersten Jahr fanden die Aktionen entweder am Vormittag während der Ferien oder in der Schulzeit am Nachmittag statt. Als Standorte wurden Schulen mit Turnhallen, Schulhöfen und Pausenhallen gewählt. In den nachfolgenden Jahren wurden die Aktionen nur noch während der Ferien durchgeführt, um nicht als Konkurrenzveranstaltung, sondern als sinnvolle Ergänzung zum Vereinssport zu dienen. Schon im ersten Jahr wurde eng mit ortsansässigen Vereinen zusammengearbeitet. Ziel der HSJ war es, die Aktion als Modell zu entwickeln und dann in die Vereine abzugeben. Seit 1979 wurden die MSSA's von Vereinen durchgeführt, doch fand noch eine starke Unterstützung durch die HSJ statt. Während in einigen Sportvereinen inzwischen die MSSA zum offiziellen Vereinsangebot gehört, andere Vereine sie mit Hilfe der HSJ einmal ausprobieren, trauen sich die meisten Vereine an die Durchführung einer solchen Aktion nicht heran. Aufgrund dieser Tatsache entwickelten wir Anfang 1982 unseren Spielekarren, zu dem ich später noch einige Erläuterungen geben werde.

Doch erst einmal zu der Mobilen-Spiel-Sport-Aktion und somit zu dem, was während dieser Aktion gemacht wird und welche Ziele wir verfolgen. Aus der direkten Ableitung des Namens werden schon einige Inhalte deutlich. Eine Mobile Aktion nennen wir sie deshalb, weil sie an jedem

Ort durchzuführen ist. Die meisten und wichtigsten Materialien sind transportabel. Wir können also die Kinder dort aufsuchen, wo sie wohnen, daraus ergibt sich dann die jeweilige Standortwahl. Wir haben hauptsächlich Wohngebiete herausgesucht, in denen der Spiel- und Bewegungsraum der Kinder stark eingeschränkt ist und wo wir aufgrund der sozialen Struktur annahmen, daß die Kinder während der Ferien nicht verreisen würden.

Das Spiel-Sport Angebot ist in engem Zusammenhang mit den vom DSB propagierten Spieltreffs sowie der DSJ Initiative "In den Ferien am Ort, mehr Spaß durch Spiel und Sport", zu sehen. Bei diesem Spiel-Sport Angebot tritt der sportartenspezifische Sport stark zurück, dafür werden im wesentlichen Bewegungs- und Spielelemente eingebaut. Wichtiges Element in diesem Spiel-Sport Angebot ist zum einen das Material und zum anderen die Spielanleitung, auf die ich noch eingehen werde.
Ein hohes Maß an Spielfreiheit soll gewährt werden. Spaß und Freude am Spiel und an der spielerischen Bewegung vermittelt und vielfältige Bewegungserfahrungen ermöglicht werden. Die Kinder sollen lernen, selbstbestimmt, kreativ und variabel zu handeln, Konflikte demokratisch zu lösen und Probleme zu diskutieren. Sie sollen ebenso lernen, kooperativ miteinander zu spielen und sich gegenseitig zu helfen sowie ihr eigenes Verhalten zu reflektieren.

Organisatorische Voraussetzung zum Erreichen dieser Ziele sind:

- Die Bereitstellung von ausreichend Bewegungsraum.
- Die Beschaffung vielfältiger, anregender Materialien.

Noch kurz zu unserer Aktion. Die MSSA wird meistens in den Ferien, über einen Zeitraum von 2 - 3 Wochen durchgeführt. Je nach den Möglichkeiten der Vereine läuft die Aktion 3 - 4 Stunden am Vor- oder Nachmittag.

Das Material

Für die MSSA wurden speziell geeignete Materialien ausgesucht, da bestimmte Spielmaterialien auch bestimmte Verhaltensweisen bei Kindern hervorrufen. Variationsreiches und multifunktionales Material ist besonders geeignet, um kreatives Handeln und immer neue Spiele zu entwickeln. Außerdem sollten die Materialien einen hohen Aufforderungscharakter besitzen und somit zum Spielen und sich Bewegen motivieren. Die bei den Aktionen verwendeten Materialien lassen sich in vier Kategorien einteilen:
- Bewegungsspielgeräte
- Alltags- und Abfallmaterial
- Standardausstattungen der Sporthallen
- Sicherungsmaterialien.

Bewegungsspielgeräte sind Geräte zum Zwecke des Bewegens. Gegenüber üblichen Sportgeräten zeichnen sie sich durch vielfältige Einsatzmöglichkeiten aus und sind relativ unspezialisiert. Für die MSSA wurden hauptsächlich solche Bewegungsspielgeräte verwendet, die in der Psychomotorik entwickelt und erprobt waren: z.B. Rollbretter, Pedalos, Pushbälle, Schwungtücher, Trampoline, Hüpfbälle, Speckbretter u.v.m..

Alltags- und Abfallmaterialien wie Wolldecken, Pappkartons, Zeitungspapier, Autoreifen u.ä. wurden eingesetzt, um den Kindern die Möglichkeit des Spielens in der Alltagsumwelt zu demonstrieren und sie dazu anzuregen, solche Spiele später selber zu erfinden.

Bei dem Einsatz von Standardausstattungen der Schulturnhallen wie Barren, Reck, Bänke u.v.m bestand die Gefahr der einseitigen Nutzung durch bereits erlernte Formen, was die Bewegungsvielfalt von vornherein eingeschränkt hätte. Dies wurde vermieden, indem die Geräte verfremdet und zum Aufbau von Spiellandschaften wie z.B. schrägen Hängen, Brücken, Bergen und Sprunggruben dienten.
Sicherungsmaterial wie Weichböden, Turnmatten und Teppiche wurden eingesetzt, um Unfallgefahren zu mindern.

Die Spielanleitung
Verkürzt kann man die Aufgaben des Spielpädagogen folgendermaßen umreißen: Es ist seine Aufgabe, Spiele anzuregen, Spielsituationen zu sichern und organisatorische und pädagogische Hilfen zu geben. Im folgenden möchte ich dieses in 6 Unterpunkten kurz erläutern:
1
Betonung und Bewußtmachung der Spiel- und Bewegungsfreiheit: Viele Kinder sind es vom Schulsport her gewohnt, nur nach Bewegungsanweisungen zu handeln. Freie Tätigkeiten sind für sie ungewohnt. Wird die Spielfreiheit betont und bewußt gemacht, kommt es über das Kopieren der Bewegungen des Mitspielers hinaus zur Entwicklung eigener Bewegungen.

2
Ermutigen und Verstärken:
Das Augenmerk soll auf vorhandene Lernansätze gerichtet werden und diese sollen verstärkt werden. Hierdurch wird den Kindern Freude an der Bewegung und Spaß am Spiel vermittelt. Sie werden zum weiteren Probieren und Experimentieren ermutigt.
Durch Verstärkung der bereits vorhandenen Lernansätze und kleine sachliche Bemerkungen können Fehler beseitigt werden, ohne daß Fehler und Schwächen direkt kritisiert werden müssen.

3
Entwicklungsstand der einzelnen Kinder beobachten und Defizite (physisch und psychisch) erkennen:

Gezielte Maßnahmen zur Förderung einzelner Kinder müssen an ihrem Entwicklungsstand anknüpfen.
Auch ist es wichtig zu beobachten, ob Kinder mit einem zu hohen Leistungsanspruch an sich selbst sich in einem für sie unbekannten und von daher nicht einzuschätzenden Bewegungsbereich überfordern und somit die Verletzungsrisiken erhöhen.

4
Unaufdringliche, vorschlagende Anregungen geben:
Den Kindern sollen keine fertigen Regeln und Rezepte vorgesetzt werden. Durch Mitspielen des Betreuers oder durch Fragen sollen Denkanstöße für das selbständige Erkennen und Lösen von Problemen gegeben werden.

5
Beraten und Helfen:
Zusammenhänge und Gesetzmäßigkeiten sollen von den Kindern erfaßt werden. Hierbei benötigen sie Hilfen. Fehlerkorrekturen und Ratschläge müssen für die Kinder einsichtig sein und begründet werden, damit sie die Zusammenhänge erkennen und Fehlverhalten nicht aufgrund der etwaigen Autorität des Spielpädagogen korrigieren.

6
Bei Konflikten eine abwartende Haltung einnehmen:
Kinder sollen lernen, ihre Konflikte selber zu lösen. Der Pädagoge greift erst helfend ein, wenn der Konflikt erkennbar von den Kindern nicht gelöst werden kann oder es zu gefährlichen Situationen kommt (z.B. Raufereien). Er greift ein, indem er Vorschläge macht und Alternativen aufzeigt.

Die Idee der MSSA wurde überall sehr positiv aufgenommen. Es sind bis heute jedoch nur sehr wenige Vereine, die diese Aktion durchführen. Diese Tatsache haben wir versucht zu hinterfragen und sind zu folgenden Ergebnissen gekommen:
- die MSSA braucht einen großen Arbeits- und Zeitaufwand für die Spielleiter.
- Die Kosten für Material und Arbeitsaufwand sind hoch.
- Das Spiel-Sport Angebot ist für den Übungsleiter aus dem Verein etwas neues. Die meisten Vereinsübungsleiter sind für eine spezifische Sportart ausgebildet und trauen sich an neue Geräte und Bewegungsformen nicht heran.

Aufgabe für uns als Dachorganisation der Vereine ist es, an diesen Punkten Hilfestellung zu geben.
Die HSJ versucht so z.B. in organisatorischen Belangen zu unterstützen. Durch Erfahrungsberichte konnten Anleitungen und Tips zur effektiveren Vorbereitung gegeben werden. Ein hoher Zeitaufwand vor, während und nach der Aktion bleibt.

Wir unterstützen mit Anträgen zu Bezirkssondermitteln, die einen Teil der Arbeitszeit finanziell honorieren und auch für den Einkauf von Geräten dienen können. Die finanzielle Absicherung ist jedes Jahr neu zu leisten, entweder über Bezirkssondermittel oder über Sponsoren. Hier können auch wir nur beratend helfen.

Seit Beginn der Aktion haben wir durch Dokumentation, Filme, Dias und Fotos sowie durch gezielte Ausbildungslehrgänge versucht, Unterstützungen zu geben. Doch ist wohl in diesem Punkt auch die weiteste Entfernung von unserer Idee zur Vereinswirklichkeit zu sehen. Da wir das Spiel-Sport-Angebot nicht nur in einer Ferienaktion für richtig und wichtig halten, haben wir versucht, dieses freizeitsportorientierte Angebot auf eine andere Weise an den Vereinsübungsleiter heranzutragen. Hierzu entstand im Frühjahr 1982 der Spielekarren. Dies ist ein Heft mit 10 Spiel-Sport-Einheiten zu verschiedenen Themen. Diese Themen ergeben sich aus den verschiedenen Erfahrungen und Ideen, die in den letzten Jahren während der einzelnen MSSA's entstanden sind. Diese Themen sind in Form von Unterrichtseinheiten aufgeschrieben und können so jederzeit im normalen Übungsbetrieb durchgeführt werden. Der Spielekarren ist aber auch eine sehr umfangreiche Spielesammlung, die Anregungen für Feste, Veranstaltungen, Straßenaktionen oder Einlagen beim Training geben kann. Wir hoffen, damit dem Vereinssport zu neuen Formen zu verhelfen.●

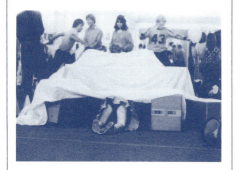

Rainer Baltschun
Heiko Gosch

Schülerorientierte Sport- und Spielfeste

mit Jugendlichen ohne Ausbildungsvertrag an der Allgemeinen Berufsschule in Bremen

Ausgangslage
Zur Situation Jugendlicher ohne Ausbildungsvertrag in der BRD

Heranwachsende Jugendliche besuchen Schulen, in denen sie die Voraussetzungen erwerben sollen, ihre spätere Lebenspraxis zu bewältigen. Nach neun bis zehn Jahren Schulbesuch besucht ein Teil der Jugendlichen weiterführende Bildungseinrichtungen (z.B. Gymnasiale Oberstufe, Fachgymnasium) und ein größerer Teil beginnt eine betriebliche Berufsausbildung mit begleitendem Berufsschulunterricht. Beide Gruppen lassen sich zusammen von einer dritten Gruppe Jugendlicher abgrenzen: den 'Jugendlichen ohne Ausbildungsvertrag (JoA)'.

Gegenwärtig sind 324.000 Jugendliche ohne Ausbildungsvertrag ausgewiesen (VOIGT, 1982, S. 143). Hinzuzurechnen sind noch "etwa 100.000 Jugendliche in vollzeitschulischen Maßnahmen zur Entlastung des Ausbildungsmarktes (Berufsgrundbildungsjahr oder Berufsvorbereitungsjahr) oder in Lehrgängen der Bundesanstalt für Arbeit zur Förderung der Berufswahlreife oder zur Verbesserung der Eingliederungsmöglichkeiten" (VOIGT, 1982, S. 143).

Gemeinsam ist diesen Jugendlichen, daß sie nach Abschluß ihrer Schulzeit keinen Ausbildungsplatz bekommen haben.

Neben der Gruppe Jugendlicher, die nach der Schulzeit direkt in einem Betrieb beschäftigt sind - dabei jedoch nicht zu einem qualifizierten Beruf ausgebildet,sondern allenfalls zu niedrigen Qualifikationen angelernt werden - kann im übrigen zwischen drei nichtbeschäftigten Gruppen der JoA unterschieden werden:

- Die anteilmäßig große Gruppe der "Lernbeeinträchtigten" oder gar "Lernbehinderten" (vgl. VOIGT, 1982, S. 156 ff.), oftmals Abgänger aus der Hauptschule ohne Hauptschulabschluß und Sonderschule mit und ohne Abschluß, sieht sich einer verschärften Konkurrenz um knappe, qualifizierte Ausbildungsplätze ausgesetzt. Sie bleibt ohne reale Chance auf eine berufliche Erstausbildung und Berufsperspektive.

- Die weiblichen Jugendlichen, die aufgrund ihrer Sozialisation hauptsächlich auf Haushalt und Familie eingestellt worden sind. Sie haben - nicht zuletzt auch wegen fehlender Ausbildungsmöglichkeiten - keine Ausbildungs- und Berufsperspektive entwickeln können.

- Die steigende Zahl jugendlicher Ausländer, die einerseits trotz deutscher Schulabschlüsse (z.B. Hauptschule) aufgrund diskriminierender Ausscheidungspraxen und andererseits trotz entsprechender Schulabschlüsse in den Heimatländern aufgrund deutscher Sprachschwierigkeiten vielfach keine ihren Fähigkeiten adäquate Ausbildungsplätze finden.

Die soziale Brisanz liegt in der Tatsache, daß die JoA im Gegensatz zu früheren Jahren immer weniger auf Beschäftigung als 'Jugendarbeiter' oder 'Ungelernte' vertrauen können, sondern zunehmend vor allen anderen Jugendlichen mit besseren Schulabschlüssen von der zeitweiligen und längerfristigen Arbeitslosigkeit bedroht sind.

Jugendliche ohne Ausbildungsvertrag an der Allgemeinen Berufsschule in Bremen

Alle Jugendlichen, die eine mindestens neunjährige Vollzeitschule (Hauptschule, Realschule, Sekundarstufe I) durchlaufen haben, unterliegen grundsätzlich nach dem Bremischen Schulgesetz der Berufsschulpflicht (BREMISCHES SCHULGESETZ -BremSchulG. § 37). Diese Verpflichtung gilt auch für "Jugendliche ohne Ausbildungsverhältnis". Bei Teilzeitform endet die Berufsschulpflicht erst drei Jahre nach Beendigung der Vollzeitpflicht (BremSchulG § 37, Abs. 1). Als Sonderform gilt der Vollzeitunterricht von einjähriger Dauer an einer beruflichen Schule (BremSchulG § 17, Abs. 5). Für JoA, die diese Sonderform des Berufsschulunterrichts abgeleistet haben, gilt die Berufsschulpflicht mit Ablauf dieses Berufsschuljahres als erfüllt (BremSchulG § 38, Abs. 2).

Im Bundesland Bremen werden JoA an mehreren Schulzentren der Sekundarstufe II mit gymnasialer Oberstufe und beruflicher Abteilung, an den Hauswirtschaftlichen Berufsschulen (weibliche JoA) und an der Allgemeinen Berufsschule (ABS) 'beschult'. Dabei ist die ABS die berufliche Schule in Bremen, die fast ausschließlich von männlichen Jugendlichen ohne Ausbildungsvertrag besucht wird.
Einen näheren Überblick geben die statistischen Zahlen des Schuljahres 1980/1981. Danach wird die Schule von ca. 1250 Schülern besucht, die sich auf insgesamt 98 Klassenverbände verteilen. Von den 98 Klassenverbänden entfällt der größte Teil auf Teilzeitunterricht, d.h. ein Unterrichtstag mit sechs Stunden pro Woche. 25 Klassen entfallen auf vollzeitschulische Maßnahmen der Ausbildungs-bzw. Berufsvorbereitung (z.B. nach § 17 (5) BremSchulG und Maßnahmen der Bundesanstalt für Arbeit zur beruflichen und sozialen Eingliederung (MBSE)). Schließlich sind fünf Klassen der berufsqualifizierenden Ausbildungsgänge im Rahmen der Berufsfachschule mit qualifizierendem Abschluß (BFS/q) eingerichtet.
Alle Ausbildungsgänge erfolgen berufsfeldbezogen. An der ABS sind die Berufsfelder Elektrotechnik, Holztechnik und Metalltechnik (Schwerpunkt) vertreten. In der BFSq - Abteilung erfolgt die berufsqualifizierende vollschulische Ausbildung zum 'Stahlbauschlosser' bzw. 'Teilezurichter' aus dem Berufsfeld Metalltechnik.

Einige wichtige Anforderungen und Bedingungen, die eine schülergerechte Gestaltung von Sport- und Spielfesten mit diesen besonders benachteiligten Jugendlichen bestimmen, werden im nächsten Abschnitt skizziert.

Aspekte schülerorientierter Sport und Spielfeste an der Allgemeinen Berufsschule in Bremen

Eines der wichtigsten Ziele des Sportunterrichts an berufsbildenden und beruflichen Schulen ist, möglichst viele Schüler zu befähigen, über die Schulzeit hinaus eine lebenslange Sportpraxis zu entwickeln. Eine wichtige Voraussetzung ist dabei, daß die Schüler durch die Förderung einer Sach- und Sozialkompetenz die für das lebenslange Sporttreiben notwendige Selbständigkeit entwickeln können. Entscheidenen Anteil hat daran eine Orientierung der Sportinhalte und -formen an den Bedürfnissen der Schüler. Die damit verbundene Entwicklung einer positiven Einstellung zum Sport erfordert auch, daß häufig anzutreffende negative Einstellungen - aufgrund bisheriger sportunterrichtlicher Erfahrungen aus dem allgemeinbildenden Schulbereich - abgebaut werden müssen. Stellen diese Anforderungen die Bedingungen für einen täglichen (anderen) Sportunterricht dar, so gilt dies noch mehr für die besonderen Sportereignisse an der beruflichen Schule. Zu diesen Sportereignissen zählen auch die jährlichen an der ABS durchgeführten Sport- und Spielfeste.

Die den Schülern bereits bekannte Norminierung von Sportfesten durch die Einbindung in die Bundesjugendspiele darf sich an der Berufsschule nicht fortsetzen: Die mangelnde Bedürfnisorientierung der Bundesjugendspiele würde die Schüler nur wieder in ihren negativen Erfahrungen zu Schulsportfesten demotivieren. Stattdessen bieten Sport- und Spielfeste auch die Möglichkeit, die Interessen und Bedürfnisse der Schüler zum Ausgangspunkt der Veranstaltung zu machen.

In der Vergangenheit war dieser Anspruch nur sehr reduziert umgesetzt worden. Es wurde ein sportartgebundenes Turnier aller Schulklassen veranstaltet. Dabei wurde die Sportart ausgewählt, die sich bei den Jugendlichen scheinbar größter Beliebtheit erfreut. Nach Einschätzung der organisierenden Sportlehrer war das an der ABS die Sportart 'Fußball'.

Dagegen steht ein ernsthafter Ansatz, der nicht an den Normierungen der Sportarten orientiert ist, sondern vielmehr im breiten Feld der 'Kleinen Spiele' eine Schulveranstaltung durchführt.

Die Lehrer - insbesondere die Sportlehrer - der ABS stellen nur die organisatorische Leistung für die Durchführung eines Sport- und Spielfestes zur Verfügung. Zugleich geben sie an die Schüler die Aufforderung, für ein beabsichtigtes Sport- und Spielfest Spielideen zu entwickeln. Im Rahmen eines 'Wettbewerbs' diskutieren die Schüler selbst entworfene Spielideen, entwickeln anhand der Vorgabe, daß sich an den Spielen jeweils zwei Mannschaften beteiligen sollen, entsprechende Spielregeln und benennen erforderliche Spielgeräte. Dabei sind den Schülern kaum Grenzen gesetzt. Sie sind nicht auf die Auswahl der typischen Sportgeräte beschränkt, sondern können vielmehr Geräte einbeziehen, deren Konstruktion noch erst detailliert zu beschreiben und auszuführen ist. Die Schüler bauen die notwendigen Geräte im Rahmen ihrer Werkstattpraxis in der Schule selbst. Lehrer und Lehrmeister geben ihnen dazu die erforderliche fachliche Anleitung.

Die Ausgestaltung eines Sport- und Spielfestes mit Spielen, die von den Schülern selbst entworfen und deren Regeln und Geräte von ihnen selbst entwickelt und hergestellt worden sind, führen zu einer höheren Motivation und Identifikation der Schüler.

Diese Konzeption für Sport- und Spielfeste, die die Schüler nicht nur in der Durchführung als Teilnehmer begreift, sondern als Aktive, die in die Vorbereitungsphase einbezogen werden, kann als schülerorientiert gekennzeichnet werden.

Planung, Inhalt und Ablauf eines solchen Festes werden im nächsten Abschnitt exemplarisch und illustriert dargestellt.

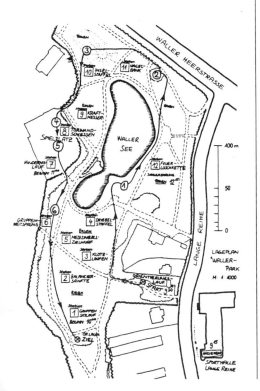

Lageplan Waller Park

Sport- und Spielfest an der Allgemeinen Berufsschule -
Da war der Bär los

Im September 1981 konnte in einem Park im Bremer Stadtteil Walle das zweite Sport- und Spielfest der Allgemeinen Berufsschule stattfinden. Nach einigen klärenden Gesprächen gab das Gartenbauamt grünes Licht und lieferte sogar die Vorlage für den Lageplan Waller Park.

Zum Kennenlernen des Geländes und zur Auflockerung mußten die teilnehmenden Gruppen zunächst einen kleinen, von Schülern vorgeschlagenen Orientierungslauf "Rund um den Waller See" absolvieren (durchgezogene Linie auf dem Lageplan, Ziffern in kreisen: Kontrollpunkte). Die Aufgabenbeschreibung für diesen Lauf fertigten Schüler mit ihrem Sportlehrer an. Diese Beschreibung und der allen Schülergruppen mit auf den Weg gegebene Lageplan konnten jedoch nicht verhindern, daß einzelne Gruppen lostobten und kreuz und quer durch das Gelände streiften. Den türkischen Schülern wurde am Start die Aufgabe in ihrer Muttersprache erläutert. Alle Gruppen erreichten letztlich das Ziel und konnten nun mit den Spielen an den zwölf Stationen beginnen.

Orientierungslauf

Die Klasse nimmt als geschlossene Gruppe teil. Sie muß den Lauf gemeinsam durchführen. Am Startpunkt bekommt jede Klasse einen Plan vom Zeller-Park und muß nach diesem Plan 5 Kontrollpunkte anlaufen. An jedem dieser Punkte wird ihnen vom Kontrollposten eine Aufgabe gestellt und wenn alle die Aufgabe erfüllt haben gibt der Kontrollposten dem Mannschaftsführer einen Stempel in die Laufkarte. Wenn alle das Ziel erreicht haben, wird die Laufzeit gestoppt.

Balanciersänfte

Ziel des Spieles ist es einen Spieler auf der Sänfte stehend 20 m zu transportieren. Die Sänfte wird von 4 Spielern getragen, eine Mannschaft besteht aus 5 Spielern.

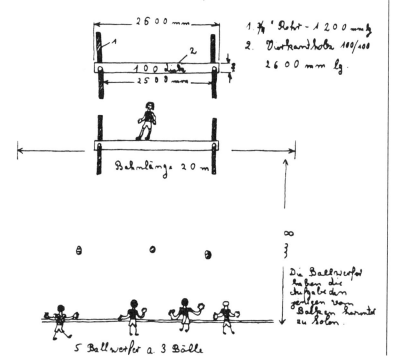

5 Ballwerfer à 3 Bälle

Ein langer Holzbalken und zwei Eisenstangen zu einem Spielgerät zusammengebaut ergaben an Station 2 (vgl. Ziffern in quadratischen Kästchen im Lageplan) den ersten Höhepunkt des Festes. Schüler einer Teilzeitklasse hatten sich das Ganze ausgedacht und dem Spiel den exotischen Namen "Ballanciersänfte" gegeben: Die Eisenstangen werden einfach vorn und hinten durch den Holzbalken gesteckt, und schon hat man die Sänfte für vier Träger. Die anderen vier Gruppenmitglieder müssen nun nacheinander, auf der Sänfte ballancierend, über eine Rennbahn transportiert werden.
Doch so ohne weiteres geht das nicht. Am Rande der Bahn lauert nämlich die andere Gruppe und versucht durch gezielte Ballwürfe den Ballancierer zum Abgang vom Balken zu zwingen. Großer Jubel bei den Werfern, wenn dies gelingt, großer Jubel, aber auch bei den Trägern, wenn sie in der vorgegebenen Zeit möglichst viele Mitspieler über die Bahn transportiert hatten.

Aber auch an den anderen Stationen gab es aufregende Szenen: beim Gruppenskilauf (Station 1), als ein Ski zu Bruch ging, beim Klotzlaufen (Station 3), als die Klötze im weichen Rasen steckenblieben. Nach sechs Spielen gab es dann für alle eine Verschnaufpause, bevor an Station 7 ein ganzes Spielplatzgelände für einen Hindernislauf genutzt wurde. Die Möglichkeit, den Spielplatz in das Sport- und Spielfest einzubinden, war uns erst bei der Besichtigung des Geländes aufgefallen. Die meisten Spiele hatten jedoch Schüler vorgeschlagen und die erforderlichen Geräte unter Anleitung ihrer Lehrmeister in den Werkstätten der Schule selbst hergestellt. Mehr Auf-

Mehr Aufwand kostete dagegen der Bau eines Kraftmessers: Eine alte Autofeder wurde so in einen Rahmen geschweißt, daß sie an einem dicken Tau zusammengezogen werden konnte und der erzielte Kraftwert ablesbar war. Damit bei diesem Spiel nicht nur die Kraft entscheidend war, wurde von einer Teilzeitklasse eine besondere Spielregel erdacht.

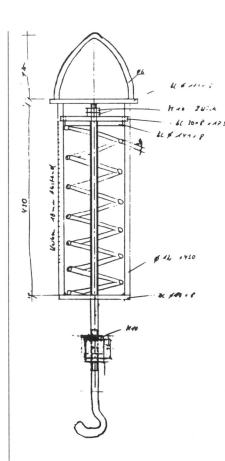

Schülerskizze eines Kraftmessers

Jede Mannschaft besteht aus zwei Vierergruppen. Jede Gruppe zieht eine starke Feder an einem dicken Seil so weit wie möglich zusammen und hält sie am Endpunkt 3 Sekunden. Danach zieht die andere Vierergruppe der gleichen Mannschaft. Gewertet wird der kleinere (!) der erreichten Werte. Anschließend ziehen die beiden Vierergruppen der anderen Mannschaft. Gewonnen hat die Mannschaft, deren kleinerer Wert im Vergleich zur anderen Mannschaft der größere ist. (Also: Günstig ist, zwei gleich starke Vierergruppen zu bilden.)

Lehrmeister und Lehrer der Schule waren engagiert im Einsatz. Jede der teilnehmenden Gruppen wurde von einem Lehrmeister oder Lehrer begleitet; den Aufbau der Stationen, Schiedsrichterfunktion und Protokollführung übernahmen die anderen Kollegen. Da die Schüler schon vor Beginn des Festes in den Ablauf eingewiesen wurden, konnten auch kleine Pannen kein Hindernis mehr sein.

Besonders feucht und turbulent ging es an der letzten Station beim "Feuerlöschen" zu. Über eine Schülerkette mußte mit einem löchrigen Eimer möglichst viel Wasser aus dem Waller See in einer vorgegebenen Zeit in große Behälter gefüllt werden. Manch Schüler bekam nasse Ärmel bei dem Versuch, die Löcher im Eimer mit den Fingern zu stopfen.

Kritische Anmerkungen

Sport- und Spielfeste an der Allgemeinen Berufsschule haben den Schülern viel Spaß bereitet, wie auszugsweise im 3. Abschnitt beschrieben wurde. Insofern kann man die Feste als 'erfolgreich' charakterisieren. Andererseits besteht auch aufgrund der bisher durchgeführten Feste Anlaß zur Kritik. Sie sollen im folgenden schwerpunktmäßig skizziert werden:

1
Unvollständige Einbeziehung aller Schüler.
Sowohl in die Vorbereitung als auch in die Durchführung sind nicht alle Schulklassen einbezogen worden. Der Teilnehmerkreis hat sich auf die Schüler beschränkt, die in vollzeitschulischen Ausbildungsgängen orga-

nisiert sind, also regelmäßig an fünf Tagen in der Woche die Schule besuchen. Der größere Teil der Schülerschaft, der in Teilzeitklassen nur einen Tag pro Woche unterrichtet wird, konnte sich bis auf zwei Ausnahmen nicht beteiligen. Die Gründe dafür sind vor allem darin zu sehen, daß für die meisten dieser Schüler der Tag des Sport- und Spielfestes nicht mit ihrem wöchentlichen Schultag zusammentraf.

Damit war für die Schüler, die einer regelmäßigen Beschäftigung nachgehen, eine Teilnahme praktisch unmöglich, und der andere, arbeitslose Teil dieser Schüler schwer zu motivieren, noch an einem zweiten Tag in die Schule zu kommen. Desweiteren sind die Ausbildungsgänge für behinderte Schüler nicht integriert. Ihre Teilnahme hat sich bisher auf die Zuschauerrolle beschränkt. Nur in Einzelfällen versuchten sich behinderte Schüler nach Abschluß der regulären Mannschaftsdurchgänge an dem einen oder anderen Spielgerät.

2
Teilnahmezwang
Die für die Teilnahme vorgesehenen Schüler haben keine generelle Wahlmöglichkeit. Das Sport- und Spielfest ist eine offizielle Schulveranstaltung. Der übliche Unterrichtsbetrieb fällt an diesem Tag aus. Aufgrund der bestehenden Berufsschulpflicht können sich Schüler ggf. nur nach sonst üblichen Maßstäben (Krankheit usw.) vom Fest befreien lassen. Man kann von einer Anwesenheitspflicht ausgehen. Eine Wahlmöglichkeit hat nur im Rahmen der Mannschaftsaufgaben bestanden: Viele Spielaufgaben haben nur einen Teil der Klasse als Teilnehmer zugelassen. So ist eine Absprache unter Schülern über ihre jeweilige Teilnahme an den unterschiedlichen Spielen gegeben. Individuelle Neigungen und Interessen können aber allenfalls in Einzelfällen zum Entscheidungskriterium für die Teilnehmer werden.

3
Schülerorientierte Vorbereitungsphase
Zum einen ist ein 'Wettbewerb' durchgeführt worden, um die Schule zur Entwicklung von eigenen Spielideen zu motivieren. Dieser 'Wettbewerb' hat nicht den Konkurrenzdruck erfahren, daß ein Spielvorschlag gegen einen anderen gewertet worden ist. Jedoch hat der grundsätzliche Charakter des Begriffes 'Wettbewerb' in einigen Fällen dazu geführt, daß die Schüler im Bestreben, gute Spielideen einzureichen, ihre Lehrer und Lehrmeister befragt und so ermittelte Spielideen dann zusammen mit Lehrern und Lehrmeistern weiterentwickelt haben. Die Eigenständigkeit der Schüler ist insofern manchmal nur in Ansätzen handlungsbestimmend gewesen.
Zum anderen heißt schülerorientierte Vorbereitung eigentlich, daß der Prozeß jedesmal erneut zur Grundlage der Planung gemacht wird. Damit ist aber die Frage aufgeworfen, ob Schülervorschläge, die bei den teilnehmenden Schülern große Zustimmung hervorgerufen haben (z.B. Bal-

anciersänfte, Feuerlöschkette), bei dem nächsten Sport- und Spielfest bereits fest eingeplant werden dürfen oder ob grundsätzlich nur die Spielideen als Schülervorschläge angesehen werden können, die von den aktuell teilnehmenden Schülern entwickelt werden? Dabei ist zu berücksichtigen, daß die große Mehrheit der Schüler nur ein Jahr an der Schule verbringt, also im nächsten Sport- und Spielfest nicht mehr teilnehmen kann.

4
Wettbewerbscharakter der Spielaufgaben
Ein großer Teil der Spielaufgaben ist als Wettbewerb zwischen zwei Mannschaften konzipiert worden. Damit ist dem Wunsch der Schüler nach wettbewerbsmäßigen Spielen entsprochen worden. Die spezifische Sozialisations- und Verhaltensstruktur der Schüler hat jedoch bei der Spielrealisierung bewirkt, daß der Gedanke der Begegnung und des gemeinsamen Erlebens manchmal durch die stark in den Vordergrund gerückte übermäßige Konkurrenzsituation blockiert worden ist. Der Konkurrenzdruck hat so in Einzelfällen das lustbetonte Spielprinzip beeinträchtigt. In einigen Fällen ist zum Ende des Spiels ein Streit zwischen den beteiligten Schülern entstanden, welche Mannschaft denn nun gewonnen habe und damit für die Endabrechnung die höhere Punktzahl angerechnet bekommen müsse.

5
Unzureichende Reflexion der durchgeführten Feste
Eine systematische Auswertung der Sport- und Spielfeste mit den teilnehmenden Schülern hat nicht stattgefunden. Weder ist bisher eine schülerorientierte Auswertungssystematik angelegt, noch das Konzept der Sport- und Spielfeste weiterentwickelt worden. In der großen Mehrheit können die Schüler auch nicht individuell ihre Erfahrungen in die Vorbereitung des folgenden Festes einbringen, da - wie bereits oben angeführt - die Verweildauer der Schüler an der ABS in der Regel nur ein Jahr beträgt.
So beschränkt sich die Auswertung auf eine Nachbesprechung der verantwortlichen Sportlehrer im Rahmen vereinzelt mit Klassenlehrern und Lehrmeistern geführter Gespräche über die geäußerten Schülermeinungen und eine Diskussion auf einer Fachkonferenz Sport. Die Verfasser betonen, daß auch die vorliegende Arbeit eine systematische Auswertung, die die Erfahrungen und Eindrücke der Schüler zum Gegenstand von Schülergesprächen macht, nicht ersetzen kann.
Diese Liste der kritikwürdigen Aspekte ist noch unvollständig. Sie entspricht dem derzeitigen Diskussionsstand der betroffenen Sportlehrer und bedarf weiterer Ergänzungen.

Fazit
Die bisher an der Allgemeinen Berufsschule durchgeführten Sport-und Spielfeste lassen den Schluß zu, daß eine Fortschreibung solcher Feste

aus der Sicht der Schüler - und auch der Lehrer und Lehrmeister - wünschenswert ist. Es hat sich gezeigt, daß schülerorientierte Sport- und Spielfeste den Schülern schon bei der Vorbereitung und besonders bei der Durchführung viel Spaß bereiten können. Sie ermöglichen den Schülern positive Schulerfahrungen und leisten einen Beitrag zur Erweiterung des Sportverständnisses. Die geäußerten Erfahrungen und Eindrücke der Teilnehmer lassen die Aussage zu, daß vielen Schülern ein neuer Zugang zu Sport- und Spielformen ermöglicht worden ist, der bisher z. T. durch ablehnende Haltungen gegen solche 'Kinderspiele' blockiert gewesen ist.

Angesprochen werden muß aber auch der erhebliche Arbeitsaufwand für die Organisation eines solchen schülerorientierten Festes in der Vorbereitungs- und Durchführungsphase. Er kann nur durch engagierte Mehrarbeit der Organisatoren abgedeckt werden und ist von dem Engagement aller für die Klassen zuständigen Lehrer und Lehrmeister abhängig, die Schüler erfolgreich für die Entwicklung von Spielideen zu motivieren und sie bei der Ausgestaltung der Spielaufgaben anzuleiten.

Bei den Schülern der ABS handelt es sich um besonders benachteiligte Jugendliche, die bisher keine reelle Chance auf eine ihren Neigungen und Interessen entsprechende Berufsausbildung haben. Trotz vieler positiver Aspekte kann ein Sport- und Spielfest für diese Jugendlichen nur einen geringen Beitrag zur Bewältigung ihrer dringlichsten Probleme leisten: Eine Berufsausbildung zu erhalten und damit einen wichtigen Schritt zur gesellschaftlichen Integration zu vollziehen, die diesen Jugendlichen vorenthalten wird.

Die Verfasser hoffen, mit der vorliegenden Arbeit einen Denkanstoß zu der Problematik gegeben zu haben, ob eine von der vorherrschenden Sportpraxis abweichende Sport- und Spielkonzeption in institutionalisierten Bildungseinrichtungen möglich ist und ob auch im Schulsport unter Berücksichtigung der schwierigen Lebensbedingungen besonders benachteiligter Jugendlicher die Entwicklung einer alternativen Sportkultur eine Perspektive erhalten kann.●

Traum wird zur Realität

Heino Nawrath

...jeder entwickelt sich in die Richtung die ihm Spaß macht

Clownerie und Pantomime als Möglichkeit der Persönlichkeitsentwicklung

Es ist ein bißchen schwierig, zu erklären, was auf dem Symposium los war, aber ich will das eben probieren.

Als Gymnastiklehrer, Bewegungstherapeut und Motopäde in mein erstes Anliegen, dem Menschen wieder Spaß an der Bewegung zu vermitteln, ihm wieder ein Körperbewußtsein zu verschaffen, was ich der heutigen Zeit so ziemlich verlorengegangen ist. Auch möchte ich einen Ausgleich zwischen Körper und Seele schaffen, zwischen dem Kopfmenschen und dem Körpermenschen; Kopf und Körper sind also zwei Widersacher gegeneinander. Bewegung sollte für mich auch fordernd sein, gleichzeitig fördernd, humorvoll, kreativ und konzentriert sein. Und sie sollte vom Kindesalter bis hinein ins hohe Alter ausgeführt werden können, d.h. man erlernt und erwirbt immer mehr Fähigkeiten; z.B. als Kind fängt man an mit kleinen Spielchen, wenn man älter wird, kann man mehr Akrobatik machen und später, wenn man im Alter ist wie mit 50, kann man immer noch Darstellungsspiele machen und die Leute so zum Lachen bringen.

Da ich selber im konventionellen Sport ausgebildet wurde, also ich habe als Kind geturnt, war in Leichtathletikbetrieben und später auf der Gymnastikschule und hab Spiele und Schwimmen gemacht, habe ich gesehen, daß all diese Sportarten ihren Reiz und ihre Vorteile haben. Aber ihre Rahmen sind so fest gesteckt, daß sie nicht variabel genug sind. In meinem Unterricht habe ich dann angefangen, etwas mehr den Humor einzubringen als eine Methode, um Spannungen und Ängste bei meinen Schülern abzubauen, gleichzeitig ein besseres Vertrauen aufzubauen. Meine Erfahrungen zeigen, daß, wenn man über jemanden herzlich lachen kann, man ihm auch mehr Vertrauen entgegen bringt. Außerdem könnte ich auch gar nicht so humorlos arbeiten. Es gibt immer wieder lustige Szenen, um die Kinder aufzulockern. Dann machte ich so zum Spaß kleine Clownsvorstellungen. Das besondere daran war: ohne Akrobatik. Erst als Bekannte mir erzählten, sie machten jetzt einen Akrobatikkurs, wuchs mein Interesse. Akrobatik war für mich immer etwas unheimlich Schönes und vom Zirkus her hat mich das interessiert. Ich fand das immer sehr schwer. Ich fragte, was sie denn dort machten und sie antworteten, Rolle vorwärts, Kopfstand und all soetwas, Rolle rückwärts, also Kleinkinderturnen sozusagen. Und die sind voll darin aufgegangen. Ich dachte, mich trifft ein Schlag.

Nach diesem Erlebnis erinnerte ich mich dann an die Zeit, wo ich in der Leistungsriege geturnt habe, nannte meine Übungen jetzt mit schlechtem Gewissen Akrobatik und baute sie in die Clownerien ein. Und siehe da, die Leute interessierten sich mehr dafür. Da ich selbst ein Mensch mit kleinen körperlichen Fehlern bin, hatte ich beim Erlernen verschiedener Sporttechniken, z.B. beim Skifahren und Karate Schwierigkeiten, die Anfangstechniken zu lernen, obwohl ich die weitere Technik wohl beherrschen konnte. Mein nächster Gedanke war, eine Bewegungsart zu finden, in der man individuell auf die Schüler eingehen kann und auf ihre Schwächen und Fehler. Und all dies fand ich in der Clownerie und Panomime. Diese Sportart - man kann bei der Clownerie und Pantomime schon fast von einer Sportart sprechen, für viele Leute ist es ja nicht klar, daß es eine kulturelle Darstellungsform ist oder soetwas, ich finde, es ist ein Sport; es kann genauso Leistungssport sein wie Breitensport. Also diese Sportart können Kinder, Erwachsene, Frauen, Männer, Dicke, Dünne, alle miteinander ausüben oder jeder für sich, weil jeder entwickelt sich in die Richtung weiter, die ihm Spaß macht. Um die Vielfalt der Möglichkeiten einmal anzureißen: Clownerie-Bewegung mit Musik oder man kann bei der Artistik bleiben, Jonglieren, Ballancieren, man kann Akrobatik machen, Überschläge, mit Partnerübungen oder da gibt es die Ausdrucksschule, das Mimische, man kann wirklich so viel hineinbringen, daß einem keine Grenzen gesetzt sind.

Ein weiterer Punkt ist das Heben des Selbstwertgefühls. Jedes kleine Kunststück stärkt die Persönlichkeit. Die Schüler suchen ihre Verstärker selber. Auch der Konkurrenzkampf ist so gut wie ausgeschlossen. Die Schüler müssen miteinander arbeiten und lernen, ein Vertrauensverhältnis aufzubauen, sonst klappt es einfach nicht. Ein Schüleraspekt ist dabei noch das Zeigen vom Gelernten. Das ist nicht so wie in den Sportwettkämpfen, daß man verbissen für etwas trainiert, um jetzt zu zeigen, ich kann das besser, ich bin da der Bessere, und jede kleine Haltung wird zensiert oder jede Sekunde länger wird zensiert. Es gibt kaum eine Sportart, in der man improvisieren kann, einfach frei weg. Wir machen dagegen eine Aufführung für Menschen, und da ist es wiederum unheimlich lustig, z.B. können Menschen, die keine Akrobatik können, lustige Bewegung vom inneren Ausdruck her machen und die Leute lachen; jemand anderes macht vielleicht einen Salto und na ja, nun gut, ein Salto, es wird geklatscht, aber es war eben nichts besonderes.

Oft werde ich auch gefragt, wie das mit gruppendynamischen Prozessen ist, wie ich die auffange. Ich kann dazu eigentlich gar nichts sagen, weil die werden selber abgebaut durch die Schüler. Also wir haben keine festen Sitzungen, wo wir zusammensitzen und Probleme besprochen.

Das ergibt sich einfach im Unterricht. Um den Gruppendynamischen noch einmal ein Zitat zubringen:
"Es ist leicht, jemandem irgendeine Fähigkeit beizubringen, aber es ist schwer, ihm seine Persönlichkeit klarzumachen".
Das hat der bekannte Actionfilmdreher Bruce Lee gesagt und ich finde diesen Satz unheimlich toll.

In der Clownschule vereinigen sich viele Sachen. Es gibt kaum eine Sportart, wenn ich wieder Sportart dazu sagen darf, wo Bewegungen und Darstellung so gut harmonieren müssen. Oft sagen die Leute, wieso, was machst Du denn anderes als im anderen Sport, du bringst auch Technik bei. Da muß ich immer wieder ausholen. Mein Ziel ist es, die Schüler so weit zu bringen, daß sie ihren eigenen unmittelbaren Ausdruck nach außen bringen können und nicht irgendwelche Techniken anwenden. Man stelle sich einmal vor, jemand käme zu mir und möchte Clownerie und Pantomime machen und ich würde dem sagen, gut, stell Dich hin und komm mit Deinem Ausdruck aus Dir heraus und Du spielst gut. Und dann würde ich auch noch Geld dafür verlangen.
So sehr Menschen über Techniken lästern, so sehr sind sie Menschen unserer Zeit und können sich nicht plötzlich von Erziehung und Gesellschaft lösen. So wende ich einfach Techniken an, um meinen Schülern den Einstieg einfacher zu machen, ihre persönliche Ausdruckskraft zu finden. Sie stehen nicht plötzlich vor diesem Problem, wie es in vielen modernen Methoden verlangt wird, sondern sie können sich an verschiedenen Techniken festhalten. Nach gewisser Zeit kommen sie dann zu mir und sagen: Du, was Du uns da beibringst, ist ein bißchen flach, das sind ja nur Techniken; ich möchte mehr spielen und durch Bewegung meinen Körper ausdrücken - spielen und keine Techniken aneinanderreihen. Nun, was soll ich noch dazu sagen, sie haben recht und können jetzt fast alleine an sich arbeiten.
        Sie haben gelernt, selber von sich zu lernen, Hätte ich Ihnen das am Anfang erklärt, sie hätten es nicht geglaubt. Auch ich bin gegen das Üben von Techniken, doch als Übungsleiter verlangt man halt von mir, daß ich einige Sachen kann.

Wer sind denn eigentlich meine Schüler? Ich arbeite mit Kindern, Jugendlichen und Erwachsenen. Das sind Studenten, Arbeiter, Handwerker, Lehrer, also quer Beet.
Zum Thema alternativer Sport habe ich noch einiges zu sagen. Ich zähle mich nicht zu der alternativen Szene, also der Szene. Obwohl ich meine Arbeit im ursprünglichen Sinne von alternativ oder als Alternative sehen kann. Aber ich weigere mich, meine Arbeit einzustufen. Das ist der erste Schritt zur Verstarrung. Alternativen werden immer von initiativen freien Gruppen geschaffen, von institutionsfreien Gruppen geschaffen. Und genau dort sollen sie auch bleiben, um nicht von den allgemein-gültigen Normen ihren Ausdruck zerfressen zu lassen.
Denn meine Arbeit in der Clownsschule ist eine Stufe und kein fertiges

produkt, zur Vermarktung freigegeben. Es strebt immer wieder neuen Zielen zu. Ein besonderer Punkt meiner Arbeit liegt darin, den Ansatz Clownerie und Pantomime in meine Arbeit mit bewegungsgestörten Kindern hineinzubringen. Und es ist schon ein leichter Erfolg zu verbuchen. Gefreut hat es mich, daß noch mehr Leute so etwas ähnliches anstreben wollen, z.B. am Symposium Jörn Birkhahn aus Heidelberg, der als "zweiter Clown" aufgetreten ist. Es war unheimlich schön, wir konnten spontan miteinander über unsere Arbeit diskutieren und haben auch zusammen gearbeitet und schnell ein paar Stücke einstudiert und es hat mich unheimlich gefreut, daß es so gut ging und auch Jörn zeigte viel Interesse. Leider hat mir die Aufführung nicht sehr gefallen; ich seh Clownerie nicht als fortwährendes Rumgehopse und die Leute unterhalten. Ein Kunstmaler läuft auch nicht dauernd in der Gegend rum und pinselt. Meine Aufgabe ist nicht die Teppich-Clownerie, alternde Artisten. Dazu muß ich eben etwas sagen: es gibt drei Formen der Clownerie, die gutbezahltesten waren die exzentrischen Clowns, die haben eine Einzelnummer und Soloprogramm gehabt; dann gab es die Reprisen-Clowns (die zwischendrin), die Entré-Clowns, die am Anfang die Leute belustigen mußten, und da gab es die Teppich-Clowns, die eben nur zwischendurch die Leute unterhalten mußten. Gut, das wollte ich also nicht, ich wollte keinen Dummen schaffen, der ständig herumhampelt.

Heino zusammen mit Jörn Birkhahn aus Heidelberg beim offenen Nachmittag des Symposiums

An der Aufführung fand ich vor allem erschreckend, wie unsensibel angeblich "frei" erzogene Kinder werden und wie niveaulos oft der Humor von Erwachsenen ist, wenn sie über Erhärtung, Erkaltung von Empfindunge lachen können. Der Clown wurde zu einer Art Prügelklabe gemacht, der trotzdem lachen mußte. Clownerie darf nicht zu einer oberflächlich brutalen Show absinken, in der man auch noch über den Verlierer lacht.

Es bleibt abzuwarten, was von der Modewelle Clownerie/Pantomime übrigbleibt. Es ist ja meistens so, daß, wenn Leute nicht fähig sind, sich in eine Richtung zu vertiefen, sie schnell eine neue Richtung suchen: ach, das kann ich jetzt machen, jetzt komm ich da rein, jetzt kann ich mich selbst verwirklichen. Und dann werden sie es wieder nicht schaffen und es wird wieder eine neue Modewelle geben.

Der gewisse Zauber der dem Wort 'Clown' anhängt, läßt allzu oft vergessen, daß es harte Arbeit ist. Da wäre einmal die Akrobatik, das Purzelbaumschlagen und das Überschlagen. Immer wieder stellen sich dem Clown Probleme in der Alltagswelt, sei es ein Stuhl oder ein Tisch, auf den es gilt herauf oder herunterzufallen. Seine gespielte anmutige Tollpat schigkeit verblüfft des öfteren. Hat der Clown gerade noch Angst, schlotternd und ungeschickt die Schultern seines Partners erklommen, zückt er im nächsten Moment einige Gegenstände und jongliert sie mit äußerster Geschicklichkeit.

Die Schüler wollen oft gleich von Anfang an Clown spielen, erst später merken sie, daß das Clownsein auch eine gewisse Art von Arbeit bedeutet.
Sie spielen dann nicht nur muntere Clowns, sondern sie konzentrieren sich auf die Arbeit. Wenn sie vor dem Spiegel sitzen und ihre rote Nase aufbinden oder den Mund schminken, wissen sie: es ist Arbeit, was ich mache, und ich mache sie vielleicht gut.

Ab Herbst 1983 sollen nicht nur Kurse in Clownerie und Pantomime, sondern eine ganztägige, einjährige Ausbildung angeboten werden: "Die Clown- und Gauklerschule Heino Nawrath".
In ihrem vielfältigen Fächerangebot (15) befinden sich unter anderem Kindertheater, Travestie (nicht zu verwechseln mit Transvestie), Puppenbau, Puppenspiel, Akrobatik, Artistik, Steptanz, Musik bis hin zum autogenen Training u.v.m..
Diese Gauklerschule bedeutet eine positive Ergänzung jeden pädagogischen Berufes.●

Ursula u. Jürgen Kretschmer

Manege frei
Der Zirkus Kunterbunt präsentiert

Zirkus als Thema des Bewegungsunterrichts
Eine Zirkusvorstellung zu planen, zu gestalten und aufzuführen, bereitet Kindern - trotz mancher Tiefpunkte - viel Spaß. Es ist ein Vorhaben, das mit dem üblichen Schulalltag bricht. Wenn man den Lern- und Lebensbedingungen der Schule skeptisch gegenübersteht, könnte man die Suche nach weiteren Begründungen für dieses Thema fast unterlassen. Wir wollen dies nicht tun, denn es sprechen viele gute Gründe dafür, dieses Thema mit Grundschulkindern zu behandeln, auch wenn es bisher in den Lehrplänen für den Sportunterricht noch keinen Eingang gefunden hat.

Das Thema Zirkus
- kann von den Kindern selbst gestaltet werden. Es entstammt ihrer Lebenswelt und ihrem Erfahrungsbereich. Es gibt ihnen die Möglichkeit, sich mit all ihren Eindrücken und Erlebnissen, ihrem Wissen und Können in den Unterricht einzugeben;
- knüpft an die Bewegungs- und Darstellungsbedürfnisse der Kinder an;
- führt zu einem konkreten Ergebnis, das über den Unterrichtsrahmen hinaus Anerkennung findet. Die Belohnung der dargebotenen Leistung erfolgt nicht abstrakt nach Noten, sondern sinnfällig durch den Applaus des Publikums;
- bietet ein ganzheitliches Erlebnis. Es packt die Kinder mit Leib und Seele, indem es Kopf, Herz und Hand oder besser: den ganzen Körper beansprucht. Es erfordert Erfindungsreichtum und Gestaltungskraft, Übungswille und Durchhaltevermögen.

Es wird deutlich, daß hinter dieser Begründung eine Vorstellung von Erziehung und Unterricht steht, die nicht mehr vom Sport, sondern von der kindlichen Bewegung ausgeht. Das kindliche Bewegungsleben in seiner Verschränkung von Spiel und Sport mit den alterstypischen Besonderheiten und Bewegungsbedingungen steht im Zentrum der pädagogischen Bemühungen des Bewegungsunterrichts. Sein Ziel ist es, die ganzheitliche Entwicklung des Kindes zu fördern und es zu befähigen, sein gegenwärtiges Bewegungsleben selbstbestimmt und kompetent zu bewältigen. Diesem Ziel kann man sich nur annähern, wenn dem Kind vielfältige Bewegungsgelegenheiten geboten werden, in denen es sich selbsttätig mit sich selbst und seiner materialen und sozialen Umwelt auseinandersetzen kann.
Deshalb darf es nicht nur einmal heißen: Manege frei, sondern auch häufiger: Turnhalle frei!

Das Zirkusprojekt einführen und planen
Es gibt nur wenige Themen, für die sich Grundschüler so leicht begeistern wie für das Thema Zirkus. Die meisten Kinder waren schon

Diesen Beitrag haben die Herausgeber aus zwei Veröffentlichungen über das Zirkusprojekt zusammengestellt: Jürgen Kretschmer: Manege frei. In: Sportpädagogik 6/82 und Jürgen Kretschmar: Der Zirkus Kunterbund präsentiert . . . In: Grundschule 10/82. Darüberhinaus gibt es einen einstündigen Videofilm über die Generalprobe der Zirkusaufführung.

einmal im Zirkus oder kennen ihn zumindest aus dem Fernsehen. Ein Einstieg in das Thema dürfte deshalb problemlos sein. Der gemeinsame Besuch eines kleinen Familienzirkus um die Ecke oder der Bericht eines Kindes über seinen Zirkusbesuch können zum Anstoß für das Projekt werden. Ansonsten genügt auch ein mitgebrachtes Zirkusplakat und schlicht und einfach der Vorschlag, selbst eine Zirkusaufführung machen zu wollen. Ein Feuerwerk von Erinnerungen und Erlebnissen wird sich entzünden. Sieht man genau hin, stellt man fest, daß die Sprache den Kindern zu wenig Ausdrucksmöglichkeiten für ihre Eindrücke bietet. Gestik und Mimik untermalen ihre Beiträge, kleine Kunststücke werden vorgespielt. Tisch und Stuhl werden kurzzeitig zu Turngeräten, der Klassenraum zur Manege.

Nicht nur die konkreten Zirkuserfahrungen der Kinder, an die das Thema anbindet, sondern auch ihr starkes Bewegungs- und Darstellungsbedürfnis, das es hinausfordert und dem es Raum gewährt, dürften Grund dafür sein, warum Kinder die Idee einer Zirkusaufführung leicht selbst haben und freudig übernehmen. Können sie sich doch eine Umwelt nach ihren Vorstellungen schaffen und im Rollenspiel ausleben. Diese Begeisterung ist eine wichtige Voraussetzung für die Durchführung des Projekts. Interesse und Engagement sind allerdings auch für den Lehrer wichtige Voraussetzungen. Denn der Weg bis zum Aufführungstag ist nicht nur lang, sondern streckenweise auch recht mühevoll.

Nach der Einstimmung in die Projektidee muß der weitere Ablauf geplant werden. Dafür bieten sich zwei Vorgehensweisen an: Bei der "Wir-spielen-mal-drauf-los-Methode" stellt man zunächst einige Sportstunden als Erkundungs- und Erprobungsstunden unter das Motto Zirkus. Dann wird Zwischenbilanz gezogen und der weitere Ablauf genauer geplant.

Bei der "Ideen-sammeln-Methode" erhalten die Schüler den Auftrag, sich über Zirkus weiter zu informieren und Prospekte, Programme oder Zeitungsausschnitte mitzubringen. Das Wissen der Kinder wird an der Tafel zusammengetragen und z.B. anhand folgender Fragen geordnet: Wer tritt im Zirkus auf? Was gehört zu einer Zirkusaufführung dazu? Diese Sammlung dient als Grundlage für die vorläufige Beantwortung von zwei weiteren Fragen: Als was wollen wir auftreten? Was brauchen wir für unsere Aufführung?

Beide Vorgehensweisen haben ihre Vor- und Nachteile. Das weniger geordnete Vorgehen im Bewegungsunterricht schafft zwar konkrete Erfahrungen, kann aber den Blick für das Mögliche vorstellen. Die stärker geordnete "Ideen-sammeln-Methode" knüpft zwar an die Vorstellungen und Utopien der Kinder an, überfordert sie aber in der Einschätzung des zukünftig Notwendigen und Machbaren. Wichtiges kann von weniger Wichtigem noch nicht unterschieden werden. So sind der Kassierer, die Pause und der Eisverkäufer für sie manchmal bedeutsamer als die Auswahl der Artistengruppen. Beide Wege werden sich in der Praxis jedoch überschneiden, so daß die Kinder ihre Erfahrungen und Entwürfe aufeinander beziehen können. Allerdings sollten die Planungsprobleme einsichtig und die Planungszeiträume überschaubar sein. Der Projektplan entsteht mit dem Projekt; er ist Entwurf für noch zu Leistendes und zugleich Dokument für schon Erledigtes.

Von der Einführung der Projektidee bis zur Premiere können sechs bis acht Wochen vergehen. Dieser Zeitraum ist so bemessen, daß die Kinder in ihrem Durchhaltevermögen nicht überstrapaziert werden und die anfallenden Arbeiten nicht unter Zeitdruck erledigt werden müssen. Was während dieser Zeit von den Kindern geleistet wird und welche Probleme auftreten können, soll im folgenden anhand des Aufgabenbereichs, Rahmen einer Zirkusaufführung, erarbeitet, näher beschrieben werden. Dieser Aufgabenbereich steht natürlich in enger zeitlicher und inhaltlicher Beziehung zueinander.

Den Aufführungsrahmen vorbereiten

Der eingangs beschriebene Aufführungsrahmen, durch den eine Zirkusvorstellung erst zu einem sinnlich vielfältigen Erlebnis wird, ist das Ergebnis vieler unterschiedlicher Arbeiten, die hier nur angedeutet werden können.

Die Farbenpracht, der Glanz und Flitter von Zirkusmanegen regt Kinder zur Ausschmückung ihrer Manege an. Glanzpapier in Gold und Silber, Plaka- und selbstgefertigte Leimfarben, Makulaturpapier und alte Bettücher oder Vorhänge sind geeignetes Material, aus dem Kinder in kleinen Arbeitsgruppen fantasievoll prächtige Dekorationen erstellen.

Welche Requisiten, Kostüme und Masken gebastelt werden müssen, hängt natürlich von den ausgewählten Darbietungen ab. In der Regel wird aber der Feuerreifen, ein mit Krepp- und Glanzpapier beklebter Gymnastikreifen, ebenso wenig fehlen wie die Peitsche des Domteurs oder das Styroporgewicht des Gewichthebers. Auch wenn es sinnvoll ist, auf vorhandene Kostüme zurückzugreifen, werden Verschönerungs-und Veränderungsarbeiten nicht ausbleiben. Aus Taft und Tüll, Filz und Wolle, Kreppapier und Bast läßt sich mit Nadel und Fade, Kleber und Hefter auch ohne großes näherisches Können ein wunderschönes Kostüm herstellen. Masken, die vor allem die Tiere brauchen, lassen sich zumeist aus Pappe ebenfalls leicht anfertigen.

Kaum ein Kind wirs so auftreten wollen, wie es ist. Schließlich ist man ja auch jemand anders: ein Jongleur, eine Seiltänzerin oder ein Clown. Dazu braucht man nicht nur das passende Kostüm, sondern auch das entsprechende Gesicht mit südländischem Schnurrbart, Rouge und blauen Lidschatten oder weiß eingerahmten Augen und roter Nase. Sich schminken (am besten mit Theater- oder Faschingsschminke) oder schminken lassen, die Veränderung seines Gesichts und die Wirkung auf andere erfahren, ist nicht nur ein wichtiges Element zur Gestaltung des

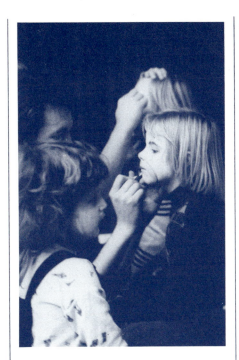

Aufführungsrahmens, sondern darüber hinaus ein faszinierendes Erlebnis für Kinder.

Ohne musikalische Untermalung sind die Darbietungen der Kinder nur halb so viel wert. Aber so wünschenswert eine eigene Kapelle auch sein mag, in vielen Fällen wird sie an der fehlenden Zeit und an fehlenden Voraussetzungen scheitern. Deshalb wird man auf Musikkonserven zurückgreifen müssen. Die Kinder und der Lehrer bringen Schallplatten und Kassetten mit, auf denen sie geeignete Musikstücke vermuten. Die Musikstücke werden gemeinsam abgehört und einzelnen Nummern zugeordnet. Anfangs wird den Kindern die Auswahl nicht leicht fallen, aber schon bald entwickeln sie einfache, aber praktische Entscheidungskriterien: Instrumentalstücke sind besser als Gesangsstücke. Jongleure brauchen schnellere Musik als Trapezkünstler usw. Mit einfachen Mitteln wie Tambourin oder Klanghölzern lassen sich akustische Effekte erzeugen, die bestimmte Darbietungsteile besonders unterstreichen und herausheben können. Obwohl Kinder mit diesen Geräten ohne weitere Vorerfahrungen umgehen können, werden sie die gewünschte Wirkung erst nach längerem Üben mit zunehmender Präzision erzeugen.

Wer vorführen will, braucht Zuschauer. Kinder möchten für ihre Aufführung werben - am liebsten wie beim richtigen Zirkus. Zu diesem Zweck müssen sie Plakate entwerfen und anfertigen, die sie dann in der Schule und - wenn möglich auch außerhalb - in Geschäften, im Kindergarten oder Haus der Jugend aushängen. Einladungsschreiben zu verteilen oder zu verschicken, ist eine andere oder ergänzende Werbemaßnahme. Text und Gestaltung werden sich danach richten, wer mit dieser Einladung angesprochen werden soll. Individuell gestaltete und handgeschriebene Einladungskarten sind besonders beeindruckend, aber arbeitsaufwendig und können nur einen kleineren Adressatenkreis erreichen als der gemeinsame Entwurf des Textes, der auf eine Matrize übertragen und vervielfältigt wird.

Natürlich müssen die Zirkusbesucher über das Programm informiert werden. Programmzettel oder -hefte sind schöne Informations- und Erinnerungsquellen, allerdings material- und kostenaufwendig und nicht unbedingt notwendig. Es reiche auch, den Programmverlauf auf ein Plakat gut sichtbar festzuhalten.

Der Zirkusdirektor braucht einen Ansagetext, mit dem er die einzelnen Nummern ankündigt und den die jeweiligen Artistengruppen entwerfen. Das ist eine reizvolle Aufgabe, denn es macht Spaß, die für Zirkus typische, in Superlativen schwelgenden Sprache nachzuempfinden und die Form der anpreisenden präsentation einzustudieren.

Eine gelungene Zirkusaufführung
Am Aufführungstag ist für zwei Stunden unterrichtsfrei. Schüler, Lehrer und Eltern strömen zur Turnhalle. Der Schulleiter hat sogar seine Kamera

mitgebracht. Zwei Clowns empfangen die Besucher und fordern sie auf, ihre Straßenschuhe in den Umkleideräumen stehen zu lassen. Einladende Musik ertönt aus der Halle, die mit vielen bunten Zirkusbildern ausgeschmückt ist. Vor dem Geräteraum hängt ein mit glänzenden Punkten und Sternen geschmückter Vorhang. Um die Manege sind im Viertelkreis Sitzplätze angeordnet: Matten und Bänke für die Kinder, Stühle für die Erwachsenen.

Der Zirkusdirektor mit Schnurrbart, Zylinder und wehendem Umhang tritt in die Manege: "Hochverehrtes Publikum! Sie erleben heute die Uraufführung des Zirkus Kunterbunt. Artisten aus aller Welt treten auf und präsentieren ein Programm, das sie selbst zusammengestellt haben. Ich wünsche Ihnen viel Spaß und gute Unterhaltung. Manege frei!"

Mit einer Pferdedressur nach flotter Musik, die die Zuschauer zum Mitklatschen herausfordert, wird das Programm eröffnet. Weiter geht es mit den Balancierkunststücken der "Drei Ballettas", und nachdem die "Cowgirls" ihre Lasso- und Schießkünste präsentiert haben, tragen einige Kinder mit der für Zirkus typischen Eilfertigkeit und Behendigkeit eine Langbank, kleine und große kästen in die Manege und bauen die Geräte mit routinierter Sicherheit auf. "jetzt kommen bestimmt die Raubtiere", flüstert ein Mädchen ihrem Nachbarn zu. Es hat recht, denn der Zirkusdirektor kündigt "Natascha und die Superlöwen" an: "Meine sehr geehrten Damen und Herren und auch liebe Kinder!
Ich bitte um Ihre Aufmerksamkeit und um absolute Ruhe für die großartige Löwennummer von Gorden und Natasche und die Superlöwen, die heute zum ersten Mal ohne Gitter vorgeführt wird. Es darf nicht mit Blitzlicht fotografiert werden, sonst können sich die Löwen erschrecken, und das könnte böse Folgen für Sie, liebes Publikum, haben".

Natasche betritt die Manege, gefolgt von fünf prächtigen Löwen, die auf den kleinen Kästen Platz nehmen. Sie machen Männchen, springen von Kasten zu Kasten und balancieren über die Langbank. Nancy will nicht gehorchen und schlägt gefährlich mit den Pranken. Dennoch kann Natasche sie bewegen, auf den großen Kasten zu klettern. Trommelwirbel -und Nancy springt durch den geschlossenen Reifen. Beifall auf allen Rängen, auch für die abschließende Pyramide.
Die Clowns treten auf mit Pappnase, Hut und zu großer Hose an Gummihosenträgern. Sie verneigen sich zum Publikum, stoßen mit dem Hinterteil zusammen und fallen auf den Bauch. Eine wilde Verfolgungsjagd um und über einen Weichboden führt zu ulkigen Stürzen und Sprüngen. Mit Kreischen, Lachen und Klatschen reagiert das Publikum. Am Reck und an den Ringen thematisieren sie nicht nur die Tücken des Objekts, wie die Höhe der Reckstange, die man im Sprung verfehlt oder den schaukelnden Ring, den man nicht zu fassen bekommt, sondern auch das Schwungholen, Schwingen und den Abgang vom Gerät. Beifall,

Stampfen und Zugaberufe erschallen.
Und dann zum Abschluß die 5 Reckies. Vier Jungen und ein Mädchen turnen gemeinsam am Hochreck. Spektakuläre Abgänge wie der "Todesschwung" (freier Knieabschwung) und ungewöhnliche Hangfiguren, die einer auf den Kopf gestellten Pyramide ähnelt, bilden die Höhepunkte ihrer Nummer, die sie wiederholen müssen. Der Zirkusdirektor fordert die Artisten und Clowns, Dompteure und Tiere auf, sich zu verabschieden und bedankt sich beim Publikum. Die Aufführung ist zwar vorüber, aber die roten Köpfe, das aufgeregte Hin- und Hergelaufe und das wirre Geschnatter lassen ahnen, wie beeindruckend das Ergebnis für alle Kinder gewesen sein muß.●

Die Kinder auf den Fotos in diesem Beitag haben wir am Symposium beobachtet

Hamburger Sportstudenten

Zirkus Larifari

Wir, das sind sechs Sportstudentinnen - und studenten der Universität Hamburg. Im Rahmen eines Projektes "Selbstbestimmung" am Institut für Sportwissenschaft haben wir Ideen für eine "Spiel-Sport-Mitmach-Aktion" für Kinder zum Thema Zirkus entwickelt und dann auch in die Praxis umgesetzt. "Zirkus" deswegen, weil wir der Meinung sind, daß
- es dabei möglich ist, an die Vorerfahrungen vieler Kinder anzuknüpfen,
- dieses Thema über großen Aufforderungscharakter verfügt und
- es den Kindern ermöglicht, je nach Bedürfnis, Interesse und Mentalität mitzumachen.

Zur Vorbereitung der Aktion gehörte das Anschreiben mehrerer Orte und anschließend die Auswahl von zwei Städten, die gute Voraussetzungen zu bieten hatten. Unser Material, das wir mitnahmen, bestand einerseits aus Sportgeräten (z. B. Flizzis, Pedalos, Schwungtuch etc.) und außerdem aus Schminke, Farben, Sachen zum Verkleiden, Bastelmaterialirn, etc.. In unserer Grobplanung sind wir von vier Tagen als Dauer für die Aktion ausgegangen, wobei zu Beginn das gegenseitige Kennenlernen und Ausprobieren der Geräte im Vordergrund stand. Danach sollten Anregungen zum Thema Zirkus folgen, worauf sich vielleicht das Üben von Kunststücken und Herstellen von Requisiten anschließen würde. Am Ende könnte es eine Vorstellung geben, aber nur, wenn die Kinder das wirklich wollen.

Wichtig war für uns, den Kindern einen möglichst großen Freiraum zu gewährleisten, um eigene Ideen entwickeln und auch verwirklichen zu können.Wir wolltenSpaß, Selbsttätigkeit, Kooperation und neue Bewegungserfahrungen bei den Kindern fördern.

Ort I - Holzminden:
a) Alter und Anzahl der Kinder:
    ca. 15 (Kinder Zwischen 3 und 14 Jahren)
b) Zeitraum der Aktion:
    4 Tage nachmittags à 4 Stunden (vormittags Schule)
c) Vorhandenes Gelände:
    Schulhof mit Rasenfläche

Ort II - Uelzen:
a) ca. 40 Kinder zwischen 4 und 16 Jahren
b) 3 Tage nachmittags à 3 Stunden (vormittags Schule)
c) Jugendzentrum mit Rasenfläche

Unterschiedliche Erfahrungen:
In Holzminden hatten die Kinder großen Spaß und haben sehr selbständig miteinander gespielt, erkundet, geübt und vorgeführt.
Mit diesen Erfahrungen und zu großen Erwartungen kamen wir nach Uelzen. Durch die schlechten Rahmenbedingungen wurde unser Engagement gedämpft. Die Kinder dort verhielten sich konsumorientiert, aggressiv und unselbständig.

Ausblick ! ! !
Trotz solcher unterschiedlichen Erfahrungen wollen wir im Frühjahr 1983 weitermachen.

Kontaktadresse:
Andreas Saggau, Biedermannplatz 10, 2000 Hamburg 76, Tel. 040-2799777

Rainer Pawelke u.a.

Das Projekt Traumfabrik

Idee
Eine Gruppe von Lehrkräften und Studenten an der Universität Regensburg setzt sich mit den traditionellen Lernzielen und -inhalten im Schulsport, in der universitären Sportlehrerausbildung und im Sport allgemein auseinander und stellt sie anhand der Bedürfnisse von Menschen (hier vor allem: Schüler/Studenten) in Frage. Aus dieser kritischen Auseinandersetzung heraus entstehen Vorschläge, Ideen und Impulse, die Zug um Zug entwickelt, realisiert und einer Reflexion unterworfen werden sollen: Das Projekt Traumfabrik.

Ziel
Ziel dieser kritischen Auseinandersetzung durch das Projekt Traumfabrik mit dem etablierten Sport ist es,

- Widersprüche des etablierten Sports aufzudecken und bewußt zu machen;
- Möglichkeiten einer Veränderung und mögliche Lösungsstrategien aufzuzeigen ("Bewahrung des Positiven von Sport, alternative Entwicklung als qualitative Veränderung". WEINBERG 1982);
- unter Berücksichtigung der gegebenen Umfeldsituation des Projekts Traumfabrik (in Theorie und Praxis) Realisierungsmöglichkeiten für ähnliche Projekte anzubieten, die zu einer individuellen Strategie in einem spezifischen Umfeld führen sollen;
- durch die Projektarbeit selbst (vor allem der Sportstudenten) Produkte und Prozesse kennen und anwenden zu lernen, die im späteren Lehrerberuf einsetzbar sind (Modellernen)

Einer der Schwerpunkte des Projekts war bisher das Vorstellen eines fächerübergreifenden Sports von 'Musik und Bewegung' auf einer Bühne, mit dem Ziel, für die Idee eines 'anderen Sports' zu werben und Experimente vorzustellen, die mit einfachen Mitteln in der Gruppe, in der Schule oder im Verein nachvollzogen werden können. Dabei soll die Berechtigung vieler Teilbereiche des herkömmlichen Sports deutlich gemacht und zugleich gezeigt werden, daß 'Sport' mehr sein kann als nur der perfekte Vollzug normierter motorischer Bewegungsfertigkeiten.
Das bisherige Sportangebot soll durch die vorgestellten Produkte des Projekts Traumfabrik nicht ersetzt, sondern ergänzt werden.
Dabei ist das Ziel unseres Handelns in erster Linie nicht produkt-, sondern prozeßorientiert.

Alternativ ?
Das Projekt Traumfabrik ist von seinem Selbstverständnis her keine 'Alternative'.
In der sporttheoretischen Diskussion ist 'alternative Sportpraxis' begrifflich noch nicht hinreichend konkretisiert. Der Begriff 'alternativ'

Die Bilder in diesem Beitrag zeigen die TRAUMFABRIK als fächerübergreifenden Sport auf einer Bühne

signalisiert z.Zt. eher eine emotionale Komponente (Zuschreibung für einen, wie auch immer gearteten 'positiveren' Sport), als daß er eine exakte sporttheoretische Definition wiedergibt.

Ausgehend von dem Anspruch des Projekts, auch für eine Idee des 'anderen Sports' zu werben, ist für eine nach außen hin zu vertretende Einordnung nicht nur die sporttheoretische Komponente relevant, sondern auch der Aspekt des außenstehenden Adressaten.

Der Begriff 'alternativ' wird im allgemeinen verstanden als:
1. Eine von zwei sich ausschließenden Möglichkeiten (... der Aspekt des Entweder-Oder") (DUDEN).
2. Norm einer politischen Kategorie.

zu 1)
Bei der Frage nach dem 'Entweder-Oder' unterscheiden wir in unserem Projekt das Produkt und den Prozeß.
a) Das Produkt, das wir auf einer Bühne vorstellen, soll und kann nicht in diesem Sinn 'alternativ' sein, weil es viele Produkte des herkömmlichen Sports gibt, die wir akzeptieren (Sportspiele, Schwimmen, Leichtathletik usw.). Unsere dargestellten Ergebnisse verstehen wir als eine 'weitere Perspektive des Sports' (LEIST, 1982, S. 13). Sie sind auch weitgehend nicht neu, sondern arbeiten Bekanntes und Bestehendes auf (siehe beiliegende Literaturliste) und beziehen sich z. T. auf alte Turntraditionen.
b) Der Prozeß unseres Projekts ist in diesem Sinn (Entweder-Oder) 'alternativ', sofern als Norm des etablierten Sports (vor allem des Schulsports) autoritärer Führungsstil, ausschließlich Reproduktion normierter Bewegungsfertigkeiten, keine Mitbestimmung, Bedürfnisunterdrückung des Adressaten, Note als Sanktionsmittel usw. verstanden wird.

zu 2)
Den Begriff 'alternativ' annehmen bedeutet eine Solidarisierung mit anderen Gruppen - auch mit politischen. Dies birgt allerdings zwei Konsequenzen:
a) Eine Solidarisierung umfaßt nicht nur das Akzeptieren der Ziele anderer Gruppen, sondern auch - gewollt oder ungewollt - deren Handlungen. Da wir aber auf Handlungsweisen anderer Gruppen keine Einflußmöglichkeiten haben, können und wollen wir nicht mit anderen 'alternativen' Gruppen identifiziert werden.
b) Dem Projekt würde von außen eine - meist von den Massenmedien propagierte - Ideologie aufgestülpt, deren sich die Gruppe permanent erwehren müßte. Eine ideologische Mauer wäre aufgebaut, die nur noch von wenigen überwunden werden könnte.
So wie jede komplexe motorische Bewegung einen schrittweise methodischen Aufbau braucht, so ist es notwendig, sich behutsam mit

Schminken

Pantomime

den Ideen und Zielen unseres Projekts vertraut zu machen. Externe Ziele - vornehmlich politischer Art - würden unsere eigentlichen Absichten vernebeln und das Offensein gegenüber vielen Menschen, die wir eigentlich gewinnen wollen, wäre verbaut.

Obwohl wir also einen Absolutheitsanspruch unserer Ergebnisse (unter dem Aspekt des 'Entweder-Oder') ablehnen, und obwohl wir uns nicht mit 'alternativen' Gruppen - vornehmlich politischer Art - solidarisieren, können wir uns mit der folgenden 'Umschreibung' einer 'alternativen Sportpraxis' weitgehend identifizieren:

"Normiertes Regelwerk ist aufzuheben und traditionelle Rollenzuweisungen sollen umgekehrt werden, etablierte Herrschaftsbeziehungen zwischen Lehrern/Schülern oder Trainern/Spielern sollen zugunsten freier Kommunikation durchbrochen werden, Kreativität und Spontanität ist in neuen originellen Bewegungsformen breiter Raum zu geben, Zensuren und Notendruck wären aufzuheben, Körper- und Selbsterfahrung sollten in den Vordergrund der Sportpraxis treten" (GERICH, 1981, S. S. 171).

Und: "Zum einen ist alternative Praxis stets auf Veränderung gesellschaftlicher Realität (eben Praxis), auf bessere Lebensbewältigung abgehoben und versteht sich nicht als individualistischer Eskapismus. Zum anderen ist sie ein radikal-demokratisches Anliegen, indem sie nämlich gesellschaftliche Praxis Wirklichkeit werden lassen will, die von Bedürfnissen, Hoffnungen und Interessen aller Beteiligten möglichst direkt bestimmt wird " (GERICH, 1981, S. 173).

Kritik
Kritische Analyse der Produkte im Schulsport . . .
Schulsport und Schulpraxis in der universitären Sportlehrerausbildung sind schwerpunktmäßig leistungssportorientiert. Schulsportdisziplinen orientieren sich eher an Leistungssportnormen einzelner Fachverbände als an Bedürfnissen der Lernenden.
(Erwähnenswerte Ausnahmen: 'Musik und Bewegung' als Grundschulfach in Bayern und der 'Musisch-Ästhetische Gegenstandsbereich' als neuer Studiengang in Baden-Württemberg. KLEINDIENST-CACHAY, 1982, S. 8 ff.)

Daraus ergeben sie Probleme:

- leistungsorientierter Unterricht ist meist mit einem ihm zugeordneten bestimmten Verhalten verknüpft (kreativitätshemmend)
- oft dienen Leistungssportnormen zur Leistungskontrolle und zur Notengebung (dies produziert z.B. den 'leistungsschwachen Schüler');
- Schwerpunkte bilden im Schulsport motorische Lernziele, denen prosoziales Verhalten impliziert wird (z.B. Fußballspielen produziere

automatisch kooperatives Verhalten, Fairness usw.);
- Schulsport ist nicht immer bedürfnis- und freizeitorientiert (dieser Aspekt wird in den Curricularen Lehrplänen zwar als Richtziel benannt, aber in der realen Unterrichtssituation meist nicht erreicht).

... und Veränderungsmöglichkeiten:

- durch Fallenlassen bestimmter Leistungssportorientierter Normen zugunsten affektiver und kognitiver Lernziele (Leistungssportnormen haben im allgemeinen Schulsport nur zum Teil ihre Berechtigung, während eine stärkere Gewichtung im Leistungskurs und im Verein durchaus vertretbar ist);
- Beibehalten traditioneller sportmotorischerFertigkeiten, aber Veränderung der Bewegungsqualität: dadurch wird ein gesteigertes Erfolgserlebnis bei möglichst vielen Schülern erreicht;
- Beibehaltung traditioneller Sportgeräte und Sportarten, aber Veränderung der sportmotorischen Lernziele (z.B. Stabweitsprung, Dreibeinlaufen u.ä.);
- Einführung neuer Objekte und Sportgeräte (Schwungtuch, Riesenbälle, Autoreifen, Frisbee usw.);
- Einführung eines fächerübergreifenden Sportprojekts (z.B. Schulspiel, Bewegungstheater, Spielfest usw.).

<u>Kritische Analyse der Prozesse im Schulsport</u> ...
- Schulsport ist weitgehend wettkampforientiert (nicht das Ergebnis an sich - Sieger/Verlierer - sondern die Art der Entlarvung und Demütigung durch den Lehrer/Mitschüler ist zu kritisieren);
- Sport bedient sich fast ausschließlich eines autoritären Führungsstils (fehlende Mitbestimmung);
- Schulsport 'erzieht' meist durch extrinsische Motivation (Note, Lob, Urkunde) - nicht als Vorstufe der instrinsischen Motivation, sondern mit Ausschließlichkeitscharakter;
- Schulsport akzeptiert das 'Spielen' ('Kleines Spiel') weitgehend nur als Mittel zum Zweck ('Vorübung');
- Diskrepanz zwischen allgemeinen Richtlinien im CuLp (soziales Verhalten) und den angegebenen (vorwiegend motorischen) Lerninhalten (soziales Verhalten ist meist in idealisierterForm als Lernziel den motorischen Lerninhalten aufgesetzt) (DIETRICH/LANDAU, 1979, S. S. 8 ff.).

... und Veränderungsmöglichkeiten:

- Angabe von konkreten Lerninhalten zur Realisierung folgender Lernziele: Spaß, Freude, Spontanität, Kreativität, Gemeinschaft, kooperatives Verhalten usw.;
- Gewichtung auf kooperative Spiele, bei denen gemeinsames Handeln wichtiger ist als Konkurrenzverhalten;

Spielen

- Reflexion herrschender Lernzielbestimmungen und Lerninhalte in Lehrplänen durch die Gruppe;
- Schaffung von lernzielfreien 'Freiräumen', deren Ziele und Inhalte durch die Schüler selbst bestimmt werden können (schülerzentriert).

Die stichwortartig zusammengefaßte Situationsanalyse mit den Hinweisen auf Änderungsmöglichkeiten erhebt nicht den Anspruch, auf Vollständigkeit, soll aber schlaglichtartig aufzeigen, daß die Schule den Auftrag, den sie an sich selbst stellt, "Erziehung zum Sport, durch den Sport erziehen" (GRÖSSING, 1977, S. 32) bei weitem noch nicht erfüllt.

Leistungsorientiert - leistungssportorientiert
Im Zusammenhang mit 'alternativem Sport' wird der Begriff 'leistungsorientiert' oft mißverständlich gebraucht.
Wir glauben, daß es keinen Sport geben kann, der nicht leistungsorientiert ist. Auch unsere Produkte bedürfen einer Leistung, in manchen -allerdings wenigen - Fällen sogar einer überdurchschnittlichen Leistung. Die Kritik, die wir am heutigen Schulsport vor allem erheben, ist nicht die Leistungsorientiertheit, sondern die fast ausschließliche Abhängigkeit von Leistungssportnormen, die von den jeweiligen Fachverbänden vorgegeben worden sind und von den Schülern erbracht werden müssen. Die Normen des Leistungssports sind nur dann u.E. zu akzeptieren, wenn sie freiwillig erbracht werden (Leistungsgruppe, Verein), aber nicht als Kriterien der Notengebung. Wir wollen einfach nicht hinnehmen, daß Kinder bis zu 10 Jahre lang z.B. mit der O'Brian Technik konfrontiert werden, ohne jemals mit dieser Technik die Kugel auch nur einen Zentimeter weiter zu stoßen. Einzige Legitimation dieser Technik im Schulsport: Wenn man Hochleistungssport betriebe, würde diese Technik zum Erfolg führen.

Eine völlige und ausschließliche Übernahme der Leistungssportnormen im Schulsport läßt viele Bedürfnisse der Schüler unberücksichtigt.

Zu den Aufgaben und Zielen des Schulsports werden gezählt:
"a) Gesundheitsaspekt
 b) Individueller Aspekt
 c) Sozialer Aspekt
 d) Aspekt Freizeit und Erholung" (WUTZ, 1980).

Der Anspruch, den der Schulsport sich selbst gestellt hat, Techniken zu vermitteln, die für ein Sporttreiben in der Freizeit (über die Schulzeit hinaus) erziehen soll, ist teilweise auf den Kopf gestellt worden: Während in den unteren Klassen noch eine große Begeisterung zu verspüren ist, kann man bei den Älteren meist nur noch Ablehnung gegenüber dem Sportangebot in der Schule feststellen. Der Grund: bis zum Ende der Schulzeit wird die Motivation zum Sporttreiben meist nur von außen gesetzt, durch Noten, das Lob des Lehrers, Urkunden usw. - von Erzie-

Schwarzes Theater

hung zur instrinsichen Motivation oft keine Spur - der Lehrer wird zum Erfüllungsinstrument der Leistungsnormen:
Der kleine korpulente Fritz schafft mit Hilfestellung seiner Kameraden den Hüftumschwung. Nach einigem Üben gelingt ihm das Herumwickeln um die Reckstange schon allein: Er zieht die Beine an, die Hüfte ist gebeugt, den Kopf zum Brustbein heruntergezogen. Welch' ein Gefühl, allein um die Stange zu drehen! Aber: der Lehrer übernimmt die Normen, die ihm vorgegeben sind und gibt sie in Noten wieder: Das eben geschaffene Erfolgserlebnis bricht zusammen. Fritz wird zum Versager gestempelt.

Was hat der Junge 'falsch' gemacht? Er hat eine neue Bewegung kennengelernt, sie realisiert. Er hat etwas für seine Gesundheit getan, es war ein Ausgleich zur sitzenden Tätigkeit in der Schule, und es hatte Spaß gemacht. Alles, was vom Schulsport eigentlich gefordert werden kann, wurde erreicht, nur eines nicht: Die Leistungssportnormen für einen Hüftumschwung wurden nicht erfüllt. Die Normen der Ästhetik, wie sie in der 'code de pointage' vorgeschrieben sind, wurden nicht erfüllt.

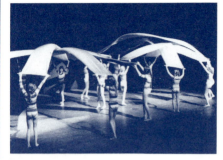

Experimente

Entstehung der Traumfabrik

Juli 1976	Sportschau zum 'Tag der offenen Tür' der Universität Regensburg in einer 3-fach Sporthalle (Darstellung der Arbeit des Sportzentrums durch Studenten)
Juli 1978	'Experimenteller Workshop' (Mischung aus Experimenten, Jazztanz und traditionellen Sportarten) - 2 Bühnenaufführungen
Juli 1980	'Traumfabrik': Bühnenaufführungen eines experimentellen fächerübergreifenden Sports (Projektcharakter, aber noch kein Projekt). Die Idee war nicht die Darstellung traditioneller Sportarten in einer 'Sportschau', sondern das Vorstellen von Experimenten, von einem Sport, dessen Normen nicht von Fachsportverbänden vorgeschrieben sind. (5 Aufführungen)
Okt. 1980	Verbot der Traumfabrik als Gruppe des Sportzentrums der Universität Regensburg durch den Leiter des Sportzentrums
Dez. 1980	Der Universitätspräsident unterstützt die Traumfabrik (als positives "Regensburger Spezifikum") - 3 weitere Aufführungen Versuch der Ausbilder und Studenten, durch uniinterne Lösungen das Verbot, das immer noch gilt, aufzuheben.
Febr. 1981	Traumfabrik im Fernsehen (ZDF)
April 1981	Traumfabrik geht auf Tournee Uniinterne Lösungsversuche gescheitert - Studenten gehen an die Öffentlichkeit Bildung einer Projektgruppe: Projekt Traumfabrik

Musik   Akrobatik

Projekt

Das Projekt Traumfabrik versteht sich als 'klassisches' (BEHR) bzw. 'eigentliches' (WARWITZ) Projekt. D.h. die Strukturen dieses 'Vorhabens' (KLAFKI) sind weitgehend durch die "in der Spezialliteratur nahezu durchgängig anerkannten Merkmale der historischen Unterrichtsform" (WARWITZ, 1982, S. 17) vorgegeben (Gliederung und Beschreibung in Anlehnung an WARWITZ, 1977, S. 18 - 27):

1. bedürfnisorientiert
2. gesellschaftsbezogene Relevanz
3. fächerübergreifender Charakter
4. gemeinsames Handeln
5. produktorientiert
6. prozeßorientiert

1. Bedürfnisorientiert
- Produkte eines Projektes sollen ungebunden sein (kein Lehrplan, keine alleinige Lehrerentscheidung);
- Orientierung nur am Interesse aller Beteiligten.

Projektverlauf der Traumfabrik:
- Ursprung: 'Projektorientierter Unterricht': Ausbilder an der Universität gaben das Thema einer Werkarbeit vor.
- Arbeitsthema: Bühnenaufführungen eines fächerübergreifenden Sports (mit neuen Objekten, originellen Verfremdungseffekten bekannter Sportarten und -geräte, Bewegungstheater usw.).
- Rahmenbedingungen: Freiwillige Mitarbeit, selbstverantwortliches und gleichberechtigtes (auch gegenüber den Lehrkräften) Arbeiten, Anwendung der Kriterien für kreatives Handeln, finanzielle Unterstützung durch das Institut.

Das Bedürfnis für eine derartige Werkarbeit wurde zunächst von Ausbildern artikuliert. Mehrere Arbeitsgruppen (verschiedene Themen) wurden vorgeschlagen. Unter 'Mitarbeit' verstanden die interessierten Studenten zu Beginn der Werkarbeit nur die reine Reproduktion vorgefertigter Bewegungsmuster: man erwartete detaillierte Rezepte und Anweisungen durch die Lehrkräfte.

Wenig konkrete Hinweise zur Realisierung vorgegebener Ideen bewirkten schnell Interesselosigkeit bzw. Resignation während der Arbeit (manche Gruppen lösten sich auf). Das Bedürfnis und Interesse für eine solche Werkarbeit wurde im Laufe der Zeit bei den Teilnehmern um so größer, je mehr die einzelnen Arbeitsgruppen ihre Ideen konkretisiert hatten.

2. Gesellschaftsbezogene Relevanz
- Bezugspunkte eines Projekts sind: Gesellschaft, Öffentlichkeit, reale Alltagssituation usw.

Projektverlauf der Traumfabrik:
- Ursprüngliches Ziel: Durch das Heraustreten aus dem universitären Bereich (Öffentlichkeit, Presse, Lehrer, Schüler, Eltern usw.) sollte für die Idee eines 'anderen Sports' geworben werden.
- heutiges Ziel: Permanente Reflexion verschiedener Rückkoppelungen aus der Öffentlichkeit, von Lehrern und Wissenschaftlern; Überwindung der Widerstände aus dem universitären Bereich.

Je deutlicher die Ziele des Projekts sich für Außenstehende herauskristallisierten, desto größer war die Schwierigkeit einer Einordnung (der Lernziele und -inhalte) in die universitäre Ausbildungsordnung für Sportstudenten, die fast ausschließlich mit Leistungssportnormen ausgestattet ist. Nach dem Verbot der Gruppe als 'Teil des sportwissenschaftlichen Institutes', ergab sich eine Sensibilisierung gegenüber gesellschaftpolitischer Zusammenhänge bei den Studenten. Daraus folgte wiederum eine neue Zielsetzung des Projekts: Erarbeiten und Realisierung einer Überlebensstrategie.

3. Fächerübergreifender Charakter
a) Interdisziplinarität der Sachbeiträge:
keine fachspezifische Behandlung, sondern Verbindung mit verschiedenen, unterschiedlichen Sachkompetenzen;
b) Aktualisierung mehrerer Lerndimensionen:
nicht nur Beanspruchung spezialisierter (in der Schule im fachspezifischen Unterricht erworbener) Fähigkeiten (mathematische, sprachliche usw.), sondern auch Anwendung von fachübergreifenden Lerndispositionen (organisieren, planen, verhandeln usw.).

Projektverlauf der Traumfabrik:

zu a)
Durch die Vorgabe des Arbeitsthemas wurde zwar der Projektcharakter eingeschränkt, doch die interdisziplinäre Komponente als Basis für die Werkarbeit wurde dadurch festgelegt: Experimenteller, fächerübergreifender Sport als Bühnenaufführung (Sport, Musik, Kunsterziehung, Werken, Handarbeit, Deutsch, Musik und Bewegung, Bewegungstheater usw.7.
Weitere Aktualisierung von Sachkompetenzen war notwendig: Hinzuziehung von Technikern (Ton, Beleuchtung), Schneidern (Kostüme), Maskenbildnern (Schminken, Masken) usw.

zu b)
Zur Realisierung des Projekts waren Eigenschaften und Fähigkeiten notwendig, die z.T. weiterentwickelt und z.T. neu erlernt wurden:
Planung, Organisation, Finanzierung, Werbung, Verhandlung, Investition, Selbstdarstellung, Rechtfertigung, Öffentlichkeitsarbeit, Politisierung, Sensibilisierung und Auseinandersetzung mit gesellschaftpolitischen Zusammenhängen (z.B. hierarchische Strukturen).

links: Schattenspiel Tanzen

4. Gemeinsames Handeln
. gemeinsame Bewältigung aller für das Projekt notwendigen Handlungen.

Projektverlauf der Traumfabrik:
Die Eigenverantwortung und Mitbestimmung der Teilnehmer an allen Teilbereichen der Werkarbeit, sowie die Möglichkeit, Ideen und Fähigkeiten mit einbringen zu können, ließen eine große Identifikation und Einsatzbereitschaft der Mitglieder mit ihrem Projekt entstehen. Dadurch entstand eine starke Motivation, die für die Überwindung vieler Frustrationsphasen notwendig war.

5. Produktorientiert
- Genaue Festlegung und Definition der produktorientierten Zielsetzung durch alle Beteiligten (Werkarbeit, Fertigkeitserwerb, soziales Verhalten). Meist weisen Projektprodukte Mischformcharakter aller drei Komponenten auf.

Projektergebnis der Traumfabrik:
- Ursprüngliche Zielsetzung: Bühnenaufführung eines nicht normierten fächerübergreifenden Sports durch eigenverantwortliche Gruppenarbeit, Werbung für eine Idee;
- Zielsetzung im Bereich der Bühnenaufführung (Orientierung an den herkömmlichen Gesetzen und Bedingungen der Bühne, aber auch Neuorientierung durch Reflexion alter Traditionen):

Verwendung 'alternativer' Sportgeräte:
Schwungtücher, Riesenbänder, Riesenbälle, Luftballone, Fahnen, Fallschirme, Wolle (BRINKMANN/TREESS 1980, ORLICK 1982, BERTELSMANN 1975, HASELBACH 1976, RUSSELL 1979).

Miteinbeziehung des Zuschauers:
Ballspielen, Mittanzen, Schminken, Seilspringen, Geräusche.

Sensibilisierung des Zuschauers:
Gespräche, Körperkontakte, (Begrüßen, Schminken, Verabschieden).

Anregen der Phantasie:
Verfremdungseffekte (z.B. Wolle), Beleuchtung, Musik.

Sport und Kunst:
Bewegungstheater (AUTORENKOLLEKTIV 1976 - 1979), Pantomime (HAMBLIN 1979, MÜLLER 1979), Komik, Clownerie, Schattenspiel (RASCHKE 1981), Schwarzes Theater (FUNKE 1982).

- Spätere Zielsetzungen (Transport einer Idee):

Aufführungen (Tournee, Fernsehen usw.).

Spielfeste (Mitarbeit der Projektmitglieder an Spielfesten der Schulen, Kindergärten, Behindertenzentren usw. - Planung und Durchführung)

(FLUEGELMAN 1981, ELSTNER 1979, BUNDESJUGENDWERK DER ARBEITERWOHLFAHRT 1982, MAYRHOFER 1977, GÜNTER/RUTZEN 1981).

Multiplikatoren (Schule bestellt einen 'Traumfabrikanten' für Spielfest, Schulspiel, Sportwahlunterricht).

Modellstunden (Ausarbeitung von Unterrichtseinheiten).

Lehrgänge (in Theorie und Praxis für Lehrer, Übungsleiter, Kindergärtnerinnen, Sonderschullehrer usw.).

Werkstattarbeit (auf Einladungen hin - z.B. 'prozeßorientierte' Technikvermittlung des Schattenspiels, Schwarzes Theater usw.).

Briefliche Betreuung (auf Anfragen von Gruppen, Lehrern usw., die an ähnlichen Projekten arbeiten).

Veröffentlichungen (Buch geplant).

Gastvorträge, Referate, Diskussionen (auf Einladung von Universitäten, Schulen, Verbänden usw.).

Förderpreis (Gruppen, die im Raum Regensburg hervorragend an ähnlichen Zielsetzungen arbeiten, werden ausgezeichnet).

Spenden (Überschüsse, z.B. von Aufführungen werden für 'alternative Spielsachen' für Schulen, Behindertenzentren usw. gespendet).

6. Prozeßorientiert
- Alle Maßnahmen für das Projektziel orientieren sich nicht nur am Produkt (ökonomischer Aspekt), sondern auch am Prozeß

   Projektverlauf der Traumfabrik:
   Zu Beginn der Werkstattarbeit wurden zwar bestimmte Rahmenbedingungen durch die Ausbilder geschaffen, die Projektcharakter aufwiesen (Gruppenarbeit, Eigenverantwortung usw.), doch galt es damals, auf möglichst ökonomischem Weg zum Werkprodukt (Bühnenaufführung) zu gelangen. Erst später, als die Gruppe von ihrem Selbstverständnis her sich als Projekt definierte, wurden die Zielsetzungen zugunsten des Erwerbs positiver gruppendynamischer Verhaltensweisen verschoben. Dieses Bedürfnis nach Gewichtung auf prozeßorientierte Projektarbeit ergab sich nach Analyse und Reflexion des bisherigen Verlaufs der Werkarbeit (Bühnenaufführungen):

- Wenig konkrete Hinweise zur Realisierung einer Idee (hier: z.B. Schattenspiel, Pantomime) bewirken Interesselosigkeit bzw. Resignation während der Arbeit. Man erwartete 'Rezepte'. Dies ist zurückzuführen auf:
   fehlende Erfahrung, kreative Prozesse zu realisieren;
   bisheriger Lernprozeß in der Schule/Universität beschränkte sich auf den Erwerb von Fähigkeiten, vorgegebene Ergebnisse zu reproduzieren.

- Der negative Ablauf gruppendynamischer Prozesse ist zurückzuführen auf die Unfähigkeit Konflikte zu analysieren und sie durch entsprechende Lösungsstrategien zu beseitigen.

Diesen Problemen wird jetzt begegnet:
- permanente Reflexion und Diskussion der bisher geleisteten Arbeit;
- Arbeitskreis für bestimmte Probleme (Projektschleifen);
- Projektplanung und -durchführung durch alle Mitglieder.

Ziel des prozeßorientierten Projektverlaufes ist die Schulung von Fähigkeiten und der Erwerb von Fertigkeiten:
- im Projekt benannte Lernziele eines 'anderen Sports' als Lehrer an die Schüler weitergehen zu können,
- projektfähige Verhaltensformen anwenden zu können (z.B. Gruppenarbeit zu initiieren und zu leiten, sich selbst in Frage zu stellen, andere Meinungen zu akzeptieren usw.).
- "die Befähigung zum selbstverantwortlichen Umgang mit der freien Zeit;
- der kreative Umgang mit den Erscheinungen der Kunst;
- die Kommunikations- und Kooperationsfähigkeit" (HENTIG 1971).●

Arne Bergmann,
Georg Lubowsky, Anke Möhring

Traumfabrik oder Traumafabrik

Als Sportstudenten an der Carl-von-Ossietzky-Universität bzw. als arbeitsloser Sportlehrer haben wir während des Symposiums die Gruppe der Traumfabrik betreut. Über einige Aspekte des Arbeitskreises, den die Traumfabrik gestaltet hat, wollen wir hier gesondert berichten.

Obwohl wir an der Vorbereitung beteiligt waren, konnten wir uns keine konkreten Vorstellungen über den Ablauf des Symposiums machen. Trotzdem fieberten wir dem Wochenende entgegen, denn die 'Regensburger Traumfabrik' wollte kommen. Gewollt oder ungewollt wurde die Traumfabrik zum Aushängeschild des Symposiums, denn sie besitzt in Norddeutschland einen großen Bekanntheitsgrad und das nicht nur bei Sportstudenten. Während die anderen angesagten Gruppen meist nur regional bekannt waren, war die Traumfabrik für uns aufgrund ihrer Tournee und Fernsehauftritte eine Startruppe. Jedoch waren wir vorher noch ziemlich unvorbelastet, denn wir hatten bisher noch keinen Auftritt der Traumfabrik gesehen und kannten sie nur aus Erzählungen. Doch unsere Neugierde war geweckt worden und wir übernahmen die Betreuung des Arbeitskreises 'Traumfabrik'. Dabei interessierten uns ihre Ziele und Inhalte - der Sport losgelöst vom herkömmlichen Leistungsprinzip. Wir versprachen uns Anregungen für unser Studium bzw. für unsere spätere Lehrtätigkeit. Aber wir wollten auch die Gruppenmitglieder, die es geschafft hatten, mit ihrer Sportidee so bekannt zu werden, persönlich kennenlernen. Angesichts der (drohenden) Lehrerarbeitslosigkeit interessierten wir uns zudem auch für mögliche sportliche Alternativen

Unser Respekt vor der "Startruppe" verflog jedoch nach den ersten Kontakten am Freitagmorgen sehr schnell. Ziemlich erschöpft von der nächtlichen Fahrt standen bereits die ersten Regensburger Sportstudenten bepackt mit einigen Koffern und Kisten (Requisiten) bei Morgengrauen vor dem Sporttrackt. Da es ihnen an vorheriger Organisation fast völlig fehlte - es war z.B. lange unklar, wer im Laufe des Tages noch alles aus Regensburg angereist kommen würde - bestand für sie ein absoluter Zwang zum Improvisieren. Die Idee, einen Workshop über schwarzes Theater anzubieten, hatten sie erst auf der Anreise gefaßt, es mußten noch etliche schwarze Kleidungsstücke in Oldenburg gekauft und teilweise umgeändert werden. Jedoch auch für die Aufführung fehlten einige Requisiten, z.B. gelang es nach einigen Bemühungen, einen Verfolgungsstrahler vom Staatstheater auszuleihen. Gerade das enorme Improvisationstalent, mit dem das 'anfängliche Chaos' gemeistert wurde, hat uns sehr beeindruckt.

Anke, Georg (genannt Lupo)

Wir erhielten schnell persönliche Kontakte zu den einzelnen Mitgliedern der Traumfabrik, die in keinster Weise Staralüren hatten, sondern sich als ganz normale Symposiumsteilnehmer betrachteten. Uns fiel der gute Zusammenhalt in der Gruppe auf, was natürlich auch darauf zurückzuführen ist, daß es bei ihnen keine speziellen Rollen- und Aufgabenteilungen gibt. Bei den Proben und selbst bei den Auftritten herrschte zwischen den einzelnen Mitgliedern eine lockere Atmosphäre: Pannen wurden nicht tragisch genommen, im Gegenteil, kleine Späße oder Improvisationen wurden eingebaut. Sie spulten nicht stur ihr Programm herunter, sondern man konnte ihnen anmerken, wie sehr ihnen ihr Projekt Spaß macht.

und Arne

Erst abgehoben von der gesamten Gruppe wirkte auf uns Rainer Pawelke. Wir erlebten ihn von Anfang an nicht als normales Gruppenmitglied, sondern als Leiter und Verantwortlichen der Gruppe. In seinem Beisein verhielt sich die Gruppe unsicherer, jeder achtete auf seine Reaktionen bzw. holte sich bei ihm Rückmeldungen. Jedoch muß man in diesem Zusammenhang auch seine persönliche Situation mit heranziehen: er hat das Projekt von Anfang an mit aufgebaut und ist durch den Streit am Regensburger Sportinstitut in die Rolle des Hauptverantwortlichen gedrängt worden. Da er den Kampf angenommen hat, ist sein Schicksal mit

dem Schicksal des Projektes auf's Engste verbunden.

Keine Anerkennung in der Universität
Im Anschluß an das Referat über das Projekt Traumfabrik von Rainer Pawelke kam man in der Diskussion sehr schnell auf die Konflikte um die Traumfabrik innerhalb der Universität zu sprechen. Sehr viele Fragen zielten darauf hin, nähere Umstände dieser Schwierigkeiten aufzuhellen, denen das Projekt an der Universität Regensburg ausgesetzt ist. Die anwesenden Traumfabrik-Studenten antworteten in aller Offenheit und gingen dabei auf die unverständlichen hochschulinternen Vorgänge ein.

Ich glaube, nicht nur wir Oldenburger standen bisher unter dem Eindruck, daß das Projekt 'Traumfabrik' ein wissenschaftliches Experiment des Sportinstituts der Uni Regensburg sei und auf dem Gebiet der Forschung und Lehre "Alternativer Sportkultur" der Sportwissenschaft neue Akzente verleihen würde. Doch zumindest in der ersten Annahme irrten wir uns kräftig, so daß die Auswirkungen der 'Traumfabrik' auf das Sportinstitut einen Schwerpunkt der Diskussion bildete, denn für viele Teilnehmer/innen waren die geschilderten Zustände oder auch Mißstände am Sportinstitut anfangs schwer nachzuvollziehen.

Auf institutioneller Ebene wird mittlerweile das Projekt offiziell nicht mehr geführt, d.h., der Leiter des Sportinstituts Prof. Dr. Heinz Lutter hat die Aktivitäten der 'Traumfabrik' aus dem Institut verbannt. Gerade Lutter ist es, der den überwiegend positiven Reaktionen aus dem gesamten Bundesgebiet zum Trotze die Leitziele und Ideen zum einen auf wissenschaftlicher Ebene, aber auch aufgrund seiner Macht am Institut bekämpft. Dies hatte zur Folge, daß eine totale Abgrenzung innerhalb des Instituts stattfand und Lutter sich auf eine wissenschaftliche Diskussion einließ, d.h., er versuchte die Traumfabrik argumentativ zu verbieten, wobei er sich jedoch entsprechend blamierte. Die Vorwürfe, die bisher überwiegend von ihm formuliert wurden, sehen u.a. wie folgt aus:
- das, was die 'Traumfabrik' vertritt und praktiziert, sei Unfug;
- die 'Traumfabrik' sei eine Showtruppe mit kommerzieller Ausrichtung;
- die 'Traumfabrik' arbeite auf einer nicht-wissenschaftlichen Ebene.

In der Diskussion wurde u.a. auf den Vorwurf der Kommerzialisierung eingegangen, der als ungerechtfertigt empfunden wurde, denn keiner der Beteiligten bekommt für seine Tätigkeit Geld. Die Finanzierung der 'Traumfabrik' erfolgt aus den Überschüssen der Aufführungen 1981/82. Spendengelder in Höhe von 30.000,- übergaben Studenten der 'Traumfabrik' an die Stadt Regensburg für soziale Zwecke (Schwerpunkt: Spielgeräte für Spielbus, Jugendamt usw.). Die finanziellen Abrechnungen laufen über einen Steuerberater.

Bevor die Gruppe sich zum Schritt an die Öffentlichkeit entschloß, hatte sie nach einigen Aussagen alle Möglichkeiten ausgeschöpft, um z.B. über

universitätsinterne Stellen, über das Kultusministerium oder über Politiker die Situation am Sportinstitut zu verbessern. Dieser Schritt hatte zur Folge, daß keine Kompromißbereitschaft mehr vorhanden war und führte schließlich zum absoluten Bruch: "Für mich als Leiter des Sportzentrums war dieses Echo in der Presse leider eine Bestätigung. Es zeigte schlaglichtartig, welchen Irrweg die 'Traumfabrik' eingeschlagen hatte und welches Mißverständnis sie zwangsläufig zur Folge haben mußte. Aus sportpädagogischen und sportwissenschaftlichen Gründen stand für mich bereits zu diesem Zeitpunkt fest, daß die 'Traumfabrik' nicht Teil des Sportzentrums sein konnte. Gegen die schöne Show, gegen den Zirkus habe ich nichts einzuwenden. Zum Zirkusdirektor allerdings eigne ich mich nicht, und zum Zirkusdirektor bin ich auch nicht vom Kulturministerium berufen worden. Diese Funktion überlasse ich gern anderen" (Prof. Dr. Lutter, 31.7.1981).
Doch die Gruppe konnte auch auf positive Rückmeldung aus Regensburg verweisen: die Stadt hat der 'Traumfabrik' kostenlos Hallen zur Verfügung gestellt. Das Raumproblem (für Lehrgänge usw.) ist somit erst einmal gelöst worden.

Das Trauma 'Traumfabrik' des Institutsleiters führte zum Rausschmiß von Rainer Pawelke aus der wissenschaftlichen Lehrerausbildung -er wurde in den Hochschulsport "zwangsversetzt". Die Studenten berichteten über Repressalien seitens der Institutsleitung. So wird R. Pawelke z.B. der Unterricht im Allgemeinen Hochschulsport vorgeschrieben und somit eigene Unterrichtsinhalte verwehrt. Auch wurde er schriftlich darauf hingewiesen, daß Privatgespräche (gemeint sind wohl Gespräche mit den Studenten der 'Traumfabrik') in den Diensträumen nicht zulässig sei. Das Kollegium hat nach außen hin auf Betreiben des Institutsleiters Front gegen Rainer Pawelke bezogen; ihnen wurde vom stellvertretenden Leiter des Sportzentrums ein vorgefertigter Brief zur Unterschrift vorgelegt, in dem u.a. die Forderung formuliert wurde, die Zusammenarbeit mit Rainer Pawelke zu unterlassen. Diesem hochschulinternen Druck konnte keiner der wissenschaftlichen Mitarbeiter standhalten; alle Lehrenden unterschrieben den "blauen Brief" für Rainer Pawelke.
Z. Zt. läuft wegen dieser Zwangsversetzung ein Arbeitsgerichtsprozeß, der in der ersten Instanz von Rainer Pawelke gewonnen wurde und bei dem Prof. Dr. Lutter rechtwidriges Verhalten nachgewiesen wurde.

Die Studenten des Projektes blieben ebenfalls nicht von den Kampagnen des Herrn Prof. Dr. Lutter verschont (eine Studentin: "Das Tragen einer 'Traumfabrikplakette' am Institut ist mittlerweile verpönter als eine 'Anti-AKW-Plakette'")
Aus Angst vor Angriffen seitens des Instituts sind inzwischen viele von ihnen abgesprungen. Diese Studenten verhalten sich jedoch zur Enttäuschung der Traumfabrik-Gruppe nicht wenigstens neutral, sondern beziehen regelrecht Position gegen die Gruppe, weil sie wohl - so die Gruppe - sich ihre eigene Angst nicht eingestehen können.

Äußerungen wie, "man/frau müsse sich über Konsequenzen bewußt sein" sind vor allen Dingen gegenüber "Rädelführern" oder "Anführern" schon gefallen, so daß auch die Studenten der 'Traumfabrik' von einem lähmenden Gefühl bei der Arbeit am Sportinstitut sprachen. Einige Studentinnen berichteten von einem flauen Gefühl bei Prüfungen oder auch von Ängsten, resultierend aus den Spannungen am Institut; alle Beteiligten des Projektes betonten aber, daß konkrete Benachteiligungen, besonders bei Prüfungen bisher nicht bekannt wurden. Die anwesenden 'Traumfabrikanten/innen' konnten der Situation am Sportinstitut aber auch noch einen positiven Aspekt abverlangen, denn keiner bereute, den ganzen Prozeß miterlebt zu haben; gerade durch die extremen Schwierigkeiten rückte die Gruppe enger zusammen. In diesem Zusammenhang wurde auch schon einmal über eine selbständige und unabhängige Gründung der 'Traumfabrik' diskutiert. Jedoch wollen die Beteiligten ihre Lehramtsausbildung an der Uni nicht aufgeben, denn ihr Ziel ist es, später ihre Inhalte in die Schule hineinzutragen. Zudem wurde die Uni als das geeignete Transportmittel der Idee 'Traumfabrik' bezeichnet und außerdem wolle man/frau versuchen, die Handlungsweisen, die gerade jetzt am Institut zum Tragen kommen und mit dem Sport mittlerweile nichts mehr gemein haben, als Beispiel aufzubrechen.

Bei der Frage, inwieweit die Studenten/innen ihre Inhalte durch wissenschaftliche Hausarbeiten aufarbeiten können, wurde darauf verwiesen, daß jeder sich individuell entscheiden muß, wie weit er sich in einem Seminar einbringen will, denn sein Beitrag kann durchaus als Provokation verstanden werden (Pawelke-Lutter). Aus dem Diskussionskreis wurde dazu angemerkt, sich dem institutionellen Druck nicht zu beugen und sich in der wissenschaftlichen Ausbildung auch mit "alternativen" Inhalten auseinanderzusetzen, da wohl kaum eine Möglichkeit zur Einstellung als Lehrer nach der Ausbildung besteht. (ein Teilnehmer: "Man geht mit vielen Illusionen in die Schule; es scheint immer noch die Aussicht zu sein, eine Lehrerstelle zu bekommen und das ist auch alles 'Traumfabrik', die andere 'Traumfabrik'".)

Die Diskussion, die am Regensburger Sportinstitut entbrannt ist, würde wahrscheinlich an allen Sportinstituten der BRD ähnlich verlaufen (vielleicht in abgemilderter Form nach dem Nord-Südgefälle), denn mit dem Anspruch, einen Modellcharakter für den Schulsport zu entwickeln, greift man/frau das herrschende Sportverständnis von allen Instituten an.

Steckt die Idee an?
Einen Schwerpunkt der Diskussion bildete die Frage, ob durch die Bühnenaufführungen, d.h. durch die Vorstellung eines Produktes, die Zielsetzungen der Traumfabrik, einen Prozeß zu initiieren und ihre Idee weiterzutragen, überhaupt erreicht werden kann. Dieses ist eines der Hauptprobleme der Traumfabrik. Sie versuchen durch die Aufführungen

Leute anzusprechen, es ist ihnen aber klar, daß nur sehr wenige Zuschauer die Anregungen aufnehmen und weitertragen. Es wurde daher schon überlegt, eventuell eine Szene herausfallen zu lassen und dafür mit dem Publikum zu diskutieren. Dies läßt sich aber kaum verwirklichen, denn wie soll man mit 1000 oder mehr Zuschauern von der Bühne herunter diskutieren? Deshalb wird interessierten Besuchern die Möglichkeit einer anschließenden Diskussion geboten. Es bleibt aber zu fragen, welche und wieviele Leute dieses Angebot auch wirklich nutzen.

Neben den Bühnenaufführungen versuchen sie natürlich, ihre Ideen auch durch Workshops, Lehrgänge, Diskussionen und Veröffentlichungen weiterzutragen. Jedoch lassen sich durch solche Formen immer nur wenige Leute ansprechen. Durch Fernsehen, Rundfunk und Presse sind sie bekannt geworden und diese Bekanntheit läßt sich nun für die oben genannten anderen Arbeitsformen nutzen.
Durch die Aufführungen wird ein breit gefächertes Publikum angesprochen. Schüler und Schülereltern werden z.B. für andere als die normierten, leistungsbezogenen Inhalte des Sport sensibilisiert. Der durch die Medien noch verstärkten 'Mobilisierung der Öffentlichkeit' werden sich auch die Institutionen, Politiker und Schulräte nicht ganz verschließen können. Vor diesem Hintergrund wird auch der Kommentar einer Regensburger Sportstudentin zu ihren Bühnenaufführungen verständlich: "Wenn 10 von 1000 Leuten es verstanden haben und weitermachen und den anderen hat es wenigstens gefallen, ist es für uns schon ein Erfolg". Doch durch die Bühnenauftritte fehlen der Traumfabrik fast völlig die für ihre Arbeit wichtigen Informationen, was von ihrer Idee übertragen wird. Dieses soll 1983 bei einem größeren Projekt in München geändert werden: die Traumfabrik will in einem Zelt so lange wie möglich auftreten, aber gleichzeitig sollen daneben noch Workshops und Lehrgänge stattfinden. Das Publikum soll auch die Möglichkeit haben, mitzumachen, den Aufbau zu sehen und somit die Leitidee - den Prozeß - kennenzulernen.
Die Traumfabrik versucht aber zur Zeit auch durch Lehrgänge, die sie selber anbietet oder zu denen sie eingeladen werden, ihren Ansatz weiterzutragen. Jedoch bleibt auch hierbei unklar, wie der Prozeß bei den Lehrgangsteilnehmern weiter abläuft, d.h. ob nicht der alternative Sport wieder traditionell an die Kinder und Schüler vermittelt wird. Rückmeldungen bekommt das Projekt Traumfabrik zur Zeit nur von einigen Leuten, die mit Gruppen oder Schulklassen auch Schattenspiele, Schwarzes Theater, Pantomime, etc. machen wollen und deshalb mit ihnen in brieflichem Kontakt stehen. In diesem Zusammenhang berichtete ein Lehrer, der mit der Traumfabrik in Verbindung steht und an einer Grundschule etwas ähnliches verwirklichen will, über seine Erfahrungen und Probleme. Er mußte zuerst einmal lernen, den Prozeß für sich selbst zu erkennen und auf seine konkrete Situation zu übertragen. Denn als Lehrer kommt man sehr leicht in die Situation, daß man konkrete Vorstellungen hat, diese aber nicht verwirklichen kann, weil die Schüler über-

haupt nicht darauf eingestellt sind und ganz andere Vorstellungen und Gefühle haben. Sehr hilfreich waren für ihn in dieser Situation die Gespräche und Kontakte mit der Traumfabrik, die ihm wertvolle Anregungen gebracht haben. Er führte noch aus, daß er sein Vorhaben facherübergreifend angelegt hat, indem er den Sach- und Kunstunterricht sowie den Freizeitbereich mit einbezieht. Jedoch sind facherubergreifende Projekte an Grundschulen auch eher als an anderen Schulen zu verwirklichen.

Die wohl beste Rückmeldung über ihre Arbeit erhielt das Projekt Traumfabrik auf dem Symposium selbst durch den Auftritt der Gruppe der Hauptschule Sperberweg aus Oldenburg, die, inspiriert durch die beiden Auftritte der Traumfabrik in Oldenburg (April 81 und April 82), die Idee aufgenommen und weiterentwickelt haben (vgl. den Beitrag dazu in diesem Band). Rainer Pawelke während der Darstellung des Projektes Traumfabrik: "Heute nachmittag kommt z.B. eine Schulgruppe, mit der wir überhaupt keinen anderen Kontakt hatten, als den, daß die uns in Oldenburg gesehen haben und gesagt haben, okay, so etwas wollen wir auch machen. Sie haben etwas produziert - auch der Prozeß ist anscheinend so gelaufen, wie wir uns das wünschen - und die werden dies heute nachmittag hier vorführen. So haben wir unser Projekt eigentlich gesehen, daß wir eine Idee damit transportieren wollen. Und das wollen wir zunächst, nicht mehr und nicht weniger."

Durch die Betreuung des Arbeitskreises "Traumfabrik" haben wir ihre 'Idee' kennengelernt und sind zu eigenen Aktivitäten angeregt worden. Das alleinige Erleben ihrer Vorstellungen oder das Durcharbeiten ihres Konzeptes reichen jedoch nicht aus, man muß schon den Prozeß erleben, wie ihre Sportidee praktisch umgesetzt wird. Durch die Möglichkeit, hinter die Kulissen zu schauen und durch die personlichen Gespräche wurde uns klar, daß es nicht um die perfekte Show einiger Ausnahmeathleten geht, sondern daß ihre Idee von jedermann aufgenommen und weitergetragen werden kann.

Vor allem wurde unser Sportverstandnis hinterfragt und erweitert. Gerade in der Sportlehrerausbildung ist der normierte Leistungssport sehr dominant und **Kreativität** und nicht leistungsbezogenes Spielen und Bewegen kommt zu kurz. Uns wurden in Theorie und vor allem Praxis weitere Perspektiven des Sports verdeutlicht. Inspiriert durch das Symposium wollen wir in einem von uns Oldenburger Sportstudenten geplanten Projekt die Fülle der Anregungen aufarbeiten.

Zum Workshop 'Schwarzes Theater'

Der Entschluß, mit den Symposiumsteilnehmern einen Workshop über "schwarzes Theater" durchzuführen, war von der Traumfabrik erst während der Anreise gefaßt worden. So mußten noch am Vortag die Oldenburger Geschäfte nach schwarzen Rollkragenpullis, Motorradmasken,

Handschuhen, Socken, Tüchern (Devise: "Hauptsache billig, viel Plastik, wenig Wolle") sowie weißen Klebestreifen, -punkten (Tiefkühlkostetiketten) abgegrast werden (weiße Handschuhe, Bänder, Hemden hatten sie bereits mit).

Als letzte Voraussetzung, bevor es losgehen konnte, mußte nur noch der Raum abgedunkelt und die Bühne mit UV-Strahlern beleuchtet werden. Nun gings ans Ankleiden: wenn man nicht eingeweiht gewesen wäre, hätte man vor den vielen schwarzen, vermummten Gestalten - nur beklebt mit weißen Punkten und teilweise weißen Handschuhen an den Händen, - bestimmt Angst bekommen. Die Klamotten reichten kaum, so groß war der Eifer mitzumachen.

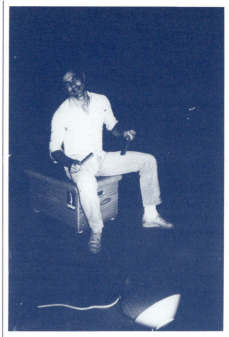

Mit dem Leuchteffekt aller weißen Teile wurde dann in kleinen Gruppen experimentiert. Es entwickelten sich schnell kleine Szenen, unterstützt durch Anregungen der Traumfabrik und der beteiligten Zuschauer.
Die "unkundigen" Zuschauer hingegen (die am Nachmittag während der öffentlichen Vorführungen Kostproben der mittäglichen Arbeitsphase zu sehen bekamen, aber nicht den Prozeß - des Entstehen - der Szenen miterlebt hatten) waren bestimmt ganz schön verwirrt, als plötzlich ein Skelett (dargestellt mit weißen Klebepunkten) auftauchte und sein Spielchen trieb. Oder, als ein Riesenmensch begann, sich in seine Gliedmaße aufzuteilen: da wanderte die eine Hand nach links, die andre nach rechts, bald begann sich das Hemd vom Körper freizumachen und davonzuschweben usw. Der rasende Beifall zeugte von der großen Wirkung dieser mit einfachen Mitteln erzielten Effekte! Und damit hatte die Traumfabrik genau ihre Ziele, die schon am Vormittag in der Selbstdarstellung und Diskussion angeklungen waren, an die Teilnehmer weitergegeben: das Erleben eines Prozesses, mit einfachen Mitteln und einem offenen Handlungsrahmen, in dem sich viele Möglichkeiten zur Spontanität und kreativität ergeben. Zudem waren die Teilnehmer aktiv am Geschehen beteiligt und konnten den gesamten Ablauf miterleben.

Und auch den - oben erwähnten "unkundigen" Zuschauern wurde nach der Aufführung ein Blick hinter die Kulissen gewährt, indem das Licht angeschaltet wurde und ihnen so die Showeffekte demonstriert wurden (zweidimensionales sehen - dreidimensionales Spielen (u. Tiefe)). Hoffentlich verstauben all diese Anregungen und Eindrücke nicht im Kopf, sondern animieren uns, selbst aktiv zu werden! ●

Siegrid Albrecht
Achim Schönberg

Schattenspiel und Tanz

an der Hauptschule Sperberweg in Oldenburg
-ein Versuch, Neuland zu erobern

Wir stehen ziemlich fassungslos, können es nicht begreifen, wollen es einfach nicht glauben. Nur ein Traum, aus dem man eigentlich nicht mehr erwachen möchte? Aber nein. Der Beifall hält an. Alle Akteure noch einmal raus vor die Leinwand, die soeben Mittelpunkt verschiedenster Aktionen war. Das Publikum will es so, hatte Gefallen an unserer kleinen Vorstellung, und wir geben dem Wunsch, uns noch einmal beglückwünschen zu dürfen, gerne nach.

Und dann heißt es abschminken, Sachen zusammensuchen, Platz machen für die nächste Gruppe, häufig Hände schütteln, langsam abschalten, was aber nicht geht. Einige unserer Schülerinnen verlassen uns, andere wollen noch etwas zuschauen, denn nach uns kommt noch die "Traumfabrik", von der wir so einiges gelernt haben. Und die Schülerinnen? Haben sie eigentlich begriffen, was da soeben in der Universität Oldenburg, im sog. Aktonsraum I, abgelaufen ist? - Wir müssen uns unbedingt noch einmal ganz in Ruhe mit ihnen zusammensetzen und darüber reden.

Es hat sich also gelohnt!! Gelohnt, daß wir etwas gewagt haben, von dem wir und die Schülerinnen zu Anfang nicht wußten, wo das eigentlich hinführen würde; gelohnt, weil wir uns mutig zu dem Oldenburger Symposium gemeldet hatten, obwohl oder vielleicht auch weil wir wußten, daß wir keine Supershow, sondern lediglich nüchterne "Schularbeit" würden zeigen können; gelohnt, weil diese "Schularbeit" ein auch für unsere Schülerinnen erreich- und begreifbares Ziel hatte; gelohnt, weil wir alle zusammen "Schularbeit" einmal völlig anders erlebt haben; und gelohnt, weil wir allem Anschein nach vielen anderen Menschen mit dieser "Schularbeit" Freude und vielleicht auch Mut (?) gemacht haben. Dabei fing alles ganz harmlos und schulalltäglich an. Unsere jährliche Projektwoche stand vor der Tür, und es mußte wie immer ein Vorschlagsprogramm erarbeitet werden, das auch die Zustimmung möglichst aller Schüler der Schule finden sollte. Neben anderen Projektthemen boten wir zu zweit das Projekt "Schattenspiel und Tanz" an. Zwei Kollegen, ein Projekt - das bedeutet im Verhältnis zu anderen Projekten die doppelte Anzahl Schüler (ca. 30) aufnehmen zu müssen. Diese zunächst ungünstig wirkende Bedingung hielt uns jedoch nicht von unserem Vorhaben ab. Es reizte uns schon seit unserem Besuch der "Traumfabrik" im Frühjahr 1982 in Oldenburg, "so etwas" auch einmal zu probieren. Gespräche in dieser Richtung zeigten, daß bei uns schon einige Ideen vorhanden waren, die im Zusammenhang mit der Projektwoche eine Chance hatten, in die Tat umgesetzt zu werden.

Nach einigen vorläufigen Planungen können wir dann endlich anfangen. 4 Tage, von Montag bis Donnerstag, haben wir Zeit; Freitag soll eine Vorführung für die anderen Schüler sein. Als Requisiten für den Beginn dienen uns eine aus abgelegten Bettlaken zusammengestückelte Leinwand, ein Diaprojektor, ein Kassettenrecorder.

Das erste Problem taucht auf: welcher Raum ist für Schattenspiel geeignet (es muß möglich sein, ausreichend zu verdunkeln)? Der Raum wird gefunden, wir ziehen mit unseren 30 Schülerinnen (leider hatte sich nicht ein einziger Schüler gemeldet) dorthin. Wie soll die Leinwand angebracht werden? Eine zündende Idee: wir haben in der Turnhalle Korbballständer! Einige schleppen die Ständer heran. Eine Aluminiumstange (dient normalerweise zum Herunterholen der Ringe) wird durch den Saum gezogen, die Stange mit den Halstüchern zweier Mädchen an den Ständern befestigt und die Korbballständer auf die richtige Höhe gebracht. Die Leinwand steht bereit, der Diaprojektor wird eingeschaltet. - Was ist das? Der Bildausschnitt ist viel zu klein! Die Entfernung Diaprojektor zur Leinwand reicht nicht aus. Wir brauchen also einen größeren Raum. Unsere Pausenhalle ist groß genug. Hoffentlich ist es möglich, sie ausreichend zu verdunkeln. Wir probieren - es klappt. Also: nochmals alle Requisiten umräumen. Leinwand steht, Diaprojektor wird eingeschaltet. Jetzt können wir mit dem Schattenspiel beginnen.

Die Schülerinnen sind unsicher, trauen sich nicht, an der Leinwand vorbeizugehen, haben Angst, ihren eigenen Schatten zu sehen, Angst, daß die anderen zu viel davon sehen. Erste Versuche, die Schülerinnen an der Leinwand vorbeigehen zu lassen, sind aufschlußreich. Möglichst schnell die Situation hinter sich zu bringen, scheint das Ziel zu sein. Von dieser Ausgangssituation zum "Schattenspiel" zu kommen - schaffen wir das in nur vier Tagen? Die Übungen werden mit kleinen Aufgaben erweitert. Nun verliert sich die Scheu allmählich, die Schülerinnen fangen an auszuprobieren, wie Bewegungen, Körperhaltungen auf der Leinwand aussehen. Sie trauen sich jetzt, ihren eigenen Schatten anzusehen und Bewegungen zu verfolgen. Wir geben neue Aufgaben und setzen Musik dazu ein.

Nach dieser ersten Erfahrungsphase erfolgt eine Teilung in 2 Gruppen. Die Interessenten für Schattenspiel probieren weiter, die Tanz-Interessierten starten einen anderen Versuch. Exakte, abgehackte Bewegungen, zunächst nur mit Rhythmusbegleitung, werden probiert. Vorbild für diese Bewegungen ist die Maschine, der Roboter. Dieses Vorhaben

gestaltet sich schwieriger als vermutet. Weiche, fließende Bewegungen, die an anderer Stelle erwünscht sind, sollen hier nun plötzlich nicht mehr gemacht werden. Allmählich gelingt es aber den Schülerinnen, sich in die Rolle eines Maschinenmenschen hineinzuversetzen.

Nach einiger Zeit ist es möglich, die Gruppen für einen kurzen Zeitraum allein weiterarbeiten zu lassen. Wir beide können uns nun gegenseitig helfen, Tips geben, ansehen, welche Ideen der andere schon realisiert hat, neue Ideen beisteuern. Zu diesem Zeitpunkt wird deutlich, wie wichtig es ist, dieses Projekt zu zweit zu machen. Die gegenseitige Hilfestellung führt weiter und erhält das Interesse an der Arbeit. Wir haben zwar noch einiges vor, aber der erste Tag ist vorbei! Das ging verdammt schnell. Sonst dehnt sich häufig der Schulvormittag wie ein Gummiband. Wir besprechen noch unsere ersten Eindrücke und sind mehr als zufrieden. Selten sind unsere Schülerinnen mit einem derart starken Engagement über einen längeren Zeitraum an einer Sache interessiert gewesen. Das Vorhaben für den nächsten Tag wird kurz umrissen. Wir haben bereits konkretere und neue Ideen. Jeder arbeitet zu Hause an einem Vorhaben für den nächsten Tag.

Der Verlauf der nächsten Tage ist ähnlich. Wir versuchen immer neue Ideen zu verwirklichen. Allmählich fügen sich die einzelnen Teile zu einem kleinen Programm zusammen. Der Grundgedanke bleibt erhalten: vor der Leinwand soll im Tanz Realität abgebildet werden, hinter der Leinwand im Schattenspiel eine Traumwelt, in die man sich aus seinem Alltag heraus flüchten kann. Der Clown wird dabei zur Schlüsselfigur im Ablauf unserer Episoden. Er pendelt zwischen Wirklichkeit und Traumwelt hin und her. Spielgefährten, die mit ihm zu Beginn herumtollen, erstarren, werden leblos, sind unfähig zu spielen. Der Clown ist allein gelassen und flüchtet in eine Traumwelt. Im Schattenspiel werden Riesenblüten mit flimmernden Blütenblättern und mehrarmigen Märchenwesen dargestellt. Die Realität dagegen bedrängt den Clown in Form von Maschinen-Menschen, von Robotern. Er ist umzingelt, kann aber mit Hilfe zweier Mädchen (oder sind es Traumgestalten?) befreit werden und in seine Traumwelt zurückgelangen. Ein "Tanz der Elfen" gibt erneut das Gefühl, daß die Traumwelt die kalte Technisierung der Realität vergessen läßt. Allerdings gibt es auch in der Realität Oasen der Ruhe und

Beschaulichkeit. Smetanas "Moldau" wird mit Hilfe gefärbter Tücher in Bewegung umgesetzt. Im Gegensatz dazu wird die Traumwelt nun zum Alptraum. "The witch" (die Hexe) zeigt die Welt der Träume von ihrer schrecklichen Seite. Verwirrt und ängstlich taumelt der Clown zurück in die Realität, wo er neue Freunde findet, die ihn in ihren Tanz mit einbeziehen. Dabei erlebt er noch einmal beide Seiten seines Lebens, nämlich Traum und Wirklichkeit. Eine lange Kette aus allen Akteuren tanzt sowohl vor wie hinter der Leinwand.

Für unsere Geschichte stehen uns nur Hilfsmittel einfachster Art zur Verfügung: Vor allem sind es Spenden von Müttern unserer Schülerinnen: Gardinen, Bettbezüge, abgelegte Kleidungsstücke. Als sehr wirkungsvoll erweist sich auch das Hinterlegen von Dia-Rähmchen mit Transparentpapier oder Pflanzenteilen. Dadurch ist es uns möglich, mit Hilfe des Projektors für jede Schattenspiel-Episode ein eigenes "Bühnenbild" mit auf die Leinwand zu projizieren.

An den letzten beiden Tagen arbeiten alle Schülerinnen wieder gemeinsam in der Pausenhalle. Die einzelnen Episoden müssen in die richtige Reihenfolge gebracht werden, die Musik wird auf die zeitlich passende Spieldauer zurechtgeschnitten und einzelne Bewegungen werden noch verfeinert. Die einzelnen Programmpunkte sind natürlich keineswegs perfekt, aber das war auch nicht der Sinn unseres Vorhabens. Bei den Schülerinnen und auch bei uns stellt sich dennoch allmählich das Gefühl ein, etwas Gemeinsames und Aufregendes geschaffen zu haben.

Der letzte Tag - Vorführung vor den anderen Schülern und Kollegen. Die Schülerinnen kommen in die Schule, jede hat ihr Kostüm gerichtet, alle sind aufgeregt. Einige bauen auf, andere schminken sich oder werden geschminkt. Eine beschauliche Ruhe liegt auf diesem Tun, obwohl die Aufregung von Minuten zu Minute wächst.

Die Aufführung wird ein voller Erfolg, die anderen Schüler und Kollegen sowie der kurzfristig eingeladene Schulrat sind begeistert. Als alles vorbei ist, atmen wir auf. Aber dann? Es macht sich ein Gefühl des Bedauerns breit, wann werden wir wieder Gelegenheit haben, in dieser Richtung weiterzuprobieren?

Kurze Zeit später kommt die Vorankündigung für das Symposium an der Universität Oldenburg. Nach kurzem Überlegen entscheiden wir uns, mit unserer Gruppe mitzumachen.

Auftretende Zweifel, wir könnten ja keine perfekte Vorführung bieten, zerstreuen wir. Unser Ziel ist nicht, es den "Könnern" gleichzutun, sondern zu zeigen, welche Möglichkeiten sich bieten, mit Hauptschülerinnen zu arbeiten. Wir wollen zeigen, daß und wie Anregungen der Traumfabrik in der Schule zu verwirklichen sind, und daß diese Anregungen durch neue Ideen abgewandelt und erweitert werden können. Auch Hauptschüler sind in der Lage, ein solches Vorhaben mit Begeisterung mitzumachen.

Der Zeitpunkt unserer Vorführung in der Universität Oldenburg rückt näher. Wir setzen noch einige Proben an und merken, daß wir doch in den Anspruch verfallen, möglichst perfekt zu sein. Unsere Schülerinnen

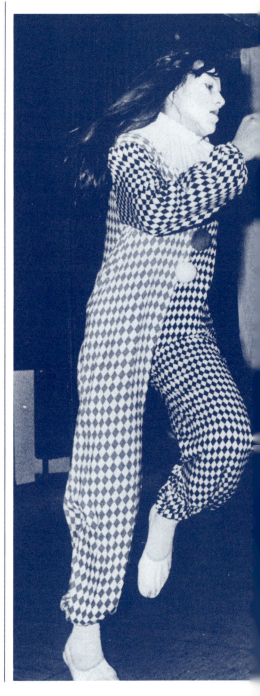

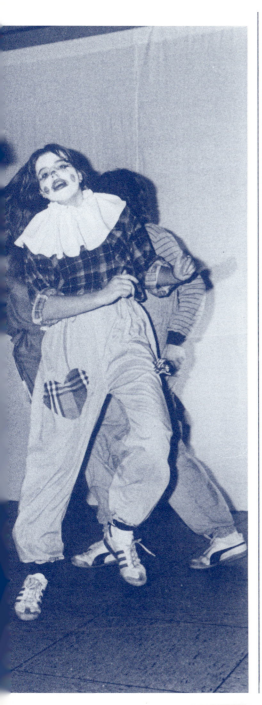

merken das auch und sind zu Recht etwas verärgert. Unsere Unsicherheit läßt sich begründen durch die Ungewißheit, der wir gegenüberstehen. Wieviele Zuschauer werden anwesend sein? Was sind das überhaupt für Zuschauer? Welchen Anspruch werden sie haben? Außerdem wird die Traumfabrik auch etwas zeigen, da dürfen wir natürlich nicht ganz abfallen mit unserer Darbietung.

Früh genug versuchen wir im Kontakt mit den Veranstaltern die Dinge, die mit dem Aufbau der Leinwand, mit der Musikanlage und mit der Beleuchtung zu tun haben, zu klären. Es scheint alles zu klappen.

Der besagte Sonnabend ist gekommen. Wir sind rechtzeitig zur Stelle. Bevor unsere Schülerinnen kommen, wollen wir die Leinwand aufgebaut und die Requisiten zurechtgelegt haben; wir brauchen später die Zeit zum Schminken.

In dem gleichen Raum, den wir für unsere Aufführung brauchen, probieren einige Akteure der Traumfabrik. Die Atmosphäre ist gelöst und angenehm. Als wir uns nach den Korbballständern für unsere Leinwand umsehen, entdecken wir nur einen. Es stellt sich heraus, daß in der gesamten Universität kein zweiter aufzutreiben ist. Bleibt nur die Möglichkeit, den zweiten aus unserer Schule zu holen. Die Zeit vergeht, dann haben wir unsere "Stützen" beisammen und können die Leinwand aufbauen. Doch der nächste Schock folgt sogleich. Als Programmpunkt im Aktionsraum I stehen wir trotz vorheriger Absprache an erster Stelle. Der Zeitpunkt 16 Uhr ist für uns natürlich nicht akzeptabel, da wir absolute Dunkelheit brauchen, und die Turnhalle nur partiell zu verdunkeln ist. Wir müssen mit einer anderen Gruppe tauschen, damit er erst dann beginnen, wenn es draußen schon dunkel ist. Nach einigem Hin und Her wird auch das geregelt.

Die Schülerinnen kommen. Umziehen, schminken. Zu Beginn verläuft alles relativ ruhig, allmählich macht sie Nervosität breit. Hilfreich und aufmuternd sind die Kontakte zu Akteuren der Traumfabrik. Schminktips werden an uns weitergegeben, interessierte Fragen gestellt. Wir fühlen uns trotz steigender Unsicherheit sehr wohl inmitten der übrigen Akteure. Die Clowns, die vor uns dran sind, ernten anhaltenden Applaus. Wie wird es gleich aussehen, wenn wir unseren Teil zu der Veranstaltung beitragen?

Dann geht's los! Die Musikanlage der Universität ist äußerst dürftig. Wir verpassen den Einsatz, die Clowns kommen zu spät vor die Leinwand, sind verwirrt, machen aber tapfer und mit Begeisterung weiter. Eine Lehrerin und ein Lehrer bleiben im Dunkeln hinter der Leinwand zurück, drücken die Daumen und sind ebenso aufgeregt wie ihre Schülerinnen.

Unsere Clowngruppe begann die Vorführung und das Publikum war hellbegeistert. Aber das war noch nicht alles, was wir zu zeigen hatten. Nun fing erst alles richtig an. Wir bekamen alle wieder Mut. Die Vorführung war für uns ein blendender Erfolg. Als wir UNSEREN Applaus zu Ohren bekamen, ging es uns allen eiskalt durch den Körper. Wir hätten nie damit gerechnet, daß wir so viel Beifall bekommen würden. Sogar die Traumfabrik war von uns begeistert und fand uns einfach Spitze.
(Es war unser erster Auftritt vor vielen ...

Ich finde, die Veranstaltung an der Uni war ganz toll. Man hat uns da auch anerkannt, obwohl wir eben eine Gruppe vom 7 bis zum 10 Schuljahr sind.

...rum war auch toll, weil es immer richtig mitgemacht hat. Als wir uns dann umgezogen haben, kamen aber viele Leute, die wir nicht kannten aus dem Publikum und beglückwünschten uns. Es kamen auch welche aus der Traumfabrik und sie haben uns gefragt, wie wir das gemacht haben. Und als wir Schluß gemacht haben, hat das Publikum immer weiter geklatscht

Erfahrungsberichte einiger am Schattenspiel beteiligter Schülerinnen

Durch Sport Realität begreifen und verändern

Franz Nitsch

Die historische Rolle der Arbeitersportbewegung

Ich will versuchen, ganz kurz die eine oder andere These zu formulieren, die ihr in der praktischen Arbeit dann überprüfen könnt.

Die Arbeitsport-Bewegung verdankt ihre historische Bearbeitung genau dem Punkt, zu dem wir hier auch zusammengekommen sind: als die Studentenbewegung auch die Institute für Leibesübung erreicht hat, ging man auf die Suche nach einem alternativen Sportverständnis und stieß dabei auf die Arbeitersport-Bewegung und vielleicht ist es diesem Umstand überhaupt zu verdanken, daß historisch-organisatorisch gesehen die Arbeitersport-Bewegung in der BRD zumindest vom organisations-soziologischen Standpunkt her einigermaßen aufgearbeitet worden ist. Im Unterschied zur DDR, die schon in den 50er Jahren aus dem Traditionsbewußtsein heraus daran ging, sehr viele Aspekte des Arbeitersportes zu untersuchen, ist der bundesdeutsche Ansatz später und liegt genau in dem Zusammenhang mit dem Versuch, ein alternatives Sportverständnis in der Geschichte ausfindig zu machen. Dieser Zusammenhang ist im Grund bis auf den heutigen Tag erhalten geblieben. Leider sind bisher die Untersuchungen zum Arbeitersport im wesentlichen auf den organisations-soziologischen Aspekt beschränkt. Vor allem die Aspekte, die auch P. Weinberg angesprochen hat, wie denn die Wirklichkeit im Arbeitersport nun aussah, sind höchst unzureichend untersucht. Das liegt auch daran, daß die Materiallage etwa auf regionale Entwicklungen hin und als Sozialisationsinstanz zu untersuchen, weitgehend fehlen und man sich erst in den letzten Jahren daran macht, einer allgemeinen Tendenz der Geschichtsforschung zu folgen und vor Ort zu untersuchen, was der Arbeitersportverein denn geleistet hat.

Der Arbeitersport ist nie isoliert gesehen worden, sondern gehört zum Emanzipationsprozeß des Proletariats, das in allen Erscheinungs- und Lebensformen am Ende des 19. Jahrhunderts sichtbar wurde, organisatorischen Ausdruck fand. Das hängt auch mit den (aufgehobenen) Sozialistengesetzen zusammen. Wir können im wesentlichen von vier Bereichen ausgehen:
Die Partei bzw. die Gewerkschaft, je nachdem, wen man als die erste oder die zweite Säule nimmt. Diese beiden

Bereiche als die Hauptträger des Emanzipationsprozesses; die Genossenschaften als der Versuch, die ökonomische Basis zu verbessern; der gesamte Bereich der Kulturbewegung. In diesen Bereich gehört die Arbeitersport-Bewegung, die im Unterschied zum Bürgerlichen Sport keine isolierte Bewegung war, sondern sich in Kontakt mit anderen Kulturorganisationen verstand. Das sieht man etwa auch an der Zusammensetzung der Zentralkommission für Arbeitersport und Körperpflege, die 1912 gebildet wurde.

Leider ist in unserer Berichterstattung und unserer Geschichte des Arbeitersports die gesamte Problematik auf den Arbeiterturnerbund ATB bzw. später den ATSB verkürzt. Andere wichtige Organisationen sind bisher gar nicht untersucht worden. Zum Beispiel die Solidarität, der Arbeitersamariterbund, die Arbeiterwohlfahrt, die Freidenkerbewegung oder andere zeigen vielleicht auf, wie weit das Spektrum des Arbeitersports zu sehen ist. Das war keineswegs eine reine Sport- und Turnorganisation.

Die Arbeitersport-Bewegung ist im Jahr 1933 selbstverständlich zerschlagen worden. Im Laufe der Weimarer Republik hat sich die Arbeitersport-Bewegung ausdifferenziert, wie überhaupt die gesamte Arbeiterbewegung in einen reformerischen oder reformistischen Zweig und einen revolutionären. Ich verwende bewußt nicht die Begriffe KPD-nahen oder SPD-nahen, weil diese Zuweisung unzutreffend ist. Auch die Arbeiterbewegung findet sich ja keineswegs nur in diesen Organisationen wieder. Es gab viele Zwischenstationen und -organisationen. Für die Arbeitersport-Bewegung ist zunächst wichtig, daß beide Teile 1928 im gesamten Kulturbereich wie übrigens auch in der Gewerkschaft zusammenblieben. Lediglich in der Partei war eine organisationssoziologische Ausdifferenzierung. Das ist insoweit wichtig, als das Sportverständnis bis zu diesem Zeitpunkt, wie es sich im Arbeitersport manifestierte, von beiden Richtungen sozusagen akzeptiert und gebildet wurde. Nach 1928, unter starkem Einfluß, ja Dominanz des sowjetischen Sportverständnisses, differenziert sich der Arbeitersport nicht nur politisch aus, sondern auch organisatorisch und inhaltlich.

Verkürzend kann man folgendes sagen: der revolutionäre Teil übernimmt nahezu zu 100 % das sowjetische Sportverständnis, das sich über die Stationen Aufnahme des zaristischen, bürgerlichen Sports-Umwandlung eines von den Komsomolzen bzw. den Gewerkschaften geprägten Proletariersportes über eine Proletkulturbewegung in den 23er - 25er Jahren zu einem Verständnis entwickelt hat, wie es auch heute noch vorliegt, das ich mal grob verkürzt so qualifizieren möchte:

Der sowjetische Sport hat zunächst mal die allseitige Bildung des sozialistischen Menschen zu garantieren und hat darüber hinaus im internationalen Vergleich zu verdeutlichen, daß auch in diesem Sektor der Sozialismus dem Kapitalismus überlegen ist.

Das führt dazu, daß der Wettkampfgedanke im sowjetischen Sport und der Vergleich auch mit bürgerlichen Sportlern stärker akzentuiert wird, im reformistischen Arbeitersport dagegen der Vergleich und der Wettkampfgedanke weitestgehend zurückgedrängt bleibt und Bewegungen mit bürgerlichen Sportlern strikt abgelehnt werden.

Während also die revolutionären Arbeitersportler Kontakte zu bürgerlichen haben und pflegen, unterbleiben diese Kontakte im reformistischen Lager. Der reformistische Sport bleibt deshalb Ansatzpunkt für Überlegungen eines alternativen Sportverständnisses, während der stark von der SU geprägte sozialistische oder kommunistische Sport mehr und mehr diese Akzentuierungen zugunsten des Wettkampfsports verliert. Heutzutage ist kaum auszumachen bei Hochschuleistungssportlern, aus welchem Lager sie kommen.

Zweifelsfrei sind die Aspekte, die P. Weinberg hier angeführt hat: die Ausprägung eines starken Solidaritätsbewußtseins, eines Emanzipationsprozesses, der über den Sport weit hinaus ging, das Verhältnis der Geschlechter untereinander im Sport, das Verhältnis zum eigen Körper im Sport, etwa zur Nacktkörperkultur, und andere Bereiche progressiver Elemente in der entsprechenden historischen Epoche. Auch das dezifiert politische Verständnis des Arbeitersports, was ihn ja vom bürgerlichen Sport unterscheidet, ist inzwischen von den bürgerlichen Sportbewegungen eingeholt. Wie andere Aspekte, etwa das Verhältnis zur Frau, teilweise eingeholt sind, wie auch das Verhältnis zum Körper im Sport vom bürgerlichen Sport teilweise

eingeholt ist.
Theoretische Darlegungen wie vom Vorsitzenden Gellert oder Wilding oder Deutsch in Österreich oder aber auch heute stark nachzulesen Wagner, postuliert haben, treffen partiell zu und sind auf großen, internationalen Arbeitersport-Veranstaltungen auch tatsächlich praktiziert worden. Die Arbeiterolympiaden 1925 in Frankfurt und 1931 in Wien, wo besonders die Aspekte der Verbindung zwischen einem Sportverständnis, das stark auf eine Massenbewegung aus war - ich erinnere an die großen Freiübungen, die allseits bekannt sein dürften - aber auch die Verbindung von Sport und Kultur, wie sie sich insbesondere durch das große Weihespiel 1925 und 1931 manifestierten, verdeutlichen sehr stark die Verbindungslinien.
Das sind aber Ausnahmesituationen. Genausowenig, wie es statthaft ist, etwa die Olympischen Spiele in München zu analysieren und anhand des Versuches, Kultur oder Sport dort miteinander zu verbinden, generelle Aussagen über das bürgerliche Sportverständnis zu mchen, ist es meiner Überzeugung nach auch unstatthaft, etwa anhand der Analyse von Arbeitersportolympiaden oder Bundesfesten des ATSB generelle Aussagen darüber zu machen, wie denn die Sozialisationsinstanz Arbeitersportverein auf den einzelnen Proletarier gewirkt hat.
Dies ist genau das Problem.
Meiner Überzeugung nach, hier kann ich eigentlich nur Rudi Mente referieren, unterscheiden sich Anspruch und Wirklichkeit im Arbeitersport bei aller Progressivität insofern, als wir heute aus der konkreten Praxis des Arbeitersports für unsere Tagesaufgaben relativ wenig mitnehmen können. Es zeigt sich nämlich, daß die Sportpraxis, das haben sehr viele Interviews mit Arbeitersportlern gezeigt, in weiten Teilen identisch waren mit dem, was auch im bürgerlichen Sport passierte. Das manifestieren auch Untersuchungen etwa an Zahlen und Gestaltungsformen der Arbeiterolympiaden. Während nach 1925 alle verpflichtet waren, an den Massenveranstaltungdn teilzunehmen, gab es 1931 in Wien schon eine ganze Reihe, die sich gedrückt haben. 1937 in Antwerpen finden solche Massenveranstaltungen gar nicht mehr statt.
Insgesamt ist festzustellen, daß eine Versportlichung des Arbeitersports mit der organisatorischen Festigkeit der Arbeitersportbewegung einhergeht, das zeigen auch Tendenzen der Arbeitsportler, die es zu besonderen Fertigkeiten und Fähigkeiten in einzelnen Sportarten gebracht haben und zum bürgerlichen Sport überwechseln.

Andererseits, daß typisch bürgerliche Sportarbeiten wie Tennis, Rudern u.a. in den Kanon des Arbeitersports aufgenommen werden. Das dritte, das ich als These formulieren möchte: die nahtlose Aufnahme und Integration der Arbeitersportbewegung zu größeren Teilen in den dann vom Faschismus organisierten bürgerlichen Sport nach 1933 zeigen, daß die Differenzen zwischen Arbeitersportbewegung und bürgerlichem Sport konkret vor Ort so groß nicht gewesen sein können. Ansonsten wäre ein solcher Integrationsprozeß nicht möglich gewesen. Kleinere Teile und insbesondere die Teile aus der Rotsportbewegung sind aus politischen Motiven in den Widerstand gegangen nicht aus sportsoziologischen oder -inhaltlichen Motiven. Bei aller Progressivität der Arbeitersportbewegung findet man in den groben Zielsetzungen wenig dazu, wenn man heute nach alternativen Sportformen für uns alle sucht. Wo man eine ganze Menge findet, ist in der Frage der Zielsetzung. Ich glaube daher, daß von der Zielsetzung her der Arbeitersport und dessen Kenntnis eine wichtige Voraussetzung auch für das politische Agieren der alternativen Kultur- und Sportbewegung sein können. Organisatorisch bzw. vom Ansatz her sind solche Kenntnisse besonders in der Frühphase des Arbeitersports, etwa vor 1900 und bis zum 1. Weltkrieg, sehr interessant, weil da z.B. die Frage, ob Fußball, ob Wettkampf überhaupt im Arbeitersport gepflegt werden soll und vieles andere mehr die Gemüter sehr stark bewegt hat.

Insgesamt glaube ich aber, daß man eines sehen muß, und das war auch den Arbeitersportlern sehr deutlich, obwohl sie es in der konkreten Praxis dann nicht realisieren konnten: es hat keinen Zweck, in einer Gesellschaft auf Dauer ein alternatives Verständnis für Kultur und Sport zu entwickeln, sondern ein solcher Ansatz muß immer zwangsläufig, und ich glaube, das kann man aus der Arbeitersportbewegung lernen, die Perspektive der Veränderung der Gesellschaft im Blick haben. Fällt dieser Aspekt weg, wird die Alternativszene zu einer Subkultur, die mehr oder weniger ernst genommen wird, je nachdem, wie die Krafteverhältnisse sind. Nur die Verbindung der politischen Perspektive und Veranderung dieser Gesellschaft schafft überhaupt Raum, aus einer Nischentheorie wirklich zu einer politischen Massenbewegung zu kommen. Ich finde, das sollte man aus der Arbeitersportbewegung lernen. Das ist ihr leider nicht gegluckt. Dieser Emanzipationsprozeß ist ihr auch deswegen nicht gegluckt, weil der Arbeitersport nicht in der Lage war, ein wirklich alternatives Sportverstandnis anzubieten, das dann auch 1933 nicht integrierbar gewesen ware und das Potential des Widerstandes erheblich vermehrt hatte.●

Die nebenstehende historischen Illustrationen über den Arbeiter-Rad- und Kraftfahrerbund Solidarität sind der ausführlichen Dokumentation von Ralf BEDUHN (Lit-Verlag Münster 1982) entnommen.

Grundsatzprogramm der

Solidaritätsjugend Deutschland

Auf der Grundlage der "Richtlinien der Solidaritätsjugend" bekennt sich die Solidaritätsjugend Deutschlands zu folgendem Grundsatzprogramm:
Es bestimmt den jugendpolitischen Standort unseres Verbandes, macht zu den wesentlichsten Bereichen unserer Arbeit und zu wichtigen Fragen der Jugendpolitik die erforderlichen grundsätzlichen Aussagen und soll darüber hinaus allen unseren Freunden und Mitarbeitern Orientierungshilfen und Impulse geben.
Die Solidaritätsjugend Deutschlands bejaht das Grundgesetz der Bundesrepublik Deutschland und tritt für ein freiheitlich demokratisches Staatswesen ein.
Die Solidaritätsjugend Deutschlands hält eine offene und vielfältige Jugendarbeit freier Träger mit als eine der wesentlichen Voraussetzungen für das Funktionieren einer freiheitlichen Demokratie und deshalb ihre Sicherung als eine dauernde Aufgabe unserer Gesellschaft.
Unser Verband ist offen für alle jungen Menschen, die unsere Richtlinien und unsere Prinzipien anerkennen und nach ihnen handeln, unabhängig davon, welches Geschlecht, welche soziale Herkunft oder welche religiöse und parteipolitische Auffassungen sie haben.
Die Solidaritätsjugend Deutschlands sieht folgende Bereiche als ihre Hauptaufgabe und ihre Arbeitsfelder an:

Außerschulische Jugendbildung
Die Solidaritätsjugend Deutschlands versteht ihre außerschulische Bildungsarbeit als notwendige Ergänzung der Lern- und Sozialisationsfelder „FAMILIE" „SCHULE" und „BERUF". Unsere Bildungsarbeit soll vordringlich dazu beitragen, Jugendliche zu kritikfähigen, verantwortungsbewußten und Verantwortung übernehmenden Mitmenschen unserer Gesellschaft zu erziehen. Der Idee von SOLIDARITÄT kommt damit besondere Bedeutung zu.
Unsere Schwerpunkte sind die Förderung und die Vermittlung von umfassender politischer, sozialer und allgemeiner Bildung einschließlich aller Zusammenhänge im außerschulischen und außerfamiliären Bereich.
Wir wollen dadurch auch den jungen Menschen beim Erkennen, bei der Entwicklung und bei der Verwirklichung ihrer individuellen und gesellschaftlichen Interessen behilflich sein.
Die Realisierung dieser Zielvorstellungen betrachtet die Solidaritätsjugend als emanzipatorische Jugendarbeit.
Emanzipation ist dann gegeben, wenn den einzelnen Menschen und allen Menschengruppierungen unserer Gesellschaft, wie z.B. Jugendlichen, Frauen, Männern, Behinderten, Ausländern oder Menschen aus sozial unterprivilegierten Schichten, die gleichen Selbstverwirklichungs-chancen und Entfaltungsmöglichkeiten gegeben sind: Dies setzt den

Die Solidaritätsjugend Deutschland ist die Nachfolgeorganisation des Arbeiter-Rad- und Kraftfahrerbundes Solidarität, der 1933 von den Nationalsozialisten aufgelöst wurde. Das Grundsatzprogramm der Solidaritätsjugend haben wir dem Band "Unsere Arbeit 1979 - 1982" entnommen, der anläßlich des XI. ordentlichen Bundeskongresses im Juli 1982 von der Solidaritätsjugend erstellt wurde.

Abbau jeglicher Art von Vorurteilen, sowie die Herabsetzung von in diesem Sinne ungerechtfertigten gesellschaftlichen Zwängen voraus, und bedeutet, daß unsere soziale und demokratische Staatsform weiterentwickelt wird.

Entscheidende Bedeutung innerhalb der Solidaritätsjugend kommen bei der Realisierung unserer Bildungsziele unseren ehrenamtlichen Mitarbeitern zu, die wir auf Bundesebene in zentralen Veranstaltungen für ihre multiplikatorische Funktion schulen.

Außer ihrer Ausbildung sind die Intensität und die Dauer ihres ehrenamtlichen Engagements ein bestimmter Faktor für die Verwirklichung unserer Bildungsarbeit. Deshalb weist die Solidaritätsjugend in diesem Zusammenhang erneut auf die Notwendigkeit einer befriedigenden gesetzlichen Regelung für einen allgemeinen Anspruch auf Bildungsurlaub hin.

Sport
Dem Sport kommt sowohl im individuellen als auch im gesellschaftlichen Bereich eine große Bedeutung zu. Insbesondere trägt er dazu bei, der Gesundheit und der Entwicklung der körperlichen Leistungsfähigkeit zu dienen, soziale Erfahrungen zu ermöglichen und zu fördern, erzieherische Inhalte zu vermitteln, ein Teil selbstbestimmter Freizeitgestaltung gerade auch als Ausgleich zur Arbeitswelt zu verwirklichen und darüberhinaus in den demokratischen Strukturen von Vereinen und Verbänden demokratisches Verhalten und Wirken üben zu können. Die Solidaritätsjugend Deutschlands bejaht den Freizeit- und den Breitensport, als auch den Leistungs- und den Hochleistungssport. Die Erreichung einer Leistung oder Höchstleistung kann zum individuellen und zum gruppenspezifischen Erfolgs- und Glückserlebnis werden und kann Anreiz und Ansporn für andere sein. Jedoch endet unser jegliches Verständnis für den Hochleistungssport, wenn der Mensch fixiert auf eine sportliche Leistung zum seelischen Wrack und sein Körper und seine Gesundheit zum Versuchs- und Anwendungsfeld der chemischen und der pharmazeutischen Industrie wird. Die Solidaritätsjugend lehnt ebenso den Berufssport in jeglicher Form ab.

Die Solidaritätsjugend Deutschlands bejaht die olympische Idee und die olympischen Spiele, hält es aber für notwendig, beide von zu starken nationalistischen, wirtschaftlichen, politischen und rassistischen Einflüssen freizumachen.

Die Solidaritätsjugend hält eine aufeinander abgestimmte Förderung des Sports aller Qualitäten durch Bund, Länder und Gemeinden für unbedingt erforderlich. Gerade die Vereine mit ihren Angeboten im Breiten- und Freizeitsport erfüllen, nicht zuletzt angesichts des mangelhaften Schulsports eine hohe gesellschaftspolitische Funktion und werden z.B. gerade gegenüber dem Hochleistungssport viel zu wenig gefördert. Dadurch besteht die Gefahr, daß durch Geldmangel Vereine und Verbände in die Abhängigkeit von Unternehmen oder Einzelpersonen geraten, was die Solidaritätsjugend nachdrücklich ablehnt. Der sporttreibende menschliche Körper sollte nicht als Werbefläche benutzt werden.

Die Solidaritätsjugend fördert im allgemeinen jegliche sportliche Betätigung. Innerhalb der RKB Solidarität setzen wir uns jedoch gezielt für die Förderung unserer fachspezifischen Disziplinen im Rad-, Rollschuh- und Motorsport ein, wobei gerade im Motorsport der Verkehrserziehung besondere Bedeutung zukommt.

Die Inhalte sportlicher Jugendbildung dürfen sich nicht nur auf die Vermittlung reinen sportlichen Könnens beschränken, sondern sollten, wie bereits praktiziert, auch pädagogische, physiologische und medizinische Bereiche umfassen.

Freizeit

Die Solidaritätsjugend Deutschlands bejaht das Recht junger Menschen auf eine eigene Lebensweise, die sich gerade in der Freizeitgestaltung besonders vielfältig äußern kann. Die Solidaritätsjugend fordert für alle jungen Menschen ausreichende und vielfältige Angebote, die es ermöglichen, mit weitgehend selbstbestimmten Inhalten und Formen Freizeit bewußt und unabhängig von nur kommerziellen Interessen zu erleben.

Die Solidaritätsjugend Deutschlands bejaht eigenständige Kulturformen für die junge Generation und fordert eine gleichberechtigte öffentliche Förderung. Die Solidaritätsjugend Deutschlands fordert verstärkt Einrichtungen für die Jugend in weitgehender Selbstverwaltung bei gleichzeitiger Gewähr für eine dauerhaft ausreichende pädagogische Betreuung. Bisherige fehlgeschlagene Experimente in dieser Richtung sind höchstens ein Beweis mehr für ihre Notwendigkeit.

Ein breites, immer noch zu wenig genutztes Angebot für junge Menschen bieten die in ihrer Vielfalt unbedingt erhaltungswürdigen Jugendverbände an.

Über die sportlichen Freizeitangebote unseres Verbandes hinaus bieten wir allen Jugendlichen im außersportlichen Bereich von der Idee her alle Entfaltungsmöglichkeiten für zwanglose und zwangsfreie Freizeitinteressen. Besondere Schwerpunkte sind musische und kulturelle Betätigung, wie Musik, Tanz und Laienspiel, technische Hobbies, wie Basteln, Fotografieren und Filmen oder künstlerisches Schaffen und Erleben, wie Basteln, Malen, Formen, Konzert und Theaterbesuche. Außer der Arbeit in und mit der Gruppe üben besonders Wochenend- und Ferienlager einen großen Anreiz aus. Die Freizeitangebote eignen sich besonders für die offene Jugendarbeit und können zudem soziales Lernen und gruppenpädagogische Prozesse positiv beeinflussen.

Ein besonders wertvoller Faktor für Freizeiterleben ist eine menschenwürdige Umwelt und eine intakte Natur; nicht zuletzt deshalb fordert die Solidaritätsjugend wirksame Maßnahmen für deren vorrangigen Schutz.

Internationale Jugendarbeit
Die Solidaritätsjugend Deutschlands sieht als Hauptaufgabe allen politischen Wirkens auf dieser Erde die Verwirklichung eines dauerhaften Friedens. Diese Aufgabe wird nur dann bewältigt werden können, wenn alle Länder, alle Rassen und alle Ideologien auf partnerschaftlichen Prinzipien aufgebaut sind und allen Menschen dieser Erde weitestgehend gleiche Chancen zur Selbstverwirklichung gegeben werden, Bis dahin ist noch ein weiter Weg, doch möchte die Solidaritätsjugend Deutschlands mithelfen, diesem Ziel ein wenig näherzukommen und sieht unter diesem Aspekt ihren Beitrag zur internationalen Arbeit.
Ein Mehr an Völkerverständigung ist erreichbar durch die Schaffung internationaler Freundschaften, durch gegenseitiges Verständnis und durch eine umfassende Zusammenarbeit.

Daraus resultieren unsere programmatischen Inhalte mit folgenden Schwerpunkten:
- Informationen und Diskussionen über die Jugendarbeit und die gesellschaftliche und politische Situation anderer Länder,
- gemeinsame Bildungsmaßnahmen,
- gemeinsame Freizeitgestaltung.

Als besonders geeignetes Mittel, diese Ziele zu erreichen, sehen wir die multilateralen Jugendbegegnungen an.
Die öffentliche Förderung der internationalen Jugendarbeit ist eine besondere, zukunftsorientierte Aufgabe der Bundesrepublik. Da die Solidaritätsjugend allein nicht alle selbstgestellten Aufgaben unserer internationalen Jugendarbeit erfüllen kann, halten wir die Schaffung und Erhaltung internationaler Jugendorganisationen, sowie die Zusammenarbeit mit den anderen Verbänden in unserem Land, wie z.B. im Deutschen Bundesjugendring, für unbedingt erforderlich. In direkter Konsequenz unserer internationaler Jugendarbeit und deren Prinzipien treten wir ein gegen Rassismus, Kolonialismus und Imperialismus. Dauerhafter Friede kann nur dann garantiert sein, wenn allen Staaten und Völkern ihre Unabhängigkeit und ihr Selbstbestimmungsrecht gewährleistet wird. Die Solidaritätsjugend Deutschlands fordert eine ausreichende und uneigennützige Entwicklungshilfe, die vorstehenden Zielen dient und in absehbarer Zeit allen Menschen eine Mindestversorgung mit Nahrung, Kleidung, Wohnung, Bildung und Arbeitsplätzen sichert.

Jugendpolitik
Die Solidaritätsjugend versteht sich auch als eine Interessen vertretung junger Menschen. Wir treten deshalb mit allen demokratischen Mitteln

gerade für jene Forderungen junger Menschen besonders ein, die speziell ihre individuellen und gesellschaftlichen Interssen und ihr zukünftiges Dasein wesentlich berühren. Wesentliches Prinzip unseres Wollens und Handelns ist unser Bekenntnis zur nationalen und internationalen Gleichberechtigung aller Rassen und sozialen Schichten, sowie zu religiöser und parteipolitischer Toleranz.

Aktuelle Forderungen in der Jugendpolitik im Hinblick auf die Zukunft junger Menschen sind insbesondere:

- Schaffung ausreichender Ausbildungsplätze für die Jugendlichen unter Berücksichtigung individueller Neigungen;
- Abbau und Verhinderung von jeglicher, mehr als kurzfristiger Arbeitslosigkeit;
- weitere Reformen in der Bildungspolitik, die soziales Lernen viel stärker als bisher berücksichtigen und die Chance der Sonder- und hauptschüler im Berufsleben entscheidend verbessern;
- wirksamer Schutz der Umwelt und Erhaltung der natürlichen Lebensqualitäten für kommende Generationen;
- dauerhafte Garantien für die Gleichstellung von Wehrdienst- und Zivildienstleistenden und für die Achtung der Gewissensentscheidung Jugendlicher;
- wirksamer Schutz der Jugend vor Suchtgefahren, wie Rauschgift, Nikotin, Alkohol und Pharmazeutika;
- besondere Maßnahmen zur gesellschaftlichen Eingliederung jugendlicher Straffälliger;
- Schutz der Jugend vor kommerzieller Ausbeutung im Freizeitbereich;
- Verwirklichung der Gleichberechtigung von Mann und Frau in allen Bereichen unserer Gesellschaft.●

AUFRUF
zum INTERNATIONALEN SPORT- UND SPIELFEST

Sportler gegen Atomraketen - Sportler für den Frieden

Dortmund, 11.12.1983, Westfalenhalle

EIN SPORTPROGRAMM ZUM MITMACHEN, ANSEHEN UND NACHDENKEN

Kommt, macht alle mit!

Wir sind Freizeit-, Breiten- und Spitzensportler, wir treiben, lehren und organisieren Sport in Vereinen und Verbänden, in Schulen und Hochschulen; Sport ist ein wesentlicher Teil unseres Lebens, Sport macht unser Leben schöner und reicher.
Die wichtigste Existenzgrundlage unseres Sporttreibens ist eine friedliche Welt. Wir tragen dafür eine besondere Verantwortung, weil sich die Sportbewegung selber die Aufgabe gestellt hat, zur Verständigung der Menschen aller Rassen, Religionen, politischen Überzeugungen und Länder beizutragen und Begegnungen und Freundschaften über Staatsgrenzen und unterschiedliche Meinungen hinweg zu entwickeln.

Die Entspannungspolitik der letzten Jahre hat für uns Sportler viele neue Beziehungen, Kontakte und auch Wettkämpfe gebracht. Das alles darf nicht aufs Spiel gesetzt werden. Der Olympia-Boykott hat gerade uns Sportlern schon einmal gezeigt, wo Konfrontation endet. Die ständig steigenden Rüstungsausgaben wirken sich schon heute direkt auf den Sport aus: Sie greifen tief in unseren Sportbetrieb ein, wie es sich in den Kürzungen der Sportetats des Bundes, der Länder und Kommunen ausdrückt.

Wie viele Menschen haben wir Angst vor Krieg und Zerstörung. Wir können und wollen niemals mit dem Gedanken eines möglichen, auf Europa begrenzten, führbaren und gewinnbaren Atomkrieges spielen. <u>Wir wollen eine weltweite Abrüstung in Ost und West, wollen, daß alle Atomwaffen von unserer Erde verschwinden.</u> Wir wollen kein Gleichgewicht des Schreckens, sondern ein friedliches Miteinander in der Welt. Deswegen gilt es jetzt, jede weitere Aufrüstung zu verhindern. Die Stationierung neuer amerikanischer Atomraketen bei uns würde eine neue Situation schaffen und die Rüstungsspirale erneut in Bewegung setzen. Wir sehen keine berechtigte Begründung für diese Maßnahmen, sehen damit jedoch große Gefahren auf unser Land zukommen.

Darum darf das Jahr 1983 nicht das Jahr der Raketenstationierung, sondern muß das Jahr der politischen Verhinderung dieser Stationierung werden. Dringender denn je geht es heute darum, die Forderung des Krefelder Appells an die Bundesregierung <u>"die Zustimmung zur Stationierung von Pershing-II-Raketen und Marschflugkörpern zurückzuziehen"</u> unüberhörbar zu machen.
Diese Forderung wurde bisher von über 3 Millionen Bürgern der Bundesrepublik Deutschland unterzeichnet. Um sie zu bekräftigen, rufen wir die Initiative "Sportler gegen Atomraketen - Sportler für den Frieden", zu diesem bundesweiten, internationalen Sport- und Spielfest auf.

Vom ersten Friedenskongreß ist Sport am 9.10.82, Universität Dortmund, gibt es eine Dokumentation, die von der Initiative "Sportler gegen Atomraketen" (Peter Langkopf, Bölsche-Str. 9, 3000 Hannover) herausgegeben wurde. Bestelladresse für alle Materialien: Enno Harms, Fontaine-Str. 24, 3000 Hannover 81. Die Broschüre kostet 5,- DM (Spendenkonto Postscheckamt Hannover Konto-Nr. 462237-306)

Fachseminar Sport - Primarstufe
Ausbildungsgruppe Gelsenkirchen

Sport und Arbeit

Körpererfahrung als Gegenstand der Lehrerausbildung

Mitglieder der Gruppe:
Annette Busse, Edeltraud Dieckmann, Claudia Goch, Ruth Hilgers, Marlene Joosten, Rainer Klatt, Rüdiger Klupsch, Margret Münchenberg, Martin Preußer, Brigitte Thomas, Siegfried Werner; Beratung und Hilfe von Peter Busse und Peter Joosten
Kontaktadresse: Rüdiger Klupsch, Virchowstr. 102, 4650 Gelsenkirchen

Wer an der Text- und Musikcollage Interesse hat, kann sie bei der Kontaktadresse bekommen. Dazu reicht es, eine C-60-Cassette zuzuschicken und einen frankierten Rückumschlag beizulegen.
Eine Videoaufnahme der Bewegungscollage existiert ebenfalls. Wer an einer Überspielung interessiert ist, möge sich bitte melden.

Bedanken müssen wir uns bei Herrn Ulrich Sennlaub, Gelsenkirchen und den Mitarbeitern des Medienzentrums des Kreises Recklinghausen, die mit viel Mühe, Einfühlungsvermögen und technischem Sachverstand die Aufnahme der Text- und Musikcollage ermöglichten.

Wer sind wir

Die Gruppe, die sich in diesem Arbeitskreis vorstellte, besteht aus 13 Personen. Da sind zum einen 10 ehemalige Lehramtsanwärter des Faches Sport für das Lehramt an der Primarstufe, die nach bestandener Prüfung im September/Oktober des Jahres 1982 die Zahl der arbeitslosen Lehrer weiter steigen lassen.
Zur Gruppe gehört der Fachleiter, der zwei Jahre lang die Ausbildung geleitet und dabei zusammen mit den Lehramtsanwärtern gelernt, neue Dinge erfahren und erarbeitet hat. Und zur Gruppe gehören zwei 'Techniker', die uns bei der Vorstellung in Oldenburg mit Licht und Ton halfen und darüber hinaus bei der Erarbeitung unserer Bewegungscollage durch Handeln, Kritisieren und Beraten zur Seite standen.
Von unserer Gruppe konnte einer nicht am Arbeitskreis teilnehmen, da er zur gleichen Zeit als Briefträger unterwegs war, eine der sehr wenigen Möglichkeiten, als arbeitsloser Lehrer für seinen Lebensunterhalt zu sorgen. Daß die anderen in Oldenburg sein konnten, lag daran, daß sie entweder überhaupt gar keine Arbeit haben oder nur als Aushilfskräfte tätig sein können.

Was wir in Oldenburg vorstellten

Wir berichteten in diesem Arbeitskreis über einen Teil unserer gemeinsamen Arbeit im Rahmen der zweijährigen Fachseminararbeit und stellten ihn zur Diskussion. Wir haben eine Bewegungscollage erstellt und versuchen dabei, den Tagesablauf eines Fließbandarbeiters darzustellen. Dabei werden wir wesentlich durch eine Musik- und Textcollage unterstützt.
Das, so meinen wir, ist einer 'alternativen Sportkultur' zuzuordnen. Wir werden dies später erläutern.

Wie unsere Arbeit entstand und welche Absicht wir verfolgen

Üblicherweise besteht der Gegenstand der Lehrerausbildung in der zweiten Ausbildungsphase allein darin, Lehramtsanwärtern zu vermitteln, wie sie auf möglichst ökonomischen Wegen Schülern sportmotorische Fertigkeiten vermitteln können. Doch aufgrund neuer didaktischer Erkenntnisse ist das Spektrum dessen, was Schüler in der Schule über Sport, Spiel, Bewegung und Umwelt erfahren sollen, damit nur unzureichend erfaßt. Deshalb müssen die Aufgaben des Fachseminars Sport über den traditionellen inhaltlichen Aspekt (die Befähigung zur Vermittlung sportmotorischer Fertigkeiten) weit hinausgehen.

Wir wollen an dieser Stelle keine didaktische Konzeption für diese Ausbildungsphase vorstellen, nur so viel: Wenn wir unsere Aufgaben innerhalb der Ausbildung so interpretieren wie gerade formuliert, dann muß die Einführung in Begründungsansätze für unterrichtliches Handeln auch solche berücksichtigen, die traditionelle Didaktikkonzeptionen überschreiten, erweitern, diese kritisieren und Innovationen möglich machen.

Ein Gegenstand der Fachseminararbeit war in diesem Zusammenhang die Vorstellung des von Jürgen FUNKE (1980 a) vorgelegten Ansatzes 'Körpererfahrung' als didaktische Orientierungs- und Begründungsmöglichkeit für Unterricht. Nach der Seminarsitzung, die diesen Ansatz zum Thema hatte, äußerten wir den Wunsch, einmal selbst 'Körpererfahrungen' zu sammeln, um durch erste Erfahrungen diesen Aspekt auch in den Unterricht integrieren zu können.
In der nächsten Seminarsitzung machten wir die Arbeit eines Fließbandarbeiters zum Gegenstand von Körpererfahrungen. Dabei orientierten wir uns an den Vorgaben von Jürgen FUNKE, der auf dem Kongreß des ADL in Berlin seinen Ansatz auch praktisch vorstellte (vgl. FUNKE 1980 b).
Wir waren alle von den während der praktischen Seminararbeit gemachten Körpererfahrungen im Bereich nichtsportlicher Bewegung beeindruckt. So entstand im Verlauf der Auswertung dieser Sitzung der gemeinsame Wunsch, in diesem Bereich weiterzuarbeiten. Die Bewegungsgestaltung des Fließbandarbeitstakts wurde erweitert durch die Tätigkeiten vor Arbeitsbeginn und nach Arbeitsende. Die Bewegungscollage entstand: 'Ein Tag im Leben eines Fließbandarbeiters'.
Diese eben erläuterte Zielsetzung bestimmte jedoch nicht allein unsere Vorgehensweise. Wir möchten noch auf einen weiteren Aspekt eingehen.

Jede Form von Unterricht berücksichtigt zumeist vorrangig den Inhaltsaspekt. Dies gilt insbesondere für die Ausbildung im Rahmen der zweiten Lehrerausbildungsphase, in der, wie wir meinen, fälschlicherweise allein das Ziel gilt, Lehramtsanwärtern Kenntnisse und Fertigkeiten zu vermitteln, um sie zu einer ökonomischen, an Zweckrationalität ausgerichteten Unterrichtsführung zu befähigen. Dies kann und darf jedoch nicht das bestimmende Moment der Ausbildung sein. Ohne eine in vollem Umfang zu berücksichtigende Integration des Beziehungsaspekts kann diese Ausbildungsphase nicht das leisten, was sie vorgibt zu tun: angehende Lehrer dazu zu befähigen, als pädagogisch Verantwortliche Kinder zu unterrichten und zu erziehen.
Dies muß, und davon sind wir fest überzeugt, in der Form berücksichtigt werden, daß sich Lehramtsanwärter und Fachleiter gemeinsam über Ziele und Inhalte der Ausbildung verständigen.
Die gemeinsame Erarbeitung unserer Bewegungscollage war wesentlich von diesem Aspekt bestimmt.

Warum das, was wir vorstellen, einer alternativen Sportkultur zuzurechnen ist

Was ist 'alternative Sportkultur'? Wir gehen davon aus, daß alles das, was von den **Normen** des vorherrschenden Wettkampfsports abweicht, einer alternativen Sportkultur zuzuordnen ist.
Und dazu gehört auch das, was wir auf dem Symposium vorstellten, denn vom Inhalt, in der Form der gemeinsamen Erarbeitung und in der Darstellung unserer Bewegungscollage weichen wir von dem ab, was Sport und Unterricht und Ausbildung innerhalb des Fachseminars Sport normalerweise bedeutet.

1
Auf Schule und Unterricht bezogen ist der didaktische Bezugspunkt 'Körpererfahrung' als ein Aspekt alternativer Sportkultur zu sehen, da hier eine neue Orientierung für die Fachdidaktik Sport vorgegeben wird. Denn es ist, wie FUNKE sagt, eine pädagogische Aufgabe geworden, dem Körper zu seinem Recht zu verhelfen, "und vor dieser Aufgabe steht vor allem auch der Sport,
- weil das 'Leben mit dem Körper, mit den Trieben und der eigenen Person' (...) zu einer schweren, ohne Lernen nicht zu bewältigenden Aufgabe geworden ist;
- weil die Gesellschaft dem Körper mehr Last als Lust beschert und ihn in seiner Entwicklung hemmt und beschränkt;
- weil schließlich unsere Kenntnis über die Bedeutung des Lernens mit dem Körper und durch den Körper weiter und tiefer geworden ist und sich damit unsere Pädagogik in neuem Lichte zeigt" (FUNKE 1980 S. 13).

Unter Bezugnahme auf diese didaktische Orientierung machen wir Bewegung zum Gegenstand von Unterricht und Sportlehrerausbildung, die nichts mit normierten Bewegungen im reglementierten Sportbetrieb zu tun hat. Wir versuchen, Erfahrungen zu sammeln und diese durch unsere Aufführung zu vermitteln, die einen sportatypischen Bereich betreffen, nämlich den der Bewegung im Arbeitsprozeß.

2
Neben diesem inhaltlichen Aspekt wollen wir noch auf einen Punkt hinweisen, der uns mindestens ebenso wichtig erscheint. Wir haben auf der Beziehungsebene während des Prozesses der Erarbeitung unserer Bewegungscollage auch Alternativen zu den herkömmlichen Formen dieser doch ansonsten rigiden Ausbildungsphase erfahren, die normalerweise durch Formen komplementärer Interaktionen bestimmt wird. Wir haben durch den Versuch, symmetrisch zu interagieren, wesentliche Aspekte von Lernen und Erfahren entdeckt, die uns auch bei dem, was wir in der Schule einmal machen wollen, beeinflussen werden.

3
Und in einem weiteren Punkt weichen wir vom reglementierten Sportbe-

trieb ab, wenn wir nicht die Absicht haben, in unseren Bewegungen zur Text- und Musikcollage perfekt zu sein. Keiner von uns hat eine Ausbildung im Bereich der Pantomime, keiner von uns belegte als Schwerpunkt während des Studiums den Bereich Gymnastik/Tanz. Und trotzdem haben wir Spaß und Freude daran, uns zu bewegen, etwas in unserem Körper zu empfinden, auch wenn manche das, was sie während unserer Aufführung sahen, in bezug auf eine perfekte pantomimische Gestaltung vielleicht als unzureichend betrachteten.

rechte Seite: Bewegungscollage "Ein Tag im Leben eines Fließbandarbeiters"

Was wir bei der Erarbeitung unserer Bewegungscollage gefühlt, erlebt, erfahren, empfunden haben

Körpererfahrungen - der inhaltliche Aspekt der Bewegungscollage

Im Mittelpunkt unserer Bewegungscollage steht die Darstellung und gleichzeitig die Selbsterfahrung eines monoton-gleichförmigen Bewegungsablaufs im 4/4-Takt.
Dabei wollen wir darstellen, was ein Teil unserer Bevölkerung tagtäglich 8 Stunden, d.h. die Hälfte seiner Wachzeit, verrichtet und welche Auswirkungen diese Arbeit auf die verbleibende 'freie' Zeit haben kann.
Wir als 'Akademiker' wollen dabei ansatzweise erahnen, was es bedeuten kann, 8 Stunden Fließbandarbeit zu tun und wie dadurch die individuellen Möglichkeiten und Fähigkeiten reduziert werden können.
Insgesamt 4 Zeitstunden dauerte allein die Erarbeitung des 6-minütigen Bewegungsablaufs. Dabei machten wir alle folgende Erfahrungen:
- Zuerst war es schwer, die eigenen Bewegungen auf einen feststehenden Rhythmus abzustimmen.
- Es war mühsam, ja auf die Dauer unerträglich, das vorgegebene Tempo zu halten und weder langsamer noch schneller zu werden.
- Nach einiger Übungszeit gelang es uns, die Bewegungen zu automatisieren, dafür entfiel aber zusehends die bewußte Konzentration auf den Bewegungsablauf.
- Als Folge der automatisierten Bewegungen wurden andere Dinge wie die Beobachtung anderer oder oberflächliche Gespräche mit den Nachbarn möglich.
- Jeweils nach 50 Takten der insgesamt 150 Takte äußerten einige von uns: 'Ich will nicht mehr!' 'Ich kann nicht mehr!'
Die Arme fingen an, müde zu werden.
Jeder war froh, wenn P. Alexander den 'Feierabend' ausrief, der allerdings (siehe 5) keiner werden sollte.

Die Gruppe - der Beziehungsaspekt beim Prozeß der Erarbeitung der Bewegungscollage

Die Teilnehmer des Fachseminars kennen sich jetzt schon gut zwei Jahre. Die Idee der Bewegungscollage entstand schon zu Beginn der

Frühstück

Vorbereitung des Weges zur Arbeit

Nr.	lfd. Zeit / Gesamtzeit	Inhalt der Collage	Inszenierung
1.	00.00 / 0.15	Weckmusik	T. liegen auf dem Boden, schlafen, stehen langsam auf
2.	00.15 / 0.06	Ansage der 5.00 Uhr-Nachrichten	Bis zum Ende der ersten Nachrichten sind alle T. aufgestanden
2.2	00.21 / 0.39	Nachricht 1: Uruguay	
2.3	01.00 / 0.47	Nachricht 2: Schweiz	Kaffee aufsetzen
2.4	01.47 / 0.59	Nachricht 3: Polen	Waschen
2.5	02.46 / 0.39	Nachricht 4: Luxemburg	Zähneputzen
2.6	03.25 / 0.35	Nachricht 5: Griechenland	Kämmen
2.7	04.00 / 1.23	Wettervorhersage	Anziehen, Zeitung hochholen, zum Frühstück setzen
3.	05.23 / 1.29	Musik: Adamo Guten Morgen, schönes Wetter	Frühstück
4.	06.52 / 1.29	Verkehrsdurchsage	langsames Aufstehen, Fertigmachen Weg zur Arbeit
5.	08.21 / 0.47	Musik: instrumental Georgie Girl	T. weiter auf dem Weg zur Arbeit Zusammenfinden im Kreis Umziehen
6.	09.08 / 6.04	Musik: Kraftwerk The Robots incl. Fabrikgeräusch	Gestaltung der Fließbandarbeit
6.1	09.08 / 3.22	nur Musik	
6.2	12.30 / 0.45	Musik + Fabrikgeräusch	
6.3	13.15 / 1.57	nur Fabrikgeräusch	
7.	15.12 / 2.08	Musik: Peter Alexander Feierabend	T. treffen sich - ermüdet - wieder in der Mitte, umziehen, Nachhauseweg, Ankommen zuhause
8.1	17.20 / 0.15	Ansage der Tagesschau	Vorbereiten auf den Fernsehabend
8.2	17.35 / 0.35	Musik: Peter Alexander Feierabend	
8.3	18.10 / 0.10	Ansage des Abendprogramms (Nina Hagen: Ich glotz TV)	alle T. sitzen
8.4	18.20 / 0.52	Musik: Nina Hagen	T. stellen den Fernsehabend dar
8.5	19.12 / 0.08	Musik: Peter Alexander Refrain: Feierabend	
8.6	19.20 / 0.24	Musik: Nina Hagen: Ich glotz TV	
8.7	19.44 / 0.56	Musik: Peter Alexander Schlußteil Feierabend	
9.1	20.30 / 0.12	Absage des Fernsehprogramms mit Hinweisen auf die Sendungen des kommenden Tages	T. bereiten das Schlafen vor (Bier wegbringen, Fernsehn ausschalten)
9.2.1	20.42 / 1.08	Musik: Reinhard Mey Alles ist gut	Teilnehmer liegen auf dem Boden, versuchen einzuschlafen, schlafen unruhig
9.2.2	21.20 / 0.56	Musik wie Oben, zusätzlich: Einblenden des Fabrikgeräusches	

gemeinsamen Zeit. Sie war Auslöser einer wachsenden Gemeinschaft. Ziele wurden gemeinsam festgelegt, in gemeinsamer Absprache verändert, neu bestimmt. Inhalte wurde ausgewählt, Inszenierungsmöglichkeiten erprobt und schließlich zu einem Ganzen zusammengefügt.
Es wurde nicht nur geredet, denn das Arbeitsziel des Projekts erforderte Handlungen und Absprachen:
- Welche Alltagsbewegungen sind angebracht und können vom Zuschauer gedeutet werden?
- Wie können die Bewegungsteile der einzelnen Mitspieler so aufeinander abgestimmt werden, daß ein Werkstück bei der Fließbandarbeit sichtbar verändert wird?
- Wann treffen wir uns wieder?
- Welche Nachrichten und Musikstücke benötigen wir?
- Wer besorgt weiße Handschuhe, Tonanlage, Scheinwerfer?

Arbeitsablauf

Unser Arbeitsziel war zunächst die Selbsterfahrung, später dann auch die Aufführung der Bewegungscollage. Die Arbeit wurde zum Kommunikationsanlaß unter uns und mit den Zuschauern früherer Aufführungen. Sehr intensiv und hitzig wurde über inhaltliche Aspekte der Darstellung und deren Mitteilungscharakter diskutiert:
- Ist durch unseren Bewegungsablauf im 4/4 Takt die Fließbandarbeit nicht falsch/verzerrt/allzu pauschal dargestellt?
- Ist es nicht genauso pauschal und vielleicht auch verkehrt, wenn wir den Fließbandarbeiter als reinen Fernseh-Konsumenten darstellen?

Wir lernten Meinungen und Ansichten unserer Freunde kennen, erfuhren deren Bewegungen und Gesten und damit auch etwas von ihnen.

Fernsehfeierabend

Die Atmosphäre des Fachseminars wurde offener und vertrauter. Nicht zuletzt darauf ist es zurückzuführen, daß wir so geschlossen wie keine andere Fachseminargruppe an unserer Ausbildungsstätte zusammengeblieben sind, nach Beendigung unserer Ausbildungszeit geschlossen den Arbeitskreis in Oldenburg planten und durchführten und mit Oldenburg unsere gemeinsame Arbeit noch nicht beendet ist. Vielmehr haben wir das Gefühl, daß sie jetzt eigentlich erst richtig anfangen mußte, ohne den Druck einer Ausbildung und Prüfung.

Exkurs - Organismus und Technik - ein Ausdruck und eine Aufgabe

Durch die Arbeit an unserer Bewegungscollage wurde für uns ansatzweise erfahrbar, was uns von der Natur und unseren Organen vorgegeben ist, und was einer der wenigen Weisen unserer Zeit, Hugo KUKELHAUS folgendermaßen fordert:
"Das Leben und damit unser Organismus braucht Zustandsunterschiede, damit unsere Organe ausreichend beansprucht werden. Unser Körper braucht
- variierende Wegschwierigkeiten,
- variierendes Licht,
- wechselhafte Temperaturen und vor allem
- unterschiedliche Tätigkeiten"

(Hugo KUKELHAUS, zitiert nach einem Vortrag am 10.12.1981 in Düsseldorf).

KÜKELHAUS bezeichnet unser Zeitalter als das der Autoxie, in der wir uns durch anregungsarme Räume in Schulen und offentlichen Gebauden, durch ermüdende Straßen und Autobahnen sowie durch monotone Tätigkeiten selbst vergiften und zerstören, ganz abgesehen von der atomaren und chemischen Vergiftung unserer Umwelt.

Von daher ist jeder aufgefordert, in seinem Wirkungskreis, als Lehrer, Arbeiter, Architekt, Elektriker, Arzt, Fabrikbesitzer und Sportpädagoge praktische Zeichen zu setzen, die Veränderungen möglich machen.

Wie unsere Arbeit auf dem Symposium verlaufen ist

Vom chronologischen Ablauf her verlief der Arbeitskreis wie folgt: Nach einer kurzen Einführung in das Thema und den Gegenstand des Arbeits-kreises führten wir unsere Bewegungscollage vor. Anschließend nannten die Teilnehmer ihre Eindrücke und stellten grundlegende Fragen. Hieran schloß sich eine praktische Phase an, in der versucht wurde, anhand der Musik 'Robots' eigene Korpererfahrungen zu sammeln. Diese waren dann Grundlage für das spätere Gespräch, das durch viele weitere Aspekte bereichert wurde.

Viele der Aspekte, die während des Arbeitskreises diskutiert wurden,

viele der Fragen, die an uns bestellt wurden, sind schon in unseren vorangestellten Ausführungen berücksichtigt worden. Wir wollen im folgenden den Versuch unternehmen, die wesentlichen Punkte unserer Diskussion hier etwas eingehender aufzuführen, ohne damit aber dem konkreten Gesprächsablauf zu entsprechen.

Neben der Diskussion bestimmten auch eigene Korpererfahrungen der Teilnehmer diesen Arbeitskreis. Anhand der Musik 'Robots' versuchten sie, einen eigenen Fließbandarbeitsablauf im 4/4-Takt zu finden und ihn der Musik und dem Fabrikgerausch anzupassen. Leider wurde unsere Absicht, die Teilnehmer insgesamt 6 Minuten lang ihren Arbeitsablauf durchführen zu lassen, durch einen technischen Fehler an unserer Musik anlage nicht verwirklicht, so daß nur zwei Minuten lang Erfahrungen gesammelt werden konnten. Trotzdem: alle waren der Meinung, schon viel länger als nur 2 Minuten 'gearbeitet' zu haben. Ansonsten deckten sich die von den Teilnehmern gewonnenen Erfahrungen mit denen, die wir am Anfang der Erarbeitung unserer Collage gemacht haben.

Die 'Körpererfahrungen' der Arbeitskreisteilnehmer waren dann Grundlage einer intensiven Diskussion vielfältiger Aspekte im Zusammenhang mit unserer Darstellung, ihrem Mitteilungscharakter und Konsequenzen, die sich für unsere Gruppe aus dieser gemeinsamen Arbeit ergeben haben.

In der Interpretation unserer Aufführung stimmten alle Zuschauer überein. Wir beziehen uns in den folgenden Aussagen auf einen Teilnehmer, der seine Eindrücke folgendermaßen schilderte:

Den alltäglichen, lebensnotwendigen Handlungen eines Fließbandarbeiters (Aufstehen, Frühstücken, Weg zur Arbeit, Arbeitsprozeß, Weg nach Hause, Fernseh-'Feier'abend) wird durch die Form der pantomimischen Darstellung ihr eigentlicher Gebrauchswert genommen. Somit werden die Handlungen in einen anderen Sinnzusammenhang gestellt. So entsteht eine neue Sinngebung, nämlich die der eigenen Körpererfahrungen der Darsteller, die diese Form des Tagesablaufs als monotone, den Menschen entfremdende Tätigkeit erleben. Eine zweite neue Sinngebung liegt, durch die Form der Aufführung der Bewegungscollage, im Mitteilungscharakter, der von den Zuschauern erfahren und gedeutet wird.

Diese Interpretation kann als Zusammenfassung der Aussagen aller Teilnehmer am Arbeitskreis gelten.

Bei der Frage nach der Interpretation des von uns Gezeigten waren sich die Teilnehmer einig. In einem anderen Punkt gingen die Meinungen der Gesprächsteilnehmer auseinander. Sehr heftig wurde die Frage diskutiert, ob unsere Bewegungscollage das Problem des Fließbandarbeiters und das von Fließbandarbeit überhaupt nicht unzulässig verkürzt. Können wir behaupten, nun zu wissen, was ein Fließbandarbeiter tagtäglich 8 Stunden lang erlebt, zumal unsere gezeigten Arbeitstakte von uns erfunden worden sind? Diese Kritik ist sicherlich angemessen.

Zur näheren Erläuterung möchten wir auf folgendes hinweisen. Wir behaupten nicht, durch die Erarbeitung unserer Collage nun einen umfassenden Einblick in die Problematik der Fließbandarbeit gewonnen zu haben. Wir als 'Kopfarbeiter' wollten annähernd erfahren, welche Auswirkungen monotone Arbeit auf Mensch und Organismus haben kann. Weiterhin sind wir der Meinung, daß es nicht möglich ist, im Rahmen einer solchen Darstellung das ganze Spektrum dessen, was Fließbandarbeit für den Menschen bedeuten kann, umfassend darzustellen. Zudem kann nur eine pointierte Darstellung dazu führen, zum Nachdenken anzuregen und Dinge bewußt zu machen.

Aus der Diskussion dieses Problemfeldes ergab sich ein weiters, nämlich die Frage, welche Konsequenzen wir aus unseren Körpererfahrungen für

unser politisches Handeln gezogen haben. Wir diskutierten darüber, ob es ausreicht, unsere Bewegungscollage aufzuführen, um dann anschließend mit den Zuschauern zu diskutieren und es dann dabei bewenden zu lassen. Müßte nicht das, was wir erfahren haben und mit der Aufführung vermitteln wollen, zu Konsequenzen in bezug auf unser politisches Handeln führen? Wir wurden weiter gefragt, ob wir denn auch anschließend zu den Fließbandarbeitern gegangen sind, um ihnen unsere Erfahrungen mitzuteilen, um uns ihre Erfahrungen anzuhören, um gemeinsam zu versuchen, Veränderungen hervorzurufen. Und sollten wir nicht einmal selbst ans Fließband gehen, um unsere Erfahrungen vor Ort zu ergänzen, ja vielleicht zu revidieren?
Wir haben dies alles nicht getan.
Wenngleich wir der Meinung sind, daß die oben gestellten Fragen eine kritik enthalten, die durchaus berechtigt ist, so müssen wir dennoch die Frage stellen, ob die damit implizierte Auffassung von 'politischem Handeln' nicht auch eine Reduktion darstellt. Denn politisches Handeln erweist sich nicht allein dadurch als sinnvoll und notwendig, daß sich aus Einsichten in Mißstände in unserer Gesellschaft konkrete Handlungen ergeben (z.B. in Form von Bürgerinitiativen). Politisches Handeln ist auch dort gefordert, wo Bewußtseinsprozesse und Einstellungen entwickelt werden, nämlich in der Schule.
Und dem entsprechen wir mit unserer Collage, wenn wir Alternativen zum herkömmlichen Unterricht aufzeigen und Anregungen für neue Inhalte geben. Und somit werden wir **auch** den didaktischen Anforderungen von Körpererfahrungen gerecht, denn diese fördern Denken und nach-Denken und können Anlaß und Ursache für politisches Handeln sein (vgl. FUNKE 1980 a, S. 19, 20).
In diesem Zusammenhang steht auch der nächste Aspekt unserer Diskussion. Eine der zentralen Fragen an uns während des Arbeitskreises war, welche Konsequenzen unsere Arbeit für unseren Unterricht hatte. Wir wurden nach Beispielen gefragt, an denen man Konsequenzen für das unterrichtliche Handeln erkennen konnte. Wir haben einmal darauf hingewiesen, daß uns dieser Inhalt während unserer Ausbildung dazu motiviert hat, alternative Inhalte in den Sportunterricht einzubringen (z.B. Meine Augen passen auf und führen mich, zur Bewußtmachung des Gesichtssinns Auge für Bewegung, Förderung von Körperkontakten zwischen Jungen und Mädchen). Aus unseren Erfahrungen während der gemeinsamen Erarbeitung der Collage entstand auch das Bemühen, die Kinder als gleichberechtigte Partner im Unterricht zu akzeptieren, sie für ihre Bedürfnisse zu sensibilisieren und diese beim Ablauf des Unterrichts zu berücksichtigen. Als Beispiel sei hier der Unterricht im Sportspiel angeführt, der als Ziel hatte, daß Kinder festgeschriebene Regeln als 'historisch Gewordenes' erkannten und lernten, diese aufgrund ihrer eigenen Spielbedürfnisse zu verändern, ja neuzugestalten.
Und ein weiterer wichtiger Punkt: Durch unsere Aufführungen der Bewegungscollage wurde uns 'Auftrittsangst' genommen; eine wesentliche Voraussetzung dafür, auch solche Bereiche in den Unterricht zu integrie-

ren, in denen wir als Lehrer etwas darstellen müssen (z.B. im Bereich Gymnastik/Tanz: Umweltsituationen darstellen, Tiere im Zirkus, ...).
Der letzte hier aufgeführte Punkt betrifft ebenfalls den Bereich Schule und Unterricht. Wir diskutierten die Frage, ob die von uns gezeigte Bewegungscollage überhaupt Gegenstand von Unterricht sein kann. Die Teilnehmer des Arbeitskreises waren einstimmig der Meinung, daß es sicherlich nicht ausreicht, nur eine Bewegungscollage zum Thema Fließbandarbeit aus der Sicht des Sportunterrichts zu erstellen. Im Rahmen eines Projekts im fächerübergreifenden Unterricht müßten auch andere Fächer ihren Beitrag leisten (Deutsch: Texte zur Arbeitswelt, z.B. von Günther Wallraff; Wirtschaftslehre: die Bedeutung der Fließbandarbeit aus arbeitstechnischer Sicht; Technik: Herstellung eines Fließbands zur Produktion eines Gegenstands; Geschichte: Industrialisierung (vgl. FUNKE 1982). Über mögliche Ziele dieses Projekts wurde ebenfalls diskutiert. Dabei gingen die Teilnehmer sowohl davon aus, daß Kinder durch die Mitarbeit erfahren konnten, warum die Eltern müde und 'leer' sind, wenn sie nach getaner Arbeit nach Hause kommen. Darüber hinaus konnten Schüler aber auch erste Einsichten in Formen monotoner Arbeit gewinnen, um später als Arbeitnehmer solche Formen entfremdender Arbeitsprozesse abzulehnen und für Veränderungen einzutreten.

Was wir zum Schluß noch einmal betonen möchten

Die Podiumsdiskussion in Oldenburg war geprägt von unterschiedlichen Auffassungen, wo denn nun 'alternative Sportkultur' ihren Platz hat, in oder außerhalb der Institutionen wie Schule, Verein etc. Wir sehen dies nicht als ein Entweder - Oder an. Wenn, und da greifen wir noch einmal auf KUKELHAUS zurück, die Gefahr besteht, daß wir uns durch anregungsarme Räume in Schulen, durch monotone Tätigkeiten selbst vergiften und zerstören, dann ist jeder, und eben auch der Lehrer und Sportpädagoge aufgerufen, praktische Zeichen zu setzen und Veränderungen in seinem Wirkungskreis zu ermöglichen.
In Oldenburg wurde alternative Sportkultur in einem breiten Spektrum gezeigt. Nehmen wir die Anregungen und Aufforderungen auf und setzen wir das fort, was in Oldenburg begonnen hat.●

Rüdiger Hillgärtner

Alternative Sportkultur - eine Bewegung, die nicht zweckfrei ist

Ich habe bereits vorhin, als ich mich vorstellte, gesagt, daß ich beruflich keine Verbindung zum Sport habe und daß ich auch meine Tätigkeit als Freizeitsportler eher bescheiden einschätze. Mir fehlt daher auch das, was ich mir unter einem sportlich oder vielleicht auch nur sportvereinsmäßig vorgeprägten Bewußtsein vorstelle. Ich komme, wie man so sagt, ganz von außen und war daher, als ich die Einladung zur Teilnahme erhielt, zunächst etwas skeptisch, ob ich von der Seite des von mir vertretenen kulturtheoretischen Ansatzes etwas beitragen könnte. Andererseits war ich neugierig, und es erschien mir dann letztlich auch reizvoll, unbelastet von den spezifischen Interessen, die in dem für mich sehr unübersichtlichen Gelände des Sports angelegt sind, mich in Fragen nach dem kulturellen Aspekt des Sports oder gar in das Problem einer alternativen Sportkultur hineinzudenken. Nicht zuletzt aber wurden mir gestern und heute viele Brücken geschlagen durch die Anbindung einer ganzen Reihe der hier auftretenden Gruppen an Aktivitäten, die mit Sport von sich aus nicht unbedingt etwas zu tun haben müssen, z.B. die Friedensbewegung, die Kampagnen gegen Ausländerfeindlichkeit, zu denen ich indessen in meiner bisherigen kulturtheoretischen Arbeit bereits einen Bezug herstellen konnte.

Ich will zunächst den Versuch machen, kurz zu bestimmen, wie ich den kulturellen Aspekt sehen würde, der hier auch in dem Begriff "alternative Sportkultur" gestern und heute vertreten war. Ich hatte den Eindruck, auch nach der Lektüre der Vorbereitungsmaterialien, daß der Kulturbegriff bisher noch keine deutliche Konturen angenommen hat. Eher scheint es mir, den Veranstaltern und Teilnehmern werde vorab unterstellt, daß, was auf dem Symposium geschieht, Teil oder Aspekt von Kultur bzw. einer alternativen Kultur oder Sportkultur sei. Ich hatte das Gefühl, der Kulturbegriff werde eher wie eine Art Schirm über dem Ganzen aufgespannt, ohne daß man schon genauer angeben könnte, wie er inhaltlich zu füllen oder mit den einzelnen Aktivitäten in Bezug zu setzen sei. Das ist vermutlich auch gar nicht so einfach, dürften doch die meisten unter uns noch einem engen Kulturbegriff im traditionellen Sinne verpflichtet sein, der sich mit musischer Betätigung, mit dem Asthetischen, mit dem, was in Museen, Konzertsälen, Theatern zu sehen und zu hören ist, verbindet. Dagegen möchte ich versuchen, den Zusammenhang von Spiel, Bewegung und Umwelt, anders gesagt, den inhaltlichen Zusammenhang des Symposiums nach der Seite seines kulturellen Aspekts zu bestimmen.

Es bietet sich an, mit dem Aspekt der Bewegung zu beginnen. In den Referaten, die ich gestern gehört habe, war von Bewegung immer im Zusammenhang mit gesellschaftlichem Handeln die Rede. Und hier sehe ich in der Tat die entscheidende Gelenkstelle, an der weiterzudenken wäre: Bewegung als Aspekt des gesellschaftlichen Handelns, das der gesellschaftlichen Reproduktion, das heißt zumindest in einer Hinsicht der Gebrauchswertherstellung dient. Ich will an dieser Stelle nicht auf die komplexen Sachverhalte näher eingehen, daß in den uns bekannten Gesellschaften mit widersprüchlicher Klassenstruktur die erweiterte soziale Reproduktion zugleich auch immer die Reproduktion von Herrschaft und Unterdrückung ist. Auch möchte ich hier die Auswirkungen nicht weiter verfolgen, die sich daraus ergeben, daß in unserer Gesellschaft die Herstellung der Gebrauchswerte in der Form der Lohnarbeit und die hergestellten Güter in der Form von Waren erscheinen. Auf das eine oder andere, das ich jetzt auslasse, kann ich vielleicht deutlich eingehen an einem Beispiel aus diesem Symposium, das ich im Anschluß an meinen Bestimmungsversuch des kulturellen Aspekts noch behandeln will.

Der kulturtheoretische Ansatz, den ich vertrete, konzentriert sich auf den Wertaspekt von Sinn und Bedeutung, den alle gesellschaftlichen Zusammenhänge dadurch erhalten, daß sie Produkt gesellschaftlichen Handelns sind, über welches die Menschen die Aneignung der Natur und ihrer sozialen Beziehungen für ihre Bedürfnisse, Interessen und Zwecke bewerkstelligen. Natur und Gesellschaft brauchen die Menschen zum Leben, sie erhalten ihre historischen und sozialen Formen durch die gesellschaftliche Arbeit, sie werden den Menschen als nützliche, brauchbare, gute, schöne etc. "etwas wert", erhalten Sinn und Bedeutung. Und auch die Menschen sind einander etwas nütze, sind "gut" etc. in dem Maße, wie sie über die sozialen Beziehungen einander etwas bedeuten. Diesen historischen Vorgang möchte ich den Prozeß der Kulturentwicklung nennen, in dessen Zentrum die Gebrauchswertherstellung steht. Um das Argument an dieser Stelle nicht unnötig zu komplizieren, gehe ich nicht auf den Zusammenhang von materiellen und geistigen, subjektiven und objektiven Werten ein, sondern lasse es bei der Annahme bewenden, dieser Zusammenhang sei letztlich aus der Produktion von Gebrauchswerten herzuleiten.

In den gesellschaftlichen Produktionsprozessen sehe ich die wichtigsten Felder, in denen der Bewegungsaspekt des sozialen Handelns studiert werden kann. Das sportliche Handeln möchte ich dagegen als einen Versuch bezeichnen, den Bewegungsaspekt auf spezifische Weise aus den Zusammenhängen des der Nützlichkeit verpflichteten gesellschaftlichen Handelns herauszulösen, aus der Bindung an die Gebrauchswertherstellung herauszunehmen und neu zu strukturieren für andere Interessen und Zwecke. Die Bewegungen sind Moment des gesellschaftlichen Handelns, das ohne sie nicht stattfinden könnte. Als Moment aber sind sie in gewisser Weise auch von diesem Handeln ablösbar, können relative Selbständigkeit gewinnen und neue Kombinationen eingehen. Ihre Herkunft aus bestimmten Handlungen aber bleibt ihnen als aufrufbare inhaltliche Bedeutung, als Wertaspekt erhalten. Herauslösung der Bewegungen aus den gewohnten und als selbstverständlich hingenommenen Alltagshandlungen, die kulturell bedeutsam ist. Es können Fragen der folgenden Art an das Alltagshandeln gestellt werden: Welches Handlungskonzept liegt den Bewegungen zugrunde? Welche Interessen stehen dahinter, die Interessen derer, die sich bewegen oder fremde, aufgezwungene Interessen? Welchen Inhalt, welche Ziele haben die Bewegungen? Zu welchen Bewegungen muß der Körper etwa ausdauernd fähig sein, um bestimmte Handlungen auszuführen? Welche Bewegungen müssen beherrscht werden, um an einer bestimmten sozialen Praxis teilzunehmen? In welcher Perspektive individuellen und gesellschaftlichen Handelns stehen Bewegungen? Welche Bewegungsfähigkeit muß der Körper dazu entwickeln? Inwiefern bedeutet die Ausbildung der Bewegungsfähigkeit zugleich die Ausbildung des Gebrauchswerts des eigenen Körpers? Wie weit vermittelt diese Ausbildung Genuß, Freude an der Aneignung der physischen Kräfte? Man könnte sich die Entwicklung eines Analyseinstrumentariums vorstellen, das die Alltagsbewegungen von Menschen in Klassengesellschaften nach dem Grad ihrer Selbst- und Fremdbestimmtheit befragt. Bewegungsabläufe könnten rekonstruiert werden nach ihrer Zugehörigkeit zu hegemonialen und oppositionellen Handlungskonzepten, nach ihrer Integration in herrschende bzw. widerständige Gesellschafts- und Wertperspektiven, nach ihrer Zugehörigkeit zur dominanten oder zu einer alternativen Kultur.

Im Sport sehe ich in diesem Zusammenhang zwei Möglichkeiten. Die aus dem Alltagshandeln herausgelösten Bewegungen können um ihrer selbst willen neu gruppiert, spielerisch und auf ästhetischen Reiz bedacht ausgeführt werden. Wie immer sie noch ein mimetisches Element in Bezug auf die Tätigkeiten ihrer Herkunft enthalten mögen, so erzeugen sie im Medium des Ästhetischen doch zugleich auch eine Art Gegenbild vom Alltag insofern das sportliche Handeln von utilitären Zwecken entlastet und insofern "frei" ist, nicht unter Zwängen unmittelbarer Verantwortung steht. Darin liegt ein kritisch-reflexives Potential gegenüber dem Alltagshandeln, das aus der Selbstverständlichkeit des Notwendigen und einzig Möglichen herausgenommen und relativiert werden kann. Dieses Potential muß indessen nicht unbedingt aktualisiert werden, es kann bei entlasteter kompensatorischer Erholung bleiben. Darüber hinaus aber können die aus dem Alltagshandeln herausgelösten Bewegungen auch eingebracht werden in neue Bewegungszusammenhänge gesellschaftlich alternativen und oppositionellen Handelns. Das kritisch-reflexive Potential, das der Vorgang des Herauslösens eröffnet, wird erst hier eingelöst. Die körperliche Bewegung wird integriert in gesellschaftliche "Bewegungen", sei es die Arbeiterbewegung, seien es die neuen sozialen Bewegungen. Erst diese Reintegration der aus dem Alltag herausgelösten Bewegungen in eine alternative gesellschaftliche Wertperspektive, die den Gesamtbereich der sozialen Reproduktion ins Auge faßt, scheint mir den Begriff "alternative Sportkultur" im vollen Sinne zu verdienen. In ihr sind die drei Elemente Spiel, Bewegung und Umwelt in spezifischer Weise gefaßt. Die Bewegung wird aus ihren sozialen Routinen gelöst und spielerisch zu einem mimetischen oder antizipierenden Probehandeln, aber auch sich selbst geniessenden Handeln rekonstruiert, das sich zugleich auf eine zu verändernde Umwelt bezieht und diese Veränderung vielleicht sogar in den alternativer Organisationsformen dieser Bewegung, in der Selbstbestimmtheit des körperlichen Einsatzes, in der Neuentdeckung des eigenen Körpers in gewissen Momenten vorwegnimmt.

Auf dem Symposium konnte ich beide Möglichkeiten des sportlichen Handelns beobachten - das spielerisch-ästhetische Vorgehen um seiner selbst Willen und die Reintegration des Bewegungsensembles in die Konzeptionen einer alternativen gesellschaftlichen Praxis. Ein Beispiel für die erste Möglichkeit das aber auch schon auf die zweite hinweist, sehe ich in der von einer Gelsenkirchener Gruppe von Lehramtsanwärtern vorgestellten Bewegungscollage mit dem Thema "Ein Tag im Leben eines Fließbandarbeiters". Sie bilden in der Art einer Pantomime das imaginierte Bewegungsrepertoire eines Industriearbeiters vom Aufstehen um 5 Uhr morgens bis zum Einschlafen abends nach den Spätnachrichten nach. Sie nehmen das Moment Bewegung aus dem alltäglichen Zusammenhang heraus, nehmen es analytisch auseinander und setzen es in einem ästhetischen Spielbereich nach seinen wesentlichen Elementen neu zusammen, um sozusagen über das konzentrierte mimetische Nachvollziehen dessen, was sich im alltäglichen Bewegungs-/Handlungsablauf vollzieht, Nachdenken zu erzeugen über das, was man tut und vor allem, wie man es tut. Das kritisch-reflexive Potential, das dem Bereich sportlich-ästhetischer Bewegung eigen ist, wird hier ausgeschöpft. Ein intensiver Eindruck von fremdbestimmter Lohnarbeit entsteht. Abgebildet wird, wie eine herrschaftliche Wertperspektive, die des unternehmerischen Profitprinzips, Bewegung und Handeln der Abhängigen bis zu einem Grade bestimmt, der als die Enteignung des Körpers bezeichnet werden kann. In dieser Art der Abbildung aber liegt zugleich durch die kritische Mimesis ein erster Schritt zur Wiederaneignung des Enteigneten. Dies auch, und das war für mich ein wichtiger Aspekt, weil die Gruppe versucht, ihre Selbsterfahrung mit diesen Bewegungsabläufen darzustellen. Sie zeigt, bzw. hat in die Diskussion im Anschluß an die Darbietung eingebracht, wieviel Widerstände die Mitglieder zu überwinden hatten, bis sie in der Lage waren, den Takt des Fließbandes in ihren eigenen Körperbewegungen nachzuvollziehen, bzw. sich an die Vorgaben des Fließbandes physisch anzupassen. Deutlich wird, wieviel Widerstand im eigenen Körper abgebaut und eventuell auch mit Gewalt überwunden werden muß, daß man solche Bewegungsabläufe als Fließbandarbeiter vollziehen, aber auch als mit der Fließbandarbeit normalerweise nicht vertrauter Darsteller dieser Arbeit reproduzieren kann. Bei den Darstellern, Lehramtsanwärtern, aber auch bei den Zuschauern wird ein Anstoß zum Nachdenken gegeben, in welche Gebrauchswertzusammenhänge der Körper innerhalb des Arbeitsprozesses (wer gebraucht ihn in wessen Interesse wozu?), aber auch außerhalb in der Regeneration eingebunden ist. Und in beiden Dimensionen deutet der im Darstellen und im zusehenden Nachvollzug der

Darstellung erfahrene Widerstand im eigenen Körper auf die Inhumanität dieser Bewegungsabläufe und, implizit und ex negativo, auf die Notwendigkeit alternativer, körperentsprechender humaner Bewegungen hin. Die Gruppe bildet über die Darstellung eines Handlungszusammenhangs eine Wertperspektive ab, aber nicht die, welche die Fließbandarbeiter sich selbst gewählt hätten, sondern eine, die ihnen auferlegt wird. Dadurch werden hegemoniale Kulturzusammenhänge als Körperformanten und als Beschränkung bzw. als Vorschrift für Bewegungsabläufe und Bewegungsmöglichkeiten sichtbar. Die Bewegungscollage ist auf die Erfahrung von physischem Zwang und Gegenreaktion des Körpers angelegt, auf das Nacherleben, wie Arbeitsvermögen zugerichtet wird. Das Spielerische geht zusammen mit der Qual. Damit wird das Moment bloß kompensierender, ansonsten aber gedankenloser Erholung im sportlichen Handeln entgegengearbeitet.

Das Symposium bot aber auch Beispiele, in denen die gesellschaftlich vorgegebenen Bewegungsmöglichkeiten nicht nur der Anschauung überantwortet, sondern auch neu gruppiert in alternative politische und gesellschaftliche Perspektiven eingebunden wurden. Gestern abend war viel die Rede davon, daß man im Sportbereich oder auch im Bereich von Spiel und Bewegung die einzelnen Momente nicht für sich stehen läßt, sondern versucht, sie aus den alten Bedeutungszusammenhängen herauszunehmen und in neue zu integrieren. Gesprochen wurde von den Bürgerinitiativen, der Friedens- und Frauenbewegung, aber auch von den historischen Erfahrungen mit dem Arbeitersport in der Arbeiterbewegung. Die Aneignung der eigenen Bewegungen, des eigenen Körpers geht hier einher mit einer Aneignung von gesellschaftlichen Bewegungs- und Entwicklungsmöglichkeiten, mit den Anfängen einer selbstbestimmten Praxis, in der die Kontrolle über Gebrauchswerte und Werte nicht mehr von oben sondern durch die Produzenten selbst von unten erfolgt. Eine solche alternative Sportkultur findet derzeit nicht gerade günstige Bedingungen für ihre Entfaltung. Die Gruppen, die auf dem Symposium auftraten, das wurde gestern und heute sehr deutlich, sind alle mehr oder minder schnell auf Widerstände getroffen. Sie sind auf Behinderung und Ablehnung durch Behörden und Institutionen des etablierten Sports gestoßen. Die finanzielle Krise solcher Gruppen ist meinem Eindruck nach fast die Regel. Die Möglichkeit, eine alternative Sportkultur einzubinden in alternative gesellschaftliche Bewegungen ist meiner Ansicht nach längerfristig nur möglich, wenn die Gruppen Mittel und Wege finden, sich untereinander zu koordinieren. Nur dann kann es Ihnen gelingen, sich die Förderungswürdigkeit durch öffentliche Mittel zu erkämpfen.

Ich glaube nicht, daß es etwas nutzt, die Perspektive zu verfolgen, wir sind aus den Institutionen herausgedrängt und bleiben ohnehin ausgeschlossen und machen daher ein alternatives Angebot, das wir auch noch selbst finanzieren. Damit arbeitet man jener Tendenz in die Hände, angesichts der wirtschaftlichen Krise zuerst die öffentlichen Kulturhaushalte zusammenzustreichen. Selbstfinanzierte alternative Angebote, die nicht einmal versuchen, öffentliche Mittel zu erhalten, bieten nur Entlastungsargumente für die Finanzpolitiker, die dann sagen können, die Kommunen brauchen solche Angebote nicht abzustützen, da die interessierten Bürger ja selbst dafür aufkommen. Von daher sehe ich es als wichtig an, daß die Gruppen versuchen, sich öffentliche Mittel zu sichern, was aber bedeutet, zu einem Interessenzusammenschluß zu kommen, um sich auch organisatorisch mit dem nötigen Durchsetzungsvermögen auszustatten.●

Der Elfenbeinturm wackelt

Christian Wopp

Das Programm mit dem Elefanten

Hochschulsport an der Universität Oldenburg

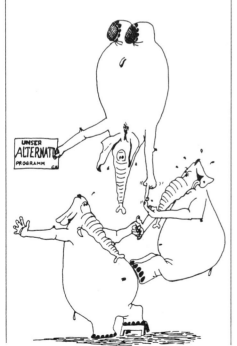

Was haben Elefanten mit dem Sport zu tun? Eigentlich relativ wenig. Denn diese sind eher behäbig, schwerfällig und dickhäutig. Sie erfüllen also alle Merkmale eines Bewegungsmuffels.
Wenn Ihr aber einmal die Sportanlagen an der Universität in Oldenburg besucht, dann findet Ihr an einigen Wänden, Aushängen, Zeitungen immer wieder Elefanten.
Das Geheimnis ist leicht zu lüften. In Oldenburg wird kein Sportprogramm für Elefanten angeboten, sondern ein elefantöses Programm. Die Elefanten stehen symbolhaft für Bewegungsmuffel, Schulsportgeschädigte oder für Leute, die in einer mehr unverbindlichen Form Sport treiben möchten.
Insofern verstehen wir das Hochschulsportprogramm als eine Alternative für eine Organisationsform des Sports. Mit Hilfe einer besonderen Programmstruktur und der Betonung der Selbstorganisation sollen möglichst viele Menschen wieder an den Sport herangeführt werden.

Es gibt folgende Programmschwerpunkte:
1
Angebote zum Schnuppern
Dazu gehören Angebote, durch die Zaghafte oder Sportunwillige mit dem Sport erstmalig wieder in Berührung kommen (sollen). Ein besonderes Können ist zu diesen Veranstaltungen nicht erforderlich. Durch diese Angebote wollen wir bei neugierigen Besuchern erst einmal Interesse wecken und Schwellenängste abbauen.
Zu diesem Angebot gehören u.a. Konditionsangebote, Spiele zum Austoben, offene Sportanlagenbereiche, die Öffnung der Sportanlagen an Wochenenden usw. Außerdem sollen sich alle Besucher durch offen einsehbare Sportanlagen, Informationswände und durch Beratung einen Überblick über die sportlichen Möglichkeiten verschaffen.
2
Lernorientierte Angebote
Wir hoffen, daß viele Besucher beim Schnuppern Appetit bekommen und

sich mit bestimmten Sportarten intensiver auseinandersetzen möchten. Andere Besucher beabsichtigen vielleicht, ihr Können und Wissen in einzelnen Sportarten wieder aufzufrischen. Diese Angebote werden von Sportstudenten und Übungsleitern mit dem Ziel angeleitet, daß die Teilnehmer nach ungefähr einem halben Jahr bei der Ausübung der Sportart keine Anleitung mehr benötigen. Das ist aber nicht immer möglich. Deshalb bieten wir in einzelnen Sportarten Grund- und Aufbaukurse an.

3
Offene Angebote
Es sind Angebote, die ohne Anleitung und in Selbstorganisation der Teilnehmer durchgeführt werden. Zu Beginn eines solchen Angebots ist immer ein hektisches Treiben zu beobachten, wenn Volleyballnetze, Ständer o.ä. transportiert und dann erste Spielversuche durchgeführt werden. Im Mittelpunkt dieser Angebote steht nicht der Wettkampfsgedanke, sondern das gemeinsame Spielen.

4
Veranstaltungen
Das sind besondere, überwiegend einmalige Veranstaltungen.
Dazu gehörte u.a. auch das Symposium zur alternativen Sportkultur.
Dazu gehören weiterhin sogenannte Daddelturniere, das sind Turniere, die von den Teilnehmern mitorganisiert und dann ohne Schiedsrichter und ohne kleinliche Regelauslegung in traditionellen Sportarten wie Volleyball, Tischtennis, Badminton, Fußball, Basketball.
Außerdem gibt es Vorführungen (Bewegungstheater, Tanz usw.) oder Mitmachaktionen wie z.B. einen Mitmachzirkus oder eine Spielaktion zum Thema Dschungel. Spiel- und Kulturfeste finden ebenso regelmäßig statt wie Workshops an Wochenenden.

An diesem Programm können nicht nur Hochschulangehörige, sondern auch alle Interessenten aus der Stadt und Region teilnehmen. Diese Offenheit hat dazu geführt, daß sich bis zu 6.000 Teilnehmer pro Woche in unseren Anlagen tummeln.
Die Ziele und die Struktur des Hochschulsportprogramms in Oldenburg wurden schon in der Planungsphase mit den örtlichen Sportvereinen und der Stadt abgestimmt. Der Hochschulsport soll möglichst viele Men-

schen wieder an den Sport heranführen. Dafür verzichten wir auf eine vereinsähnliche Struktur, so daß alle Interessenten, die festere Organisationsformen suchen, sich Sportvereinen zuwenden.

Dennoch sollte nicht verschwiegen werden, daß von einigen Sportvereinen an dem Hochschulsport heftige Kritik geübt wird. Der Hochschulsport wird als Konkurrent gefürchtet. Wir glauben aber, daß durch Gespräche und letztlich durch die Praxis unserer Angebote solche Befürchtungen zerstreut werden können.

Hochschulsport in Oldenburg - nur ein einmaliges Modell?

Das wollen wir natürlich nicht hoffen. Denn die von uns entwickelte Struktur ist auch von anderen Hochschulen oder Vereinen übernehmbar. Dazu ist es aber notwendig, einige liebgewordene alte Zöpfe abzuschneiden. Z.B. die Annahme, daß Wettkampfmannschaften den Kern eines Vereins bilden müssen. Oder die Annahme, daß ein Akademikersport, denn das ist allgemein der Hochschulsport, sich nicht gegenüber der Bevölkerung öffnen soll oder kann.

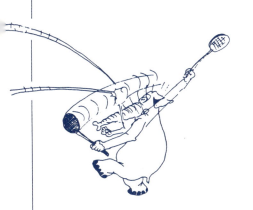

Wilhelm Hinrichs, Kamilla Will

Projekt Spiel Bewegung-Umwelt

- wo gibts denn sowas?

Eine undramatische Geburt

Im August 1981 lief der Modellversuch Freizeitsport aus, der von Bund und Land für 4 Jahre an der Universität Oldenburg finanziert wurde. Zwei wissenschaftliche Mitarbeiter blieben "übrig" und suchten nach Möglichkeiten, wie die praktische Umsetzung der Modellversuchergebnisse finanziert werden könnte. Sie stießen auf die Programme der Arbeitsbeschaffungsmaßnahmen der Bundesanstalt für Arbeit, stellten einen Antrag und hatten Glück: für zunächst 16 Monate konnten noch zusätzlich drei wissenschaftliche Mitarbeiter sowie einige Verwaltungskräfte eingestellt werden (alle waren vorher arbeitslos). Die Gruppe der wissenschaftlichen Mitarbeiter setzte sich schließlich aus drei Sportlehrern, einem Architekten und einer Raumplanerin zusammen.

Zur Zielsetzung des Projekts

Ziel des Projekts sollte sein, Aktivitäten im Bereich Spiel und Bewegung außerhalb der Universität anzuregen, die soweit wie möglich in den Alltag und das alltägliche Umfeld der Menschen integrierbar sind. Dabei sehen wir Bewegung immer in Zusammenhang mit den anderen Lebensbereichen des Menschen, d.h. auf der Grundlage und in Wechselwirkung mit den materiellen, sozialen und natürlichen Lebensbedingungen.

Wir wollten vor allem versuchen, diejenigen Bevölkerungsgruppen zu erreichen, die sich von den herkömmlich angebotenen Sportformen nicht angesprochen fühlen. Es war uns aber auch von Anfang an klar, daß unsere Arbeit in der kurzen Zeit von gut einem Jahr nur beispiel- und ausschnitthaft sein konnte.

Angesichts des kurzen Zeitraums haben wir deshalb auch weitgehend darauf verzichtet, theoretisch vertiefend zu arbeiten und eher versucht, Ansätze, die schon in unseren Köpfen und/oder in der Literatur vorhanden waren, umzusetzen und die praktische Arbeit dann zu dokumentieren.

Arbeitsschwerpunkte
Die wissenschaftlichen Mitarbeiter haben alle unterschiedliche Arbeitsschwerpunkte übernommen, die weitgehend auf einer gemeinsamen Arbeitsgrundlage - von den Bearbeitern selbständig entwickelt und durchgeführt wurden:

- Spiel- und Kulturfest in Oldenburg-Eversten (siehe gesonderter Bericht in diesem Band)
- Alternativer Sportstättenbau und Schulhofumgestaltung (ebenfalls ausführlich in diesem Band beschrieben)
- Spiel- und Bewegungsstunden in Alten- und Pflegeheimen
- Beratung von Bürgerinitiativen im Bereich Verkehrsberuhigung - Ausbau von Spielstraßen
- Lauftreffs in Oldenburger Grünzonen
- Angebote in Vereinen und in der Jugendleiterausbildung
- Bewegungsforschung in Grundschulen.

Ein Höhepunkt unserer Arbeit im letzten Jahr war selbstverständlich die Planung und Durchführung des Symposiums zur Alternativen Sportkultur zusammen mit Christian Wopp.

Perspektiven?
Inzwischen wurde unsere Finanzierung durch ABM verlängert; bis Ende August 1983 können wir noch bezahlt an der Universität weiterarbeiten. Wir haben noch viel vor. Planung von Spielaktionen in der Stadt und Aufbau eines "Bewegungscirkus" sind nur zwei Stichworte.
Wie wir uns nach dem August finanzieren, ist uns bis jetzt allerdings noch etwas unklar. Nun, wir werden sehen.●

Wilhelm . . .   . . . und Kamilla

Wilhelm Hinrichs
Kamilla Will

Spiel- und Kulturfest in Oldenburg-Eversten

Ein wesentlicher Bestandteil unserer Arbeit im letzten Jahr war die Organisation eines Spiel- und Kulturfestes in einem Oldenburger Stadtteil. Nachdem Christian Wopp zusammen mit einer Gruppe Studenten ein solches Fest in der Universität durchgeführt hatte, wollten wir versuchen, die gleiche Grundkonzeption aus der Universität hinauszutragen und in einem Stadtteil mit der Bevölkerung zusammen umzusetzen.
Dieses Fest sollte ein Schnupperangebot (Wilhelms Lieblingswort) sein, um die Bevölkerung zu weiteren, dann aber eigenständigen Aktivitäten anzuregen. Im Hinterkopf hatten wir dabei noch andere Ziele:

- Die dort wohnenden und arbeitenden Menschen sollten Gelegenheit bekommen, sich kennenzulernen, um dann (vielleicht) längerfristig gemeinsame Aktivitäten zu entwickeln.
- Sie sollten erleben, daß die Wohnumwelt als Lebensraum vielfältig genutzt werden kann: Aktivitäten auf den Staßen, auf Grünflächen, in Hinterhöfen und auf den Schulhöfen.
- Durch Angebote, die nicht nach Alter und/oder Geschlecht unterscheiden, sollten insbesondere Familien die Möglichkeit bekommen, gemeinsam in der vertrauten Umgebung aktiv zu werden.
- Spiel und Sport sollten nicht wie üblich von Kultur getrennt werden. Wir gehen davon aus, daß sie Bestandteil unserer Kultur sind und dementsprechend so weit wie möglich in unseren Alltag (re)integriert werden sollten. Hierfür wollten wir einfache Beispiele geben.

Wichtig war uns, daß das Vorhaben in der Stadtteilbevölkerung verankert wurde. Wir wollten ihnen nicht "ihr" Fest aufzwingen bzw. ihnen an einem Tag ein gutdurchorganisiertes Programm vorsetzen. Aus diesem Grund haben wir versucht, frühzeitig zu möglichst vielen Bewohnern und Gruppen im Stadtteil Kontakt zu bekommen, um sie zu Beiträgen zu motivieren, die sie aber selbständig entwickeln und gestalten sollten. Alle Beiträge wurden so von den Gruppen und Einzelpersonen eingebracht, bis auf einige Spielangebote, die die Universität organisierte. Gerade in diesem Bereich kamen von den Stdtteilangehörigen fast keine Angebote, außer Tischtennis, Federball und Mohrenkopfweitschießen in einem kleinen Hinterhof.

Obwohl in Eversten Oldenburgs drittgrößter Verein angesiedelt ist, wurde die schon zugesagte Mitwirkung kurzfristig abgesagt. Hier überwogen wohl die Vorbehalte gegenüber der Universität.
Unsere Aufgabe bei diesem Fest sahen wir darin, die Stadtteilangehörigen zu Beiträgen zu motivieren und diese dann zu koordinieren. Auf drei

vorbereitenden Versammlungen in der Grundschule im Staakenweg konnten sich die Aktiven kennenlernen und wurden letzte Koordinationsentscheidungen getroffen.

Eine solche Konzeption, die sehr viel Wert auf den vorbereitenden Prozeß legt, verlangt von den Mitmachenden ein hohes Maß an Selbständigkeit. Das war besonders schwierig, denn für viele Menschen aus dem Stadtteil war es das erste Mal, daß sie überhaupt so ein Vorhaben planten und durchführten. Oberstes Prinzip bei der Vorbereitung war die Planung von Aktivitäten, die ohne großen organisatorischen und finanziellen Aufwand von den Beteiligten selbst durchgeführt werden konnten. Im Gegensatz hierzu stehen auf anderen Festplätzen oft teure geliehene Zelte und professionelle Stände, deren Kosten dann durch hohe Preise oder sogar durch Eintritt aufgebracht werden müssen.
Für Kontinuität auch nach dem Fest können zudem Bürgerinitiativen sorgen, die mit einem Stadtteil- oder Straßenfest über ihr Anliegen informieren oder für neue Mitstreiter werben können.
So fand das von uns organisierte Spiel- und Kulturfest im Staakenweg in Oldenburg-Eversten statt, weil es dort bereits zwei Initiativen gab: den Arbeitskreis zur Umgestaltung des Schulhofs (mehr Grün, bewegungsfreundlichere Gestaltung) und den Arbeitskreis zum Ausbau der Verkehrssicherheit der Kinder, der den Staakenweg, an dem die Grundschule liegt, verkehrsberuhigen möchte.

Werbetour auf Rollschuhen und Pferden durch den Stadtteil

Informationsstand des Arbeitskreises für Verkehrsberuhigung des Staakenweg

Der große Tag vereinte dann schließlich viele Interessen. Neben den Informationsständen der beiden Arbeitskreise stellten noch andere Bürgerinitiativen und Institutionen ihre Arbeit vor; kleine Spiele, Skateboardfahren, Babbleplast-Schlangen, Tänze auf der Straße und Ponyreiten begeisterten hauptsächlich die Kinder. Leider gelang es uns noch viel zu wenig, auch Jugendliche und Erwachsene zum Spielen zu bewegen. Dafür waren die Großen dann eher bei den Kartoffelpuffern oder im ostfriesischen Teestübchen zu finden. Besonderen Andrang fanden auch die Stände, wo Bewohner ihre Hobbys vorstellten: Gipsmasken, Tonlandschaften, Strumpfblumen regten bestimmt einige zu eigenen Aktivitäten an. Auf dem Höhepunkt der Stimmung - ca. 2000 Besucher bevölkerten die Straße - sorgte dann ein einstündiger, typisch oldenburgischer Wolkenbruch für ein vorläufiges, abruptes Ended des Festes. Etliche machten allerdings auch während des Regens weiter und trafen sich danach zum Tanz auf der Straße.

Zuammen mit einem Bremer Videostudio haben wir einen 3/4-stündigen Film über das Spiel- und Kulturfest hergestellt, den die Beteiligten bisher überwiegend positiv aufgenommen haben. Der Film wurde kürzlich auf einem Treffen, zu dem über 40 an der Planung des Festes Beteiligte gekomen waren, vorgefuhrt; darüberhinaus zeigten wir ihn direkt in den verschiedenen beteiligten Gruppen wie der Sonderschule, dem Alten- und Pflegeheim oder einer Nachbarschaft. Inzwischen wandert der Film in der Universität weiter und wurde auch schon von Schulen und Jugendzentren angefordert, die sich Anregungen für eigene Feste erhoffen.

Für Kontinuität im Staakenweg ist auch gesorgt: die Bewohner beschlossen, mit der gesammelten Spende von über 400,-- DM des Spiel- und Kulturfestes selbständig ein neues Fest im Sommer durchzuführen.

Dieses Konzept eines Spiel- und Kulturfestes sehen wir als Alternative an zu den teuren innenstadt- oder auch den DSB-Spielfesten, deren Organisatoren nicht versuchen, die Bevölkerung an der Vorbereitung zu beteiligen, sondern ihnen ein fertiges Programm zum Konsumieren vorsetzen und die Besucher dann auf den nachsten großen Tag im Jahr darauf vertrösten. Gerade auch bei den schwindenden finanziellen Mitteln von Kommunen und Vereinen denken wir, daß ein Konzept, das auf der Selbsthilfe der Bevölkerung aufbaut, solche Feste mit neuen Inhalten füllen kann (ohne selbstverständlich die Kommunen aus ihrer Pflicht zu entlassen).●

Jürgen Koch

Gibt es Alternativen zur traditionellen Sportstättenplanung?

Das Bewußtsein der Mehrheit unserer Bevölkerung war noch bis vor wenigen Jahren von einem Spiel- und Sportverständnis beherrscht, das sich vorrangig an quantitativen Zielen ("schneller", "höher", "weiter"...) orientierte und von einem mehr 'instrumentellen Gebrauch' der körperlich-sinnlichen, emotionalen und geistigen Potentialen des Menschen auszugehen schien. Merkmale und Wertkriterien wie 'Disziplin', 'Kontrolle' und 'Konkurrenz' sowie 'quantitativ orientierte Leistungs- bzw. Gewinnmaximierung' beherrschen bis heute sowohl den immer noch bevorzugt geförderten Hochleistungssport als auch weitgehend den auf ihn in seinen Grundzügen ausgerichtete, in Fachverbänden und Vereinen organisierten 'Breitensport'.

Die Wirkung dieser Situation läßt sich besonders deutlich in den bedrückenden Ergebnissen des bisherigen Sportstättenbaus ablesen. Für die Mehrzahl unserer Spiel- und Sportanlagen gelten als verbindliche Planungsgrundlagen überwiegend die eindimensionalen Bestimmungen und Anforderungen der Vereine und Fachverbände des organisierten Leistungs- und Wettkampfsports. Festgeschrieben in den zahlreichen DIN-Normen und kommunalen Bauvorschriften konnten sich auf diese Weise Gestaltungskriterien im Sportstättenbau durchsetzen, die den vielschichtigen, häufig 'diffusen' und sich permanent verändernden Spiel- und Bewegungsinteressen sowie wesentlichen körperlichen und sozialen Grundbedürfnissen der Menschen in vielfacher Hinsicht widersprechen.

Obwohl sich nun in den letzten zehn Jahren die Spiel- und Bewegungsbedürfnisse sowie insgesamt das Freizeitverhalten der Bevölkerung zunehmend verändert hatten und sich in vielfältigen "Alternativprogrammen" und selbstorganisierten Aktionsgemeinschaften differenzieren und festigen konnten, war eine wirkliche Umorientierung im Sportstättenbau mit spürbaren qualitativen Konsequenzen für die Baupraxis kaum zu erkennen. Zu stark waren die Abhängigkeiten von der Hand in Hand arbeitenden Bauindustrie und einseitigen Sport- und Freizeitpolitik, um eine wirksame Entwicklung bedürfnisgerechter Spiel- und Sportanlagen in Gang zu setzen, die neben dem wettkampforientierten Leistungs- und Spitzensport schwerpunktmäßig auch dem wachsenden Interesse der Bevölkerung nach einer 'alternativen' spielerisch-sportlichen Betätigungsweise entsprochen hätten.

Jürgen Koch mit seiner Arbeitsgruppe auf dem Symposium

Wenn es hier und da dennoch vereinzelt gelang, von den allgemein üblichen Baunormen und Vorschriften abzurücken und alternative Nutzungs- und Gestaltungsmöglichkeiten durchzusetzen, so war es oft nur möglich im Rahmen öffentlich finanzierter Modellplanungen und aufgrund eines hohen Planungseinsatzes der betroffenen Nutzer. Ein überzeugendes Beispiel stellt das neue Spiel- und Sportzentrum der

Universität Oldenburg dar, bei dessen Planung alle wesentlichen Nutzergruppen immer wieder in die Entscheidungsprozesse einwirken konnten - von der Festlegung der Raumprogramme über die Entwurfs- und Möblierungsplanung der Architekten bis zur letzten Phase der Bauausführung. Nur auf diese Weise konnten viele Gestaltungsdetails durchgesetzt werden, die nicht oder nur zum Teil den üblichen Normen und Vorstellungen des traditionellen Sportstättenbaus entsprachen.

Für den alltäglichen Spiel- und Sportstättenbau allerdings gelten ganz andere Bedingungen als im Planungsfreiraum einer Universität. Im Normalfall werden alternative Nutzungsvorstellungen und Planungsansätze nur dann eine reale Chance erhalten, wenn sie nicht auf kurzfristige Problemlösungen - vor allem in konfrontierendem Gegenkurs zur traditionellen Sport- und Baupraxis ausgerichtet sind, sondern sich auch mit geduldigem Weitblick um langfristig angelegte Lösungswege bemühen. So schwer es auch fallen mag: eine umfassende Neuorientierung im Spiel- und Sportstättenbau wird sicher nur in Verbindung mit einer vorausschauenden, auf Kooperation angelegten Planungsstrategie und unter gleichberechtigter Berücksichtigung von neuen sowie alten, in der Vergangenheit bewährten Ideen und Konzeptionen zum Erfolg führen können.

Zwei Planungsprinzipien erhielten in diesem Zusammenhang einen besonderen Stellenwert:

1
Angesichts der großen Zahl bereits bestehender Spiel- und Sportanlagen, die lange schon nicht mehr den veränderten Bewegungs- und Freizeitbedürfnissen der Bevölkerung gerecht werden, gilt es, sich schwerpunktmäßig auf die vielfältigen Möglichkeiten der Nutzungsverbesserung dieser Anlagen zu besinnen.

Größere Neubauten werden wohl in Zukunft die Ausnahme darstellen, vor allem, wenn man sich die gegenwärtige und für die nächsten Jahre absehbare defizitäre Finanzsituation der öffentlichen Institutionen und auch nichtkommunaler Träger vor Augen führt. Die seit langem überfällige Korrektur der bisherigen Fehlplanungen im traditionellen Sportstättenbau wird also überwiegend durch Umnutzung, Renovierung und Sanierung vorhandener Anlagen sowie durch schrittweisen Ausbau von Ergänzungs- und Zusatzeinrichtungen erfolgen müssen.

2
Korrespondierend zur Sanierung bestehender Spiel- und Sportstätten wird von allem auch die Erschließung und Nutzbarmachung neuer, bisher für Spiel- und Sportaktivitäten ungenutzter Stadträume an Bedeutung zunehmen. Von besonderer Dringlichkeit ist in diesem Zusammenhang eine Erweiterung der wohnungsnahen und nachbarschaftlichen Spiel- und Sportmöglichkeiten. Geeignet wären hierfür u.a. brachliegende Baulücken, Abstandsflächen, Hinterhöfe, ausgediente Lagerschuppen, Vorgärten oder verkehrsarme Sackgassen und vor allem auch die

Gestalterische Vielfalt in der Sport-Mehrzweckhalle des Spiel- und Sportzzentrums der Universität Oldenburg. Vielseitige Gliederung und Raumgrenzen durch rhythmische Vor- und Rücksprünge, Einschnitte und Durchblicke, Sitz- und Spielnischen sowie gestaffelte Raumhöhen.

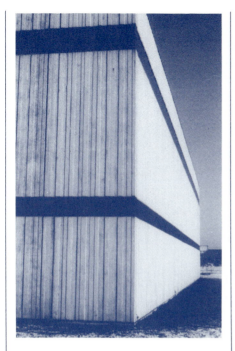

Kahle, großflächig-monotone und fensterlose Wände und Decken der üblichen Norm-Sporthalle. Starres und einförmiges Leuchtstoffröhrenlicht sowie vollklimatisierte Gebläseluft tragen zusätzlich zur streßerzeugenden "Bunker-Atmosphäre" bei.

vielen großflächigen Schulhöfe, die von der Öffentlichkeit bisher noch zu wenig ausgenutzt werden.

Perspektiven einer Umorientierung durch stärkere Mitbestimmung und Selbstorganisation der Natur

Eine Spiel- und Sportstättenplanung, die ihren Schwerpunkt auf "Sanierung bestehender Anlagen" sowie "Erschließung neuer Spiel-und Bewegungsräume im engen Wohnumfeld"legt, setzt voraus, daß vor allem die künftigen Nutzer der Anlagen bereit und in der Lage sind, über ihren engen Privatbereich 'Wohnung und Familie' hinaus eigenverantwortlich und selbständig zu entscheiden und zu handeln.
Nur durch stärkere Selbstorganisation und Eigenverantwortlichkeit bei der Planung und Durchführung von wohnungsnahen Spielaktionen und (Um-)Baumaßnahmen sowie bei der Instandhaltung der Spiel- und Sportanlagen werden die Nutzer für sich und ihr unmittelbares Umfeld neue Lebensqualitäten und Freiräume zur persönlichen Selbstentfaltung gewinnen können.

Während in früheren Zeiten Spiel- und Sportanlagen vielfach noch von den Nutzern selbst mit Hilfe von ortsansässigen Architekten und Handwerkern geplant und gebaut wurden und sich somit oft durch nicht individuelle, eigenwillige Bauweise und durch ein hohes Maß an 'Lokalkolorit' auszeichneten, sind sie heute ein massenproduzierter Konsumartikel geworden, mit dem sich die Mehrzahl der Nutzer nicht mehr identifizieren kann. Aus diesem Grunde darf in Zukunft die Planung von Spiel- und Sportanlagen nicht mehr allein den Architekten, Bauunternehmern oder spezialisierten Sportfunktionären überlassen bleiben, sondern muß in entscheidendem Maße von den Nutzern selbst mit beeinflußt werden.

Voraussetzung für eine aktive Beteiligung und Mitbestimmung im Planungs- und Bauprozeß ist allerdings eine intensive und breitangelegte Bewußtseinsbildung bei den betroffenen Nutzergruppen. Sie müßte versuchen, die Nutzer vor allem zu eigenverantwortlichem Handeln in Form von weitgehend selbstorganisierten Selbsthilfemaßnahmen zu motivieren.
Dies jedoch setzt wiederum auch einen umfassenden Umdenkungsprozeß bei den Planern und öffentlichen Bauträgern voraus, da nicht unerhebliche Teile ihres bisherigen Zuständigkeits- und Verantwortungsbereiches an die Nutzer ab- bzw. zurückgegeben werden müßten.

Praxisbeispiel 1
Gemeinschaftliche Selbsthilfeinitiativen von Eltern, Schülern und Lehrern im Bereich Schulhofsanierung.

..."Trist, langweilig, eintönig, unfallträchtig - so könnten viele Schulhöfe unseres Landes charakterisiert werden. Phantasielose Kinderabstellflächen, auf denen die Schüler herumstehen oder aufgestauten Agressionen Luft machen..." (REMMERS 1978).

Seit jener Informationskampagne des Niedersächsischen Kulturministers im Jahre 1978 gegen die weitverbreitete 'Schulhofmisere' ist es inzwischen doch vielen Schulen in Niedersachsen gelungen, ihre trostlosen Schulhöfe und Pausenräume in freundlichere, kindgerechte Spiel- und Erholungsbereiche umzugestalten.

Die überwiegende Zahl der Schulen jedoch muß sich nach wie vor mit der Eintönigkeit und Ungemütlichkeit kahler Asphaltflächen und zugiger Erschließungsflure abfinden.
Das mag einerseits daran liegen, daß immer noch zahlreiche Schulbehörden und Lehrer nicht von der Notwendigkeit phantasievoller Pausenhofgestaltung und deren großer Bedeutung für die Lernfähigkeit und das Sozialverhalten der Kinder zu überzeugen waren.

Ein anderer Grund ist jedoch vor allem in der fehlenden Planungskapazität sowie mangelhaften Haushaltspolitik der zuständigen Behörden zu sehen.
Zahlreiche Eltern-Lehrer-Initiativen blieben auf diese Weise mit ihren

anfangs sehr hoffnungsvollen und mit großen Engagement eigenverantwortlich durchgeführten Umgestaltungsversuchen auf der Strecke, da oft zum entscheidenden Zeitpunkt jegliche Unterstüzung der Behörde ausblieb.

Angesichts der hier skizzierten Probleme und Widerstände stellt sich immer wieder die Frage, mit welchen Mitteln es dennoch möglich ist, kurzfristig eine durchgreifende Verbesserung der Pausenhofsituation an unseren Schulen durchsetzen zu können.

Die Universität Oldenburg ist im Rahmen von kombinierten Forschungs- und Beratungsprojekten ('Modellversuch Freizeitsport', ABM-Projekt 'Spiel-Bewegung-Umwelt') bereits seit mehreren Jahren bemüht, sich dieser Frage konkret anzunehmen und interessierten Schulträgern sowie Schüler-Lehrer-Elterninitiativen praktische Planungshilfen für die Umgestaltung der Pausenbereiche anzubieten. Schwerpunkte der Beratungsarbeit sind das Aufzeigen von Veränderungsmöglichkeiten mit geringem baulichen und finanziellen Aufwand, die Aktivierung von Eigeninitiativen der Schulen sowie grundsätzlich die Ermutigung zu phantasiereichen Selbsthilfemaßnahmen.

In diesem Sinne unterstützt zur Zeit das Projekt 'Spiel-Bewegung-Umwelt' (SBU) eine Initiativgruppe an der Grundschule Staakenweg in Oldenburg, die aus Elternvertretern, Lehrern, dem Schulleiter und einem Vertreter des Gartenamts der Stadt Oldenburg besteht und bereits erste Umgestaltungsmaßnahmen auf ihrem Schulhofgelände im Rahmen von Selbsthilfeaktionen durchführen konnte.

Mit Unterstützung einiger Lehrer, die das Thema "Schulhofumgestaltung" in ihren Unterricht aufgenommen hatten, konnten vor allem auch von den Schülern selbst wertvolle Gestaltungshinweise mit eingebracht werden.

Um zusätzlich die Umbauabsichten auf dem Pausenhofgelände der Schule stärker im Bewußtsein der Stadtteilbevölkerung zu verankern, wurde die erste Umgestaltungsaktion mit dem auf Initiative des Projekts 'SBU' im August 1982 durchgeführten "Spiel- und Kulturfest" im Staakenweg, Eversten verknüpft.

Weitere Umbauaktivitäten, die zur Komplettierung der Gesamtanlage notwendig sind, werden inzwischen auch von einem neu gegründeten Förderkreis der Schule kontinuierlich durch Spendenaufrufe und kleinere Werbeveranstaltungen vorbereitet.

Praxisbeispiel 2
Planung einer integrierten Dorfgemeinschaftsanlage in Ekern.

Ausgangspunkt war die Planungsabsicht des Turn- und Sportvereins Ekern e.V. für den Neubau einer Sporthalle mit den Maßen 15 x 27 m. Der Verein 'TUS-Ekern' hatte jedoch die Vorstellung, auch über seine spezifischen Sportinteressen hinausgehende soziale Aufgaben innerhalb der Dorfgemeinschaft zu übernehmen.

Die neue Vereinssporthalle sollte daher nicht als monofunktionelle und von der übrigen Dorfstruktur isolierte Sportanlage, sondern als Teil einer integrierten Dorfgemeinschaftsanlage mit vielfältigem Raum- und Nutzungsangebot geplant werden. (Planungsgrundlage: ALTEKAMPT-/DIECKERT/KOCH/WINKLER 1980)

Trotz der angestrebten Nutzungsvielfalt wurde eine relativ bescheidene Anlage angestrebt, die sich nicht durch die übliche hohe technische Perfektion und Raumdimensionierung vieler Sporthallenbauten oder Freizeitzentren auszeichnen sollte. Beabsichtigt war, das Gesamtkonzept aus den situativen Bedingungen und Möglichkeiten des Dorfes heraus abzuleiten und zu verwirklichen, zum Beispiel unter Ausnutzung eines vorhandenen alten Schulgebäudes am ausgewählten Standort.

Um den gesamten Planungsprozeß stärker im Verantwortungs- und Handlungsbereich der potentiellen Nutzer verankern zu können, wurde vom Projekt 'Spiel-Bewegung-Umwelt' der "Arbeitskreis Dorfgemeinschaftsanlage Ekern" initiiert, der sich vor allem aus Vertretern des TUS-Ekern e.V. und des Projekts 'SBU' zusammensetzte. Die bisherige Arbeit des 'AK Dorfgemeinschaftsanlagen Ekern' bestand vor allem darin, jede in Frage kommende Nutzergruppe in Ekern direkt oder mit Hilfe eines Fragebogens aufzufordern, ihre eigenen Wünsche und Vorstellungen zur Nutzung und Gestaltung der geplanten Räume und Freizonen dazustellen.
Auf der Grundlage dieser Basisdaten konnte inzwischen ein Nutzungs- und Raumkonzept für die Gesamtanlage erarbeitet werden, das die Voraussetzung für die Klärung der Finanzierung und die weitere Bauplanung darstellt.●

Integrierte Dorfgemeinschaftsanlage Ekern: Verknüpfung der neuen Sportmehrzweckhalle mit dem alten Schulgebäude

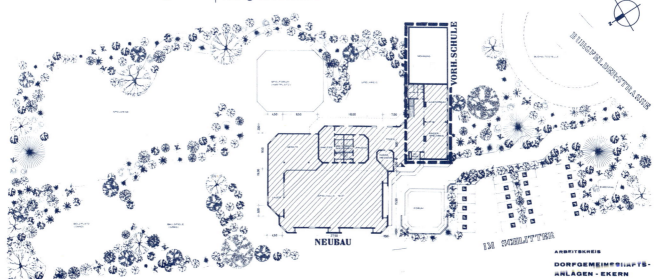

ARBEITSKREIS
DORFGEMEINSCHAFTS-
ANLAGEN - EKERN

Die Kieler Sportpädagogik-Gruppe

Zur Entstehung der Gruppe

Im Jahre 1977 haben sich einige Kieler (für die Norditaliener: das liegt an der Ostsee, d. tipper) Sportstudentinnen und -studenten zusammengetan, um sich mit pädagogischen und gesellschaftspolitischen Fragen des gesamten Komplexes 'Sport' zu beschäftigen. Die Fragestellungen waren dabei sehr offen, da es kein festgelegtes Erkenntnisziel gab. Einzig die Kritik am traditionellen Sportbegriff und am bestehenden Sporttreiben war ein gemeinsamer Nenner. Viele aus der Gruppe hatten vorher in der Fachschaftsgruppe Sport der Kieler Uni mitgearbeitet und wollten nach endlosen Diskussionen über politische Grundsatzfragen und Frustrationen lieber über Rahmenbedingungen und inhaltliche Fragen des Sports arbeiten. Entsprechend standen in der ersten Phase, die als Lektüre- und Theoriephase bezeichnet werden kann, ausschließlich kritische Texte zum Sport im Vordergrund. Es waren dies u.a. solche, die Sport als gesellschaftliches Phänomen betrachteten (das tun viele, das heißt noch nichts, d. tipp.) (z.B. GULDENPFENNIG 1973 u.a.). Diese kritische Richtung fehlte (und fehlt bis heute) am Sport-Fachbereich in Kiel. Wir teilten uns die Arbeitsbereiche auf und stellten Referate zu einzelnen Themenkomplexen selbst her, die wir in der Gruppe dann diskutierten.

Aus dieser ersten allgemeinen theoretischen 'Sammel-Phase' entwickelte sich unsere weitere Arbeit. Besonders wichtig zum Thema 'Sport und Gesellschaft' war für uns: - Sven GULDENPFENNIG, Sport und Gesellschaft (1975). Wichtig an G's Aufsatz war für unseren Theoriebildungsprozeß der Gesellschaftsbegriff der Sporttheorie, den G. in seiner Kritik an der bürgerlichen Sport-Auffassung entwickelte. Weitere Orientierungspunkte dieses ersten kritischen 'Standardwerkes' waren:
a) Ziele und Funktion des Sports in der BRD zu bestimmen, b) die Diskussion um Sport im Faschismus, Sport im Sozialismus neu aufzuwerfen sowie c) den von G. referierten psychoanalytischen Ansatz zu Sport und Gesellschaft. In Ergänzung zu b) lasen wir dann das 1930 erschienene Buch von Helmut WAGNER, Sport und Arbeitersport. WAGNER gibt in diesem Buch ein eindrucksvolles Bild der Arbeitersportbewegung von den Anfangen bis zum Anfang des 20. Jahrhunderts wider. Für die Arbeitersportler war der Sport ganz klar Teil des Klassenkampfs, so arbeiteten die meisten Sportler auch aktiv politisch oder waren zumindest politisch bewußte Arbeiter. Für unsere Gruppe zeichnete sich in der Diskussion um den Arbeitersport eine Polarisierung ab: zum einen zeigt WAGNERs Buch deutlich auf, daß der Sport zu der damaligen Zeit, in den Bedingungen des direkten Klassenkampfes, eines unter vielen Kampfmitteln der Arbeiterklasse war. Sport war gleichsam Mittel zum Zweck der politischen Arbeit und zugleich Reproduktionsbereich. Den Wert der internationalistischen Arbeit durch die Sportbegegnungen von Arbeitersportlern bestatigen auch andere Autoren (vgl. Katalog zur Arbeiterkultur-Ausstellung in Hamburg, 1982). Andererseits - und dies war die andere Fragestellung unsererseits - gestaltete sich das praktische Sporttreiben genauso wie im burgerlichen Sport, der daneben natürlich auch existierte.

Kontaktadresse:
Andreas Girke/Udo Runge, Holtenauer Str. 179, 2300 Kiel, Tel.: 0432-82300

Doch wurde er ohne Zweifel dort für nationalistische, später faschistische Zwecke benutzt. Unsere Frage war: Bestand der Unterschied 'lediglich' im klassenkämpferischen Bewußtsein der Arbeitersportler gegenüber den bürgerlichen oder gab es auch Ansätze, den Sport, also die einzelnen Disziplinen und Spielarten, 'alternativ' umzugestalten? Diese Fragen wurden weit diskutiert, blieben letzlich unbeantwortet, sollten aber wieder aufgenommen werden.

Im Weiteren befaßten wir uns dann mit speziellen Bereichen, dem Freizeitsport sowie dem Schulsport. Als Textgrundlage dienten uns HENNING-/WOPP/WEINBERG: Freizeitsport in Schule und Verein, 1977. Die Autoren unternehmen - ausgehend von einer materialistisch begründeten Kritik an den Freizeitsport-Thesen von DIEKKERT — den Versuch, einen neuen Freizeitsport-Begriff auf materialistischer Grundlage zu formulieren. Leider kommt der Aspekt der konkreten, praktischen Lösungsmöglichkeit zu kurz. Anhaltspunkte oder Ansätze einer neuen, 'alternativen' linken Sportbewegung fehlen bei den Autoren. Im Anschluß daran lasen und besprachen wir GÜLDENPFENNIGs Aufsatzsammlung zum Schulsport, Schulsport im Abseits, Köln 1975. Wurden aber dort weitgehend theoretische Positionen erarbeitet, so lag uns eher an einer Verbindung zwischen dem theoretisch-kritischen Hintergrund und einer neu zu entwerfenden Sport-Praxis.

Nach vielen langen Diskussionen, Grundsatzfragen und Infragestellungen führte uns dann unser Weg zum Versuch der 'Projektgruppe Sportunterricht' aus Frankfurt.

Hier hofften wir die gewünschte Synthese aus Theorie und Praxis zu finden.

In ihrer theoretischen Ausgangsposition argumentierten die Autoren weitgehend mit Kategorien der 'Kritischen Theorie'. In einem dialektischen Zusammenspiel von Theorie und Praxis sollte zum Verlauf der mehrwöchigen kollektiven Versuchsarbeit an einer Frankfurter Gesamtschule ein Sportcurriculum erarbeitet werden.

Die Rahmenziele des Schulversuchs, die für unsere weitere Arbeit Bedeutung besaßen, waren:
- Abbau des Wettkampfcharakters des Sports, hin zu mehr kommunikativen Verhaltensformen
- mehr solidarisches Verhalten gegenüber leistungsorientiertem und Konkurrenzverhalten
- die Selbstbestimmung und Organisierung von Inhalten und Ziele im (Schul-)sport
- die gesellschaftliche Vermittlung von Sporttreiben soll erkennbar gemacht werden (dialektische Beziehung).

So wurde von der Projektgruppe der die kritische Theorie kennzeichnende Mangel an Verbindung von Theorie und Praxis zu überwinden versucht durch handlungstheoretische Konzepte. Dementsprechend wird also aus der Praxis heraus entwickelt. Das angestrebte alternative Curriculum entstand aus der Praxis des Schulversuchs. Entsprechend stark ist dessen Praxisbezug, umgekehrt ist die theoretische Fundierung der Praxis ebenso abgesichert. Welchen Stellenwert hatte die Auseinandersetzung mit diesem Schulprojekt für unsere Gruppe? Wir haben dadurch erstmalig eine Art Übergang zur Praxis des Sports, dem konkreten Sporttreiben geschafft. Indem wir weitgehend mit den obenangeführten Rahmenbedingungen übereinstimmten, konnten wir 'in die Praxis gehen' und, von ersten Erfahrungen ausgehend unsere jeweils nächsten Schritte entwickeln. Es wurde ebenso möglich, jederzeit an jeder Stelle des jeweiligen Prozesses unsere Vorhaben kritisch infrage zu stellen und rückzubeziehen auf die Ausgangs-/Rahmenbedingungen.

An den Berichten der praktischen Arbeit wird diese positive Rückkopplungs-Möglichkeit deutlich: so bei der Frage nach der gesellschaftlichen Bestimmung der 'Körpererfahrung'die zunächst ja weitgehend nur eine subjektive Dimension zu haben scheint.

Merkmale der Organisation und Durchführung

Die Gruppe
Unsere Gruppe kann als homogene Gruppe verstanden werden - insofern, als daß wir alle, der sozialen Herkunft nach, aus der Mittelschicht stammen, zum zweiten, daß wir als Sportstudenten vielfältige Bewegungserfahrungen besitzen, zum dritten, daß wir politisch ähnliche Grundeinstellungen besitzen, die sich vor allem durch den gemeinsamen Erfahrungshorizont aus der Fachschaftsarbeit ergeben.

Als negative Folge entstand eine starke Gruppenkohärenz, Oftmals erschwerte die 'gewachsene' Gruppe für neuinteressierte den Einstieg. Dennoch fanden auch später noch viele zur Gruppe, deren Arbeit durch von außen Hinzugekommene neu belebt wurde.

Institutionelle Unabhängigkeit

Aus der kritischen Hinterfragung tradierter Sportinhalte und Vermittlungsformen und dem Wunsch, 'neue' Erfahrungen auf möglichst breiter Ebene zu sammeln, ergab sich fast zwangsläufig, daß wir uns bewußt außerhalb der Uni und anderen institutionellen Trägern 'organisierten', um möglichst wenigen Einflüssen dieser Art ausgesetzt zu sein. Wir hatten dabei das Glück, innerhalb eines Sportvereines eine Hallenzeit speziell für unsere Gruppe zu bekommen, in der wir fortan wöchentlich versuchten, Theorie und Praxis miteinander zu verbinden.

Bezug von Theorie und Praxis

Nach unserer Phase rein theoretischer Arbeit entstand das dringende Bedürfnis, daß wir allein aus der theoretischen Reflektion über Sport unmöglich eigene Vorstellungen, unser eigenes Sportverständnis entwickeln konnten.
Die Inhalte im praktischen Bereich waren zunächst recht wahllos, vor allem aus den Gebieten der 'kleinen Spiele' und der 'New Games' zusammengefaßt. Was wir jedoch auch machten - wir befragten diese Praxis im Hinblick auf die vorher losgelöst theoretisch diskutierten Aspekte hin, wie z.B. Kreativität, Koeduktion, Konkurrenz.... Dabei wurden uns jetzt unsere eigenen Empfindungen und Erfahrungen wichtig und wir stießen immer wieder auf unsere eigene sportliche Sozialisation und deren gesellschaftliche Dimensionen.
Nach einiger Zeit ergaben sich aus der Praxis Fragestellungen, die wir systematisch aufarbeiten wollten (z.B. den Komplex der Kreativität oder den Umgang mit den 'großen Spielen'). Rückwirkend gingen Impulse aus der theoretischen Arbeit in unsere Praxis zurück. So ergab sich ein bis heute unsere Arbeit bestimmendes Vorgehen, in dem sich Theorie, Praxis und Reflexion über Praxis wechselseitig bedingen. Da in diesem Rahmen Theorie nicht dominiert, sondern in engem Bezug zur Praxis steht, zu unserer eigenen Erfahrung also, ist unser Sporttreiben durch Probieren, Versuche und Suchen gekennzeichnet.

Das Unbestimmte im Vorgehen....

Der Weg der Gruppe wurde von subjektiven Bedürfnissen einzelner Teilnehmer bestimmt. Daraus ergab sich ein Austausch innerhalb der Gruppe über inhaltliche Zielsetzungen, die schließlich auch zum eigenen Erfahren und Kennenlernen von Bewegungs- und Körperverhalten führten. Mit den daraus gewonnenen individuellen Erfahrungen haben wir versucht, neue Inhalte und Interaktionsformen für die Gruppe festzulegen.

Anwendungsaspekte alternativer Sportkultur

Eigenes Erleben im Umgang mit alternativen Sportinhalten und -möglichkeiten schloß zunächst eine Arbeit in Hinblick auf bestimmte Zielgruppen aus und erschien uns als Einschränkung unserer Erfahrungsmöglichkeiten. Wenn auch die Frage, ob die von uns praktizierten Sportinhalte und -formen in der Schule anwendbar seien, immer wieder aufgeworfen wurde, wehrten wir uns, unseren Blick durch den eng gesteckten Rahmen dieser Institution einschränken zu lassen.
War somit die direkte Nutzung unserer Erfahrungen in sportwissenschaftlichen und sportpädagogischen Bereichen nie intendiert, so läßt sie sich dennoch nachträglich herstellen. Eine systematische Aufarbeitung unserer Erfahrungen im Umgang mit Sporttheorie und -praxis ließe neue Formen des 'Sporttreibens' erkennen, so daß langfristig ein neues Verständnis von 'Sportgruppen' erarbeitet werden konnte.

Erfahrungen mit den gesellschaftlich bedingten Bewegungssperren....

Wie oben schon angedeutet, versuchten wir, möglichst viele Bewegungen am eigenen Körper zu erfahren und eine Körperbewußtheit überhaupt zu entwickeln. Versuche dazu waren:
a) Veränderungen jeglicher Art an Sport- und Spielgeräten und Regelwerk
b) Seminare zu den Themen Körpererfahrung und Pantomime

Unsere neuen Erfahrungen wurden dadurch besonders fruchtbar, daß es uns gelang, über die individuellen Eindrücke zu reden (Wir kannten uns alle ganz gut und der notwendige Vertrauensrahmen, der es uns ermöglichte, gefühlsmäßige Regungen auszusprechen, war dadurch vorhanden). Dieses geschah auch vorwiegend in den 'Theorie'-Sitzungen einmal wöchentlich.
Auffällig bei unseren neuen Erfahrungen war für uns, daß wir alle oft wieder in alte Bewegungsmuster verfielen. In dieser Phase erlebten wir die eigenen Schranken der Bewegungserfahrungen. In der Ergänzung von Praxis und Reflexion meinten wir folgende Punkte herauskristallisieren zu können: Sportverhalten ist in der Regel genormtes Verhalten. Dies wiederum ist abhängig von den jeweils gültigen Normen innerhalb einer Gesellschaft (für uns Industriegesellschaft) - Fehlen von Spontaneität und Kreativität im Bewegungsverhalten, Ökonomie der Bewegung, Leistungsorientiertheit etc. ... Selbst in Versuchen der Verwirkli-

chung von Phantasie in der Bewegung stößt man auf diese ('erworbenen') Bewegungssperren. Der Versuch des Abbaus dieser Schranken hin zu eigener individueller Kreativität in der Bewegung setzt die Bewußtmachung dieser Schranken voraus (Dies ist etwas, was leistungsorientiertem Sporttreiben völlig abgeht). Insofern entwickelt jedes Sporttreiben eine spezielle 'Körperbewußtheit'. Daß eben dieses meistens eine 'Körperbewußtheit' ist, liegt daran, daß der Grad (der Bewußtheit) von den Inhalten des Sporttreibens (Normiertheit) und Form der Durchführung abhängig ist.

<u>Selbstbesinnen und Erfahren . . . .</u>
In Neubesinnung und Entfaltung eigener körperlicher und geistiger Fähigkeiten sehen wir ein wesentliches Moment emanzipatorischer Aufklärung. In dem Bewußtsein der instrumentellen Inanspruchnahme ganzheitlicher Potentiale des Menschen durch den Sport wollten wir uns den alternativen Ansätzen nicht ebenso hörig unterwerfen, sondern diese Ansätze an und durch uns erproben, d.h. es schloß ein nicht primär äußerliches Ergebnis ebenso ein, wie es auf einer anderen Ebene (Erfahrungs-, bzw. Erkenntnisebene) sinnfällig wurde.
Tradierte Elemente sportlicher Betätigung - hier speziell das so oft beklagte Leistungsprinzip - traten immer wieder hervor und erschwerten uns das Weitergehen . . .
Politische Handlungsfähigkeit auf Grund individueller geistiger wie auch körperlicher Selbstbesinnung jedoch wird zur Intention und nährt unsere Hoffnung (Die notwendige Diskussion um politische Öffentlichkeitsarbeit auf festumrissenen dezidierten Zielen steckt noch in den Anfängen).
Erfahrungen als Lernende in Seminaren . . .

Da wir uns selbst noch als Suchende und Lernende fühlten, haben wir mehrfach kompetente 'Anleiter' zu uns eingeladen. Es gab zwei jeweils zweitägige Seminare: das erste zur Körper- und Bewegungserfahrung mit Ellen Kubitza aus Hamburg im Januar '80, das zweite mit Friedrich J. Schneider aus Bielefeld, der uns Elemente des Pantomimespiels und der gestalterischen Körper'arbeit' vermittelte (April '80).
Unsere Intention war dabei, 'neue' Bereiche kennenzulernen, die im Studium (zumindest in Kiel) nicht angeboten werden. In diesem Zusammenhang ist festzuhalten, daß wir, die Gruppe im Kollektiv, diese Seminare selbständig organisiert und durchgeführt haben. Der Rahmen wurde in eigener Regie und Verantwortung gestaltet. Das erste, sehr intensiv und ruhig entspannt verlaufene Seminar beschränkte sich auf unsere Gruppe als Teilnehmer, während das Pantomime-Seminar offen ausgeschrieben war und ca. 60 Teilnehmer hatte.
Wir sind, wie gesagt, selbst als Lernende gekommen und haben viel 'Neues' aufgenommen, gemeinsam besprochen und nach 'Brauchbarem' für unsere Arbeit Ausschau gehalten. Dies jedoch nicht konsummäßig, sondern nach Diskussionen und in der Verwertung jeweils angepaßt an unsere Interessen.
Ein Beispiel mag das voranschaulichen:
Das gesamte Thema 'Körpererfahrung' wurde auf beiden Seminaren behandelt, aber beide Male in einem anderen Zusammenhang und Ansatz. Die zweifellos entstandene Euphorie nach dem ersten überaus intensiven Erlebnis mit Ellen Kubitza wurde abgeschwächt durch die Erfahrungen mit der Pantomime-Arbeit. Hier gab es andere Ansätze, die mehr nach außen gerichtet schienen und das Umfeld einbezogen. So berührte dieses Problemfeld der Körpererfahrung zentrale Grundfragen in unserer Gruppe: kann eine intensivierte und neu belebte eigene Körperlichkeit (Ellen) oder eher eine gestalterische, komplexere Körpererfahrung, die mehr von innen nach außen geht, dabei helfen, auch weitergehende Bewußtseinsprozesse (z.B. über gesellschaftliche und politische Fragen) in Gang zu bringen? Können vielleicht neue Impulse davon ausgehen? Oder bleibt es rein subjektivistisch und wirkungslos? (Reine Nabelschau). All diese Fragen wurde aufgeworfen. Gelöst ist bis jetzt keine. Wir sehen uns eher im offenen Prozeß.

<u>Umfang mit dem Leitungsprinzip</u>
Die Entwicklung verschiedener Arbeitsformen in der Praxis, wie auch in der Theorie, läßt sich in drei Phasen einteilen:
a) Das Delegiertenprinzip - die theoretische Inhalte wurden mit Hilfe von Referaten über Bücher und Aufsätze erarbeitet, was aus arbeitsökonomischen Gründen geschah. Theoretische Problemstellungen bildeten später, nach der Zeit rein theoretischer Arbeit, die Grundlage für die Praxisstunden, die im Wechsel von einem 'Spezialisten' (dieser hat schon eigene positive Erfahrungen mit einem auszuprobierenden Stoff gemacht, Seminare etc., und versucht, jeden uns näherzubringen) angeleitet wurden. Trotz der theoretischen Vorbereitung aller, nahm der 'Spezialist' durch seine Praxiserfahrungen auf dem Gebiet eine relativ starke Leiterfunktion ein.
b) Kollektive Verantwortlichkeit - das abgesprochene Thema sollte von allen vorbereitet werden, so daß eine gemeinsame Verantwortlichkeit ent-

stand. Das Ziel waren gemeinsam gestaltete Stunden, in denen sich jeder mit seinen Vorstellungen und Ideen (zu einem speziellen Thema) einbringen sollte. Dies ist schief gegangen, da doch nicht alle entsprechend vorbereitet waren.

c) Eingeschränktes Delegiertenprinzip, sozial integrativer Ansatz

Jeder soll sich weiterhin auf das Thema vorbereiten. Zusätzlich jedoch bereiten sich ein oder zwei Leute intensiver vor, wobei der 'sozial integrative Ansatz' eingearbeitet wurde. So haben z.B. Leute, die schon länger in der Gruppe mitarbeiteten, mit neu Hinzugekommenen Praxisstunden gestaltet. Es gibt somit jemanden, der Anstöße gibt, weiterhelfen kann und doch nicht allein verantwortlich ist, denn alle sollten in der Lage sein, die Stunde mitzugestalten. Für jeden besteht so die Möglichkeit, seine Bedürfnisse einzubringen, auch wenn er auf dem Gebiet keine praktischen Erfahrungen hat.

Motivationsinstanz und Schneeballsystem

Einige aus der Gruppe (diejenigen mit dem größten Potential an disponibler Zeit) wollten 1981 ihre ersten Erfahrungen in der Öffentlichkeit sammeln und an der 'Spiellinie' - einer Einrichtung im Rahmen der Kieler Woche - mitwirken. Interessierte Mitarbeiter aus dem Bereich der Fachschaft Sport und der Pädagogischen Hochschule Kiel waren schnell gefunden. Ein Konzept wurde erstellt und Material bzw. Spielgeräte wurden selbst vom Vorschuß auf unsere Gage gekauft. Viele Sportgeräte wurden selbst gebaut. Das Spielangebot gesellte sich um die von der Gruppe erprobten 'New Games' - Erfahrungen, Veränderungen und Neuerungen wurden eingearbeitet. Die Aktion war - auch gerade für uns als Lernende im Umgang mit heterogenen Gruppen (4 - 80 J.) - ein voller Erfolg. Mit der 1982 wiederholten und erweiterten Aktion (Tanz- und Bastelworkshops), Dokumentation über die miserablen Spielmöglichkeiten in Kiel/mit Umfrage) ist es uns gelungen, einen 'Spielgerätepark' einrichten zu können, d.h. eine möglichst große Anzahl - besonders sonst schwer zugänglicher - Spielgeräte anzuschaffen und diese anderen Gruppen (Kirchen, Gemeinden, Kinderschutzbund, Jugendamt, ASTA) mit teilweise auch personeller Unterstützung/Einweisung in Spiele, Erfahrungsaustausch etc.) zur Verfügung zu stellen.

Im Wintersemester 80/81, im Rahmen einer Orientierungseinheit für Erstsemester, die von der Fachschaft organisiert wurde, ist es gelungen, alternative Formen der Bewegung vorzustellen, dessen Eindrücke und Inhalte den Studenten in Kiel - aus welchen Gründen auch immer - vorenthalten werden. Tradiertes Sporttreiben (Uni Kiel) wird so auf der Ebene sinnfälliger Alternativen und Erweiterungen kritisierbar.

Perspektiven . . .

Im Raume steht - auf wackligen Beinen - ein Wohnprojekt dieser Gruppe (zumindest aus Teilen von ihr), das aus der Verbindung von Arbeit und Wohnen bestehen soll. Vorstellungen kreisen um eine Dreiteilung der Arbeit:

a) Persönliche Weiterbildung durch Seminare und Arbeitsgruppen

b) Anbieten von Seminaren, Erfahrungsvermittlung

c) zumindest am Anfang: arbeiten, um sich über Wasser halten zu können - dabei ist eine Verflechtung von Bewegungsspezifischer Arbeit und Arbeit auf Grund ökonomischer Zwänge zwar gewünscht, aber nicht intendiert. Im Laufe der Zeit soll sich gerade diese Verflechtung als Perspektive herauskristallisieren.

E. Helms

Freie Lern-, Übungs- und Spielgelegenheiten

Ergebnisse eines längeren Unterrichtsprojekts am Beispiel einer 3. Grundschulklasse

Da wir leider keine Fotos vom Unterrichtsprojekt selbst haben, zeigen wir Euch, wie phantasievoll Kinder am Spiel- und Kulturfest in der Universität Oldenburg gespielt haben.

Voraussetzung für Alternativen - für anders sein, für verändern - ist die Fähigkeit des Individuums oder einer Gruppe von Individuen, überhaupt alternativ handeln, offen und flexibel reagieren zu können. In einer durchorganisierten, verplanten Gesellschaft mit festgefügten Normen verkümmert diese Fähigkeit weitgehend - Ausnahmen sind einige wenige, denen sie ihres Berufes oder ihrer Funktion wegen zugestanden wird. Elternhaus, später Schule - primäre Sozialisation, schulische Sozialisation - prägen vorrangig Verhaltensweisen, die Anpassung und Einordnung bewirken, - Offenheit, Kreativität, Selbstgestaltung werden durch bestehende Normen behindert.

Von daher fügt sich das hier vertretene Projekt in den Rahmen des Symposiums insofern ein, als untersucht wurde, wie und wo im und durch Schulsport Fähigkeiten bei Kindern noch erhalten werden können, die Voraussetzungen für Alternativen sind und wo sie als Ziele und Inhalte im schulischen Sportunterricht integriert werden könnten.

Schulsport versteht sich einerseits als geschlossenes System vorgegebener Normen und Ziele, andererseits kann er sich aber auch als ein offenes, veränderbares und sich veränderndes System begreifen. Das wiederum ist abhängig von der Rolle und dem Führungsstil des Lehrers, der entweder alle Planungs- und Entscheidungsfunktionen nur auf sich konzentriert oder aber offenen Unterricht, offene Situationen ermöglichen kann. Dieser spezifische Standort und die grundsätzliche Entscheidung von Lehrern für mehr produktorientierten oder mehr prozeßorientierten Unterricht,bedeutet für den Schüler aber auch Vorentscheidung darüber, ob seine Fähigkeiten für Alternativen erhalten, neu erschlossen oder nicht ermöglicht werden - ob er Konsument dessen bleibt, was ihm vorgegeben oder lernt, selbst kreativ zu sein.

Die Versuche, die von Projektgruppen in Berlin durchgeführt wurden, sollten Erfahrungswerte liefern, wie sich Schüler verschiedener Altersstufen in Situationen im obligatorischen Sportunterricht verhalten, die so offen wie nur möglich gestaltet wurden. Wie Schüler mit dem Angebot eines relativen Freiraumes umgehen, ihn nutzen und gestalten. Die Schüler konnten die darin enthaltenen Vorteile voll ausschöpfen, sie mußten sich aber auch mit Entscheidungs- und Handlungszwängen auseinandersetzen, Konflikte und Frustrationen selbst lösen oder ertragen. Von außen her wurde durch sehr vorsichtige und unaufdringliche Einflußnahme seitens der Lehrperson nur in solche sich anbahnende oder ablaufende Handlungen eingegriffen, die eine mögliche physische und psychische Gefährdung befürchten ließen. Ebenso war es Aufgabe des betreuenden Lehrers, auf die Einhaltung notwendiger organisatorischer Zwänge zu achten und sie zu garantieren.

Diese Schulversuche wurden in einer 1., einer 3., einer 6. und einer 7. Klasse unter ähnlichen, aber auf die Altersgruppe bezogenen Bedingungen über längere Zeiträume durchgeführt. Hierbei gliederten sich die Sportstunden jeweils in einen vom Lehrer gestalteten und von ihm geleiteten Stundenteil und einen zweiten, in dem den Schülern ein materiales Angebot gemacht wurde, das sie frei nutzen konnten. - Der zeitliche Umfang dieses freien Lern-, Übungs- und Spielangebots vergrößerte sich mit zunehmendem Alter der Schüler. 10 Minuten pro Unterrichtsstunden in der 1. Klasse, 15 Min. in der 3. Klasse, die Hälfte einer Unterrichtsstunde in der 6. Klasse und jeweils ganze dritte Stunde in der 7. Klasse.

Am Beispiel der 3. Klasse wurde in einem Super 8-Film dem Arbeitskreis gezeigt, wie sich ein solches "Freies Angebot" in der Praxis entwickelt, wie Kinder dieser Altersstufe mit sich selbst zurechtkommen, wie sie mit anderen umgehen, was sie entwickeln und wie sie das tun. Der Film zeigt drei unterschiedliche strukturierte Angebote. Ein Angebot (immer 15. Min. am Ende jeder Stunde) wurde jeweils in 6 aufeinander folgenden Sportstunden dieser Klasse aufrechterhalten.

1. Angebot: 8 Klettertaue, 4 Ringpaare, 4 schräggestellte Kletterstangen, 4 Kletterstangen, Matten und kleine Kästen konnten nach Bedarf hinzugefügt werden.
2. Angebot: 4 große Kästen, 8 kleine Kästen, 6 Turnbänke, alle Sprossenwände, Matten nach Bedarf.
3. Angebot: Speckbrettschläger mit Weichbällen, Shotballschläger mit Bällen, Indiaka und Zeitlupenbälle $\varnothing$ 40 cm.

Bei der Auseinandersetzung mit den Inhalten des Filmes wurden zunächst organisatorische und schulrechtliche Fragen erörtert, ferner die in dieser Situation stark veränderte Lehrerrolle und Fragen zu Zielsetzungen, die sich durch die unterschiedlichen Angebote ergeben hatten. Die Angebote waren zwar unter bestimmten Gesichtspunkten zusammengestellt worden; wie sie jedoch von Schülern angenommen werden, welche Handlungen sich an ihnen entwickeln würden, konnte vorher nur vermutet werden. Tatsächlich liefen auch in den drei Angeboten sehr unterschiedliche Lern-, Übungs- und Spielphasen ab und auch die Gruppen- und Gruppierungsprozesse unterschieden sich wesentlich. Kommunikation, verschiedene Formen der Kooperation und der Selbstorganisation und Regelfindung waren gut zu beobachten - und auch ein sich allmählich vollziehender Integrationsvorgang von zwei Außenseitern in eine Gruppe.

Für die Teilnehmer des Arbeitskreises ergab sich die Feststellung, daß ein in dieser Weise ablaufender Unterricht oder so gestaltete Unterrichtsituationen für den Lehrer andere Vorbereitungs- und Qualifikationskriterien voraussetzen, daß Schülerbeurteilungen oder Bewertungen unter veränderter Sichtweise geschehen werden und sich wegen der Selbststeuerung- und Selbstregulationsmechanismen bei sehr vielen Schülern eine starke Motivation für diese Form freier Angebote entwickeln wird. ●

Fremde Kulturen werden für uns zur Alternative

Heidi Zieger

Die Leidenschaft der Balkantänzer

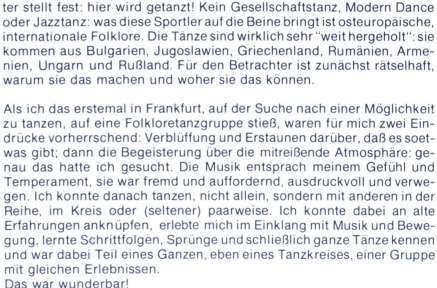

Jeden Dienstag erscheinen in der Gymnastikhalle der Universität Oldenburg ganz ungewöhnliche Sporttreibende: sie kommen in Röcken, Pump-hosen und Westen und haben merkwürdige "Turn"schuhe an. Es sind überwiegend Frauen, die da zusammenkommen. Dann ertönen fremdländische Rhythmen und Klänge. Der erstaunte und neugierige Betrachter stellt fest: hier wird getanzt! Kein Gesellschaftstanz, Modern Dance oder Jazztanz: was diese Sportler auf die Beine bringt ist osteuropäische, internationale Folklore. Die Tänze sind wirklich sehr "weit hergeholt": sie kommen aus Bulgarien, Jugoslawien, Griechenland, Rumänien, Armenien, Ungarn und Rußland. Für den Betrachter ist zunächst rätselhaft, warum sie das machen und woher sie das können.

Als ich das erstemal in Frankfurt, auf der Suche nach einer Möglichkeit zu tanzen, auf eine Folkloretanzgruppe stieß, waren für mich zwei Eindrücke vorherrschend: Verblüffung und Erstaunen darüber, daß es soetwas gibt; dann die Begeisterung über die mitreißende Atmosphäre: genau das hatte ich gesucht. Die Musik entsprach meinem Gefühl und Temperament, sie war fremd und auffordernd, ausdruckvoll und verwegen. Ich konnte danach tanzen, nicht allein, sondern mit anderen in der Reihe, im Kreis oder (seltener) paarweise. Ich konnte dabei an alte Erfahrungen anknüpfen, erlebte mich im Einklang mit Musik und Bewegung, lernte Schrittfolgen, Sprünge und schließlich ganze Tänze kennen und war dabei Teil eines Ganzen, eben eines Tanzkreises, einer Gruppe mit gleichen Erlebnissen.
Das war wunderbar!

Ziemlich schnell entpuppte sich das Rätselhafte als erlern- und erfaßbar. Ich besuchte andere Tanzgruppen, lernte Tänzer, Tanzlehrer und Referenten kennen und begann, Folkloreseminare im In- und Ausland zu bereisen. Längst war auch ich vom Folkloretanz"fieber" erfaßt.

Als ich vor anderthalb Jahren nach Oldenburg kam, war es notwendig und konsequent, nach Gleichgesinnten zu suchen bzw. den Folklore"bazillus" weiterzutragen.

Was fasziniert uns nun an diesen, vorwiegend ost- und südosteuropäischen Folkloretänzen?

"Für mich ist das Tanzen Freude an der Bewegung im Einklang mit der Musik und den anderen Tanzenden. Als Form für das gemeinsame Tanzen bin ich deshalb vom Folkloretanzen begeistert. Lebensfreude gemeinsam körperlich zu erleben und tänzerisch auszudrücken ist für mich eine wichtige Grundlage des Tanzens" (Peter).

Im Gegensatz zum deutschen Volkstanz, den viele von uns als zu fade, festgelegt und zu wenig mitreißend erleben, empfinden wir die osteuropäische Folklore als interessanter und vielseitiger. Die Musik ist temperamentvoll, ausdrucksstark und abwechslungsreich; die ungewohnten Rhythmen und eingängigen Melodien sprechen uns sinnlich an. Viele von uns haben ganz neue Erfahrungen gemacht und ein spezifisches Gemeinschaftsgefühl entwickelt, wenn sie die Folklore in der Reihe, im offenen oder geschlossenen Kreis tanzen. Und sicher spielt auch das "Fremdländische" dieser Folklore eine Rolle, das durchaus den Reiz des "Exotischen" hat und uns anderen Kulturen näherbringt. Darüberhinaus haben viele Tänze eine Jahrhunderte alte Tradition und werden auch heute noch original überliefert. Gerade den festgelegten, sich immer wiederholenden, gestampften, geschwungenen oder fast schwebenden Tanzschritt, die Schrittkombinationen, den ständigen Wechsel der Schrittfolgen nach den Melodien der oft rhythmisch komplizierten Musik finden wir sehr reizvoll. Ein Erlebnis ist es dann, wenn wir nach einer gewissen Zeit die Tänze harmonisch in uns aufgenommen haben und das Zusammenspiel von Bewegung, Tempo, Musik und Rhythmus genießen können.

Während für den jüngeren Tänzer diese Erfahrungen an leichten Tänzen, die man relativ schnell und spontan mittanzen kann, gemacht werden, kommt für den erfahreneren Tänzer etwas dazu: er sucht die Steigerung von Tempo und Leichtigkeit, will differenziertere Schrittechniken beherrschen und mehr und mehr stilistische Eigenarten der Tänze erfas-

Gemeinschaftlicher Tanz beim Spiel- und Kulturfest 1982 in der Universität Oldenburg

ßen und durch seine Bewegungen ausdrücken. Spätestens jetzt kommt man nicht darum herum, an den Schrittfolgen und -techniken zu feilen, Reihenfolgen zu lernen und stilistische Elemente zu entwickeln. Das Sich-Einhören in die Musik, das behutsame Ertanzen fremder Stile ermöglicht allmählich immer differenziertere Ausdrucksformen. Man lernt Unterschiede und Gemeinsamkeiten der Tänze nach ihren jeweiligen Ursprungsländern und Regionen kennen. Der erfahrene Tänzer weiß, welche individuellen Variationen und Ausdrucksmöglichkeiten er mit und in den Tänzen entwickeln kann, wenn er Schritte, Rhythmus und Stil beherrscht. Für viele von uns ist beides wichtig geworden: der einfache, schnell zu erfassende Tanz und der schwierigere Tanz, dessen Beherrschung ein besonderer Genuß des "Sich-im Tanzen-Befindens" bedeutet. Was man vorzieht, hängt sicher vom tänzerischen Stand, vom jeweiligen Bedürfnis und der jeweiligen Situation ab, in der sich der Einzelne gerade befindet.

Trotz Aufteilung in einer Anfänger- und Fortgeschrittenen-Gruppe sind die Ansprüche und Wünsche innerhalb der "Fortgeschrittenen-Gruppe" doch sehr unterschiedlich. Um es vorsichtig auszudrücken: es bleibt eine ständige Aufgabe bzw. ein ständiges Problem, im Verlauf eines Abends das Maß zwischen "nur tanzen", "lernen" und "wiederholen" für alle zu finden. Um die Komplexheit der Hintergründe einer solchen Spannweite zu erfassen, die zu unterschiedlichen Ansprüchen und Erwartungen und auch zu subjektiv unterschiedlichen Tanzerlebnissen führen, will ich kurz einige Faktoren herausstellen, die die Situation einer solchen Gruppe ausmachen:

- unterschiedliche Tanzvorerfahrung
- unterschiedliche Lernfähigkeit
- unterschiedliche Bedürfnisse und Ansprüche
- unterschiedlicher Kenntnisstand

- unterschiedliche Konfliktlösungsverhalten der Einzelnen
- regelmäßige, unregelmäßige Teilnahme.

In diesem Spannungsfeld Lösungen zu finden, die für alle gültig sind, ist kaum möglich und kann auch nicht alleinige Aufgabe des Übungsleiters sein. Das Ziel ist es, ein Gruppenklima zu schaffen, in dem Spannungszustände anerkannt werden, auszuhalten sind und (produktiv) überwindbar werden.

Ich verstehe die Folklore als ein Angebot, Tänze zu lernen und Möglichkeiten des gemeinsamen Tanzens zu schaffen. Die Bereitschaft, Lernprozesse durchzustehen, ist eine wichtige Voraussetzung, diese Folklore in ihrer ganzen Vielfalt aufnehmen und erleben zu können.
Gemeinsame Feste, private Tanztreffs, Aufführungen, Kontakte und Tanzfeste mit anderen Gruppen und der gemeinsame Besuch von Seminaren unterstützen den Gemeinschaftscharakter des Folkloretanzes.

Während wir unsere "Selbstdarstellung" auf dem Symposium nicht sehr geglückt fanden (miserable Musikanlage, Unruhe, zu geringe Übungszeit) und wir uns beim Tanzen sehr unwohl fühlten, wurden wir durch das gemeinsame Tanzen mit allen in der großen Halle wieder versöhnt. Wir sind immer wieder aufs Neue fasziniert von der Wirkung eines großen, sich gemeinsam im Rhythmus bewegenden und tanzenden Kreises.●

Beim Spiel- und Kulturfest 1982 tanzte auch Jan-Oliver Zieger mit, der vier Wochen später geboren wurde

Frank Zechner
Heimke zur Kammer

Arbeitskreis Asiatische Sportarten

Sinn dieses Arbeitskreises war es, Sportarten aus dem asiatischen Raum vorzustellen, speziell in dieser Veranstaltung das Tai Chi Chuan und Aikido.

Um eine adäquate Einstimmung zu den jeweiligen Sportarten zu erreichen, haben wir Jürgen Oster aus der Werkstatt für Medienarbeit (Oldenburg) für den Bereich des Tai Chi und Dr. Herbert Maier (Uni Bremen) für Aikido gebeten, einige praktische Übungen mit uns gemeinsam durchzuführen.

Jürgen Oster fand es besser, keine große verbale Einführung in die Methodik der reichhaltigen Bewegungsausführungen und -möglichkeiten zu geben. Als erstes bat er uns, unsere eigene Körperhaltung einmal bewußt zu erleben, indem wir uns beim Sitzen beobachten und fühlen lernen.

Mit dieser Übung erklärte uns Jürgen gleichzeitig, was Tai Chi eigentlich beinhaltet: sich selbst einmal zu beobachten und sich schon automatisierte Bewegungsabläufe erst bewußt zu machen. Die Bewegungen sind bequem und nicht energieaufwendig.

Nach dieser Einführung forderte er uns auf, durch den Raum zu 'gehen'. Beim Gehen sollten wir uns wiederum beobachten und ab und zu ganz bewußt unsere Gehweise verändern. Nach den ersten Veränderungen der Gehweise und dem damit verbundenen Hineinhorchen in den Körper (wie gehe ich eigentlich wirklich?) führte uns Jürgen in die 'Gehweise', geprägt durch die Lehre des Tai Chi, ein. Er gab uns folgende Anweisungen: Stehen bleiben, einen Fuß fest aufsetzen, den anderen tastend nach vorne bringen, wobei das Körpergewicht vom 'stehenden' Fuß auf den tastenden verlagert werden soll. Außerdem läßt sich dabei, bedingt durch die 'Beobachtung der Muskeln im Fuß' feststellen, inwieweit eine Entspannung möglich ist.

Dieses betont ruhige Gehen durch den Raum ist ein Ertasten des Bodens, wodurch ein Verhältnis Körper - Boden hergestellt werden soll! Eine weitere Beobachtungsvariante ist der ganze Körper - wie verhalten sich Arme, Schultern, der Kopf, die Wirbelsäule, die Beine usw.. Das Gehen läßt sich durch Gewichtsverlagerungen am Körper verändern, indem man z.B. mit 'wabbeligen' Knien den Raum begeht.

Weitere Übungen:
"Stellt Euch vor, Ihr habt 10 Stunden gearbeitet. Ihr kommt nach Hause und seid total kaputt." Durch Entspannungsübungen aus dem Bereich des Tai Chi kann der Körper entladen werden. Dazu Jürgen: "Macht die Bewegungen nicht, laßt den Körper bewegen, wie er es will, bis Ihr eine natürliche Schwingung des Körpers erreicht habt." Der Körper darf zu keiner Zeit zu einer Bewegung gezwungen werden, denn erst dann stellt sich ein Gehen, ein 'Fließen' des Körpers durch den Raum ein.

Partnerübung:
Arme werden dem Partner entgegengestreckt und die Hände berühren sich. Die rechten Füße der beiden Partner werden parallel aneinandergesetzt. Gegengleiches Schwingen der Arme und Beine der beiden Partner zunächst nach vorne und hinten, danach ein kreisformiges Schwingen, wobei die Füße fest am Boden stehen bleiben.

Die kreisförmigen Bewegungen kommen wie von selbst aus dem inneren heraus, wobei man sehr deutlich den Körper des jeweiligen Partners spürt und mit ihm 'eins' ist.!
Merkmale der Bewegungen beim Tai Chi: Die Bewegungen des Tai Chi liegen zwischen der totalen Entspannung und der kontrollierten Bewegung.
Die Ästhetik der Bewegung des Tai Chi demonstrierte uns Jürgen anhand einer Vorführung seines Könnens. Wir sahen an seinen Bewegungen die 'absolute' Ruhe, Entspannung und Anmut. Er zeigte uns das 'Freilassen' seiner Bewegungslust.

Aikido

Wir erfuhren von Aikidoerfahrenen, u.a. von Dr. Herbert Maier, wo der Ursprung des Aikido liegt. Es ist eine Verteidigungssportart, die aus dem Schwertkampf der alten Sumareis resultiert (Sumareis waren Angehörige des japanischen Kriegerstandes).

Übungen zur Einführung:

1
Eine Person geht in die Hocke und wird von einer anderen relativ einfach umgestoßen. Danach zeigte uns Herbert, was passiert, wenn man eine Technik des Aikido anwendet, um nicht umgestoßen zu werden: Durch Konzentration und Kraft (vor allem durch das Anspannen der Rückenmuskulatur) wird es unmöglich, den Hockenden umzustoßen. Der Körper wehrt sich gegen das Umstoßen, was sich auch darin zeigt, daß man die Ellenbogen nach innen nimmt und dadurch den Oberkörper in Spannung bringt.
Die Übung kann dadurch entspannt werden, daß der/diejenige, der/die auf dem Boden hockt, anfängt laut zu lachen. Mit den Lachen lockert sich die Bauchmuskulatur und man ärgert gleichzeitig den vermeintlichen Gegner, denn es ist tatsächlich absolut lächerlich/ - der/die Drücker/in hat keine Chance, den Körper des Hockenden umzustoßen.

2
Die zweite Übung ist eine sehr leichte Übung. Herbert demonstrierte uns allen mit Hilfe eines sehr kräftigen Teilnehmers, daß beim Aikido die Willensbildung und -anwendung eine große Rolle spielt. X greift Y ans

Handgelenk und hält dieses mit aller Kraft nach unten. Y möchte sich am Kopf kratzen! Zu diesem Zweck dreht er seine Hand so, daß X mit den Fingern in die Drehrichtung zeigt. Jetzt ist es für Y keine Schwierigkeit mehr, sich am Kopf kratzen zu wollen. X kann sich noch so anstrengen (noch so viel Kraft aufwenden), er kann es nicht verhindern, daß Y seine eigene Hand mit an den Kopf bewegt und sich kratzt!

Um Kraft bei den beschriebenen Übungen zu entwickeln, muß jede Person sich klar darüber sein, daß es nur um sich selbst geht, daß es ein Kampf für sich selbst ist und nicht, um andere primär zu bekämpfen und zu besiegen.

"Kommt eine Person auf mich zu, kann ich entweder weglaufen, oder aber ich kann auf sie warten und sehen, was sie denn eigentlich von mir will. Ich bleibe mit meiner Kraft stehen und warte. Die andere Person hat keinen Standpunkt, aber ich kann stehen und entscheiden - für mich und meinen Standpunkt. Die Hauptsache ist, daß ich mich auf mich und meine innere Stärke verlassen kann" (Zitat Herbert).

D.h., daß mann/frau die Kraft so anwendet, daß die Energie des Körpers fließen kann und keine äußere Anstregung zu sehen ist.

Nach diesen Übungen fanden wir es wichtig, einmal zu erfahren, welche Erfahrung die Teilnehmer/innen mit asiatischen Sportarten gemacht haben. Zum anderen wollten wir versuchen, Tai Chi und Aikido in einem Zusammenhang zur alternativen Sportkultur zu bringen und damit zu problematisieren, wie der Begriff 'Alternativ' einzugrenzen ist bzw. ob er überhaupt einzugrenzen ist.

Weil es für uns unheimlich schwierig ist, die Diskussion zusammenzufassen, bringen wir, um der Diskussion nicht ihren Wert zu nehmen, eine chronologische Abfolge der einzelnen Wortbeiträge.

Was habt Ihr bei diesen Übungen Empfungen? Welche Erfahrungen habt ihr eventuell schon mit Tai Chi oder Aikido gemacht?

- Neu ist es für mich, daß man keine Kraft anwenden braucht, sondern daß ich spüre, wie die Energie in meinem Körper und durch meinen Körper fließt.
- Es findet ein in sich Hineingehen statt, womit man die Bewegung steuern kann. Man geht nicht nur nach äußeren Bedingungen.
- Durch die Erfahrung mit Tai Chi werden Bewegungsbeobachtungen z. B. auf die Sportgymnastik übertragen.
- Die Wahrnehmung des ganzen Körpers, die ganzheitliche Erfahrung ist wichtig für die Bewegung, die man selbst ausführt.

Gehört Tai Chi zum Bereich der alternativen Sportkultur oder ist es nicht doch schon etabliert und nur von der asiatischen Mentalität her etwas neues für uns?

- Asiatische Sportarten sind gerade deshalb alternativ, weil sie von der Kultur her anders sind.

- Es ist nicht nur alternativ, weil es neue Bewegungen sind, sondern um z.B. Aikido als alternativ zu bezeichnen, ist es wichtig, wie man diese Bewegungen ausführt: Aikido als Leistungssport steht nämlich im totalen Gegensatz zum 'Alternativbegriff'. Aikidomeister machen sich im Wettkampf gegenseitig kaputt!
- Tai Chi bietet die Möglichkeit, wieder neu zu entdecken, Bereiche wiederzufinden, die wir verdrängt haben. In der bestehenden Leistungsgesellschaft sind unsere Bewegungen bis in kleinste automatisiert und wir bewegen uns nur noch im Zeittrakt.
- Man kann aus seinem Körper wieder das herausholen, was vom Leistungssport kaputt gemacht wurde. Man findet Ruhe, aus der heraus man neue Kraft schöpfen kann.

Man kann auch traditionelle Sportarten anders gestalten, indem man auf mehr Körpererfahrung wert legt. Geräteturnen, Fußball, Basketball etc. würde damit einer anderen Vermittlungsmethode zugrunde liegen!

- Bei Bewegungsabläufen ist die Zielsetzung wichtig, mit der man an Bewegung herangeht. Beim Bodenturnen kann eine Flugrolle z.B. eine wichtige Erfahrung für den Körper bedeuten.
- Asiatische Sportarten sind nicht aus irgendeiner zufälligen oder bestimmten Bewegung heraus entstanden, sondern aus einem inneren Gefühl der Menschen (Jürgen Oster).
- Die Langsamkeit der asiatischen Körpertechniken ermöglicht, daß man Kontakt aufnimmt mit seinen Bewegungen. Man kann bewirken, daß sie immer wieder anders ausfallen. Der 'Blick' muß dabei nach außen und innen gehen.
- Durch die Übertragung der asiatischen Körpertechniken auf traditionelle Sportarten wird 'altbekanntes' deutlich gemacht. Die asiatischen Sportarten setzen neue Körperdimensionen frei. "Alternative Sportarten" wie Tai Chi, Aikido etc., sollten in der Sportlehrerausbildung angeboten werden. Sie sind aber erst dann in der Schule anwendbar, wenn der Sportlehrer viel Erfahrung in diesem Bereich des Sports hat und alternativen Sport nicht nur als etwas neues in der Schule demonstriert.
- Es gibt keine alternativen Bewegungen, sondern nur natürliche und unnatürlich, starre und freie Bewegungsabläufe.
- Es ist wichtig, im Sport nicht nur ein Idealbild von Bewegung zu schaffen, denn jede Bewegung kann etwas Schönes, anmutiges, Ästhetisches an sich haben!

Ist es nicht wichtiger für Sporttreibende, nicht nach vorgegebenen Bewegungsmustern zu streben, sondern sich mehr den Erfahrungen des eigenen Körpers, durch Bewegung, hinzugeben?
- Man muß an den eigenen Fähigkeiten arbeiten, viel erfahren und benutzen. Die Devise könnte lauten: sich nicht nach Grazie und Schönheit beim Sprung oder einer Drehung zu orientieren, sondern sich nur seinem eigenen Gefühl hinzugeben.

Gehübungen im Projekt "Bewegung in Schule und Unterricht" an der Universität Oldenburg, 1978

D.h. daß man z. B. beim Geräteturnen nur auf ein äußeres Ziel gerichtet ist. Der Körper ist ein Instrument, das von anderen beurteilt wird, durch Haltungsnoten, Zensuren etc. Man sollte lernen, die Wertmaßstäbe von diesen 'Kontrollmechanismen' abzubauen und sich erst einmal fragen, wie man sich selbst bei bzw. nach einer Übung fühlt, wie man selber seinen Sprung fand!!!

- Tai Chi zahlt man zum alternativen Sport, obwohl es hier Bewegungsanweisungen und vorgeschriebene Bewegungsmuster gibt, die dem Schüler vorschreiben, wie er sich zu bewegen hat. Diese Anweisungen sind nach Meinung von Jürgen Oster notwendig, um verkrampfte Bewegungen, bedingt durch automatisiertes Verhalten der Übenden gleich aufzuheben, da sie diese nicht erkennen können. 'Anweisungen', wie suche Deinen Körper-Schwerpunkt, sind zu schwer nachzuvollziehen, da kaum jemand diesen je in seinem Körper gesucht hat.
- Teilweise erlebt man sehr viel Unverständnis von seiten einiger Beobachter/innen und gleichzeitig, weil man es ja nicht versteht, was da eigentlich passiert, wird man abgelehnt! Aus diesem Grund haben viele Tai Chi Sportler z.B. die Schwierigkeiten, ihre Bewegungen in einem Park zu machen, denn die Leute lehnen diese Art der Bewegung, sie ist ja schön 'ruhig' und man selbst hastet vorbei, ab.
- Unsere Bewegungen im Alltag, beim Frühstücken, Waschen, Gehen usw. laufen viel zu hektisch ab! Wir sollten mehr nach innen schauen, um ein neues Zeitgefühl zu entwickeln.
- Asiatische Sportarten als Subkultur richten sich gegen den bestehenden, normierten Leistungssport in unserer europäischen Leistungsgesellschaft.
- Durch Tai Chi und Aikido erlebt jede/r eine Bewußtseinsveränderung, bezogen auf traditionelle Sportarten und deren Ausführung und stellt sie dadurch in Frage.
- Alternatives Lernen   Konditionelles Lernen??

Alternatives Lernen meint hier das Erlernen einer Bewegung, allein durch Erforschen und Erfahren des Körpers und damit die Entwicklung eigener Gefühle, d.h. Einschränkung des Lernbegriffs.

Auf diese Frage an Jürgen Oster, ob Tai Chi Chuan für ihn im Bereich Sport anzusiedeln ist, antwortete er: "Tai Chi ist für mich eine Art zu Leben !!!●

Herbert Maier

Lernziel 'Körperbewußtheit'

Ausgangspunkt für die heutige lebensgefährdende Situation wie auch für die beginnende Neuorientierung ist eine bedrohliche Abkehr vom Körper und vom sinnenhaften Verstand hin zu abstrakter Rationalität und technokrativer Kalkulation. Die sinnlich-geistige Identität des Menschen als Einheit von körperlicher und geistiger Entfaltung und Erfahrung, als Entfaltung von Sinnen und Beziehungen, tritt in der europäischen Zivilisationsgeschichte mit der Industrialisierung endgültig und systematisch hinter den Prinzipien der Körperbeherrschung und der technisch orientierten Geometrisierung und Taylorisierung des Menschen zurück.

Die Situation ist die: Wo kann man heute noch auf die Idee kommen, Freude an körperlicher Bewegung auszubilden und den Körper als gestaltendes und gestaltbares Moment sinnhafter, anfassbarer, begreifbarer und spürbarer menschlicher und zwischenmenschlicher Bezüge zu erfahren? Die Arbeit ist längst zu stumpfsinnig und sinnentleert dafür geworden und der Sport beeilt sich, seine Stadien der technischen Nationalität der Arbeit und der verwalteten Beziehungen anzugleichen.

Herbert ist derjenige, der steht; vor ihm sitzt Rüdiger Hillgärtner

Im Sport war mir das immer so vorgekommen, als ob der Körper beinahe wie der "Leibhaftige" verteufelt wird. Man tut hier so, als ob der Körper ein Stück Fleisch sei, aufgehängt an einem Garderobenständer, den man Skelett nennt. Dann gibt man dem Ganzen einen gut trainierten Schubs und es bewegt sich mit Unterstützung seiner Gelenke und Bänder. Das ist eine grobe Überzeichnung für das durchaus noch gängige maschinenähnliche Menschenbild im Sport. Alle Überlegungen gehen im Sport dahin, das Funktionieren eines Körper-Mechanismus zu effektiveren, um ihn zugunsten einer neuen, verbesserten Generation auszutauschen, wenn sich seine Effektivität nicht mehr weiter steigern lässt. Harte Worte? Die Verschleißziffern sprechen eine deutliche Sprache!

Die Entwicklung von Körper-Fähigkeiten als Reifungsimpuls für den ganzen sozialen Menschen ist bisher nur die Idee einer kleinen Zahl von oft belächelten "Reformpädagogen" geblieben. Dabei ist - auch durch die neueren körperpsychotherapeutischen Erkenntnisse - belegt, daß im Körper die Lebensgeschichte "eingefleischt" ist. Wenn ich betrachte, was eine "alternative" Beschäftigung mit der Person, mit dem Körper von Personen, mit ihrer Bewegungsfähigkeit oder mit ihren Bewegungsbehinderungen bewirken kann, dann ist die leitende Frage für mich, ob sie sich auf den Menschen in all seinen Momenten, körperlich-sinnlichen wie geistig-seelischen und sozialen bezieht, ob sie in seine Bewegungsförderung auch die Tatsache einbezieht, daß er sich in einer ganz bestimmten Situation befindet, etwas mit anderen Menschen zu tun hat oder nicht, daß er sich dabei in der oder jener Weise auch fühlt, bestimmte soziale Verhaltensfähigkeiten entwickeln kann oder nicht.

Bei dem Versuch, im Sport ein äußeres Ziel zu erreichen, eine Leistung zu effektivieren, ist häufig gefordert und zu beobachten, daß der Sportler sich selbst unempfindlich macht gegenüber unangenehmen Körpergefühlen, daß er seine körperlichen Schädigungen und Einschränkungen aus Wahrnehmung und Bewußtsein verdrängt – wir hatten im Arbeitskreis heute vormittag dieses Phänomen von einem Wettkampfturner bestätigt. Meine Frage ist, wie man den Weg hin zu einer bestimmten Leistung im Bewußtsein des Übenden behalten kann, wie das Ziel und der Weg dahin aus dem Erleben der Person und für die Entwicklung dieser Person bestimmt werden können. Neben allen beachtenswerten Anmerkungen, die bereits zur Charakterisierung von "alternativen" Modellen gemacht worden sind, möchte ich den Blick darauf lenken, ob die neugefaßten Übungswege das Individuum auch auf Ziele in der Gesellschaft und Politik wenden, in denen wir alle als mitverantwortlicher Teil existentiell betroffen sind, wie etwa in Fragen der Friedenspolitik, der Störung des ökologischen Gleichgewichts und so weiter. Denn Sport wird nicht im gesellschaftlichen Abseits betrieben und "alternative" Ansätze dürfen nicht die Funktion haben, luxurierende Spielwiesen zu sein, auf denen das an Anregung, Kreativität, Gemeinschaftlichkeit und Selbständigkeit geübt wird, was aus dem "eigentlichen" Leben längst verbaut wurde. Alternative Ansätze müssen sich auch darüber befragen lassen, ob sie den Menschen als Subjekt in ihre Entscheidungsprozesse und Handlungsperspektiven mit einbeziehen, denn es kommt auch hier darauf an, jeden einzelnen fähiger zur Entscheidung und Handlung zu machen. H.E. RICHTER formuliert die Lebenssituation so, daß wir alle mit in dem Boot sitzen, das weiter dem Abgrund zutreibt, wenn wir nicht mit vielen anderen dazu beitragen, den Kurs noch zu ändern.

Als ein Aspekt, die historische Bedeutung von Alternative in unserem Bereich einzuschätzen, wäre der Versuch zu nennen, die Fähigkeit des Einzelnen zu stärken, daß er seine Körperempfindungen wahrnehmen und seine Körpererfahrungen verstehen lernt. Körperempfindungen gelten für gewöhnlich als irrational und irreführend, stehen unter dem strengen Diktat der kognitiven Beurteilung. Andererseits weisen zahlreiche neuere Untersuchungen darauf hin, daß Körpergefühle sensible Einschätzungen für interaktive Situationen und soziale Bezüge erlauben, und daß Körperempfindungen Einfluß haben auf die Wahrnehmung der Welt. Es wurde nachgewiesen, daß sich beim RORSCHACHTEST Bildvorstellungen von Verletzbarkeit einstellen, wenn der eigene Körper selbst als verletzlich erlebt wird; wird das Gefühl zum eigenen Körper dagegen als fest erlebt, stellen sich eher Bildvorstellungen von Sicherheit und Geborgenheit ein.
Distanz zum eigenen Körper bis hin zum klinischen Bild der "körperlichen Depersonalisierung" macht anfälliger für Beherrschungspraktiken, hauptsächlich insoweit gegenüber Personen und Situationen eine eigene Instanz des Verstehens und der Sinnbestimmung mangelt.

Eine Erziehung in "Körperbewußtheit", d.h. in der Fähigkeit zu differenzierter Wahrnehmung von Körpergefühlen im Zusammenhang sozialer Interaktionen hat aus diesen Gründen einen großen Wert, um mit dem Leben zurechtzukommen. Alternative Sport- und Körperpraxismodelle könnten sich darum bemühen, der Abstumpfung gegenüber Körpererfahrungen entgegenzuwirken und leiblichen Funktionen auf allen Ebenen gegen ihre nur instrumentelle Abnutzung zu stärken.

Ich möchte zum Abschluß nocheinmal H.E. RICHTER zu Wort kommen lassen, der durchaus in Übereinstimmung mit dem oben Ausgeführten sagt, daß es sehr wohl auf die Gefühle ankommt, die aus dem Bauch oder besser aus dem Herzen der Menschen kommen. "Denn der Wille zum Frieden existiert ja nur in unseren Seelen und kann nur von dort, millionenfach gebündelt, zum Maßstab politischer Entscheidungen gemacht werden."●

Im Sportverein bleiben...

Herbert Hartmann
Deutscher Turner-Bund

Anmerkungen aus der Sicht eines Sportfunktionärs

Vorbemerkung: Ich kann hier keine offizielle, alle Gliederungen des DTB repräsentierende Stellungnahme abgeben. Dennoch dürften meine Äußerungen eine gewisse Verbindlichkeit haben, weil sie vom Präsidium des DTB getragen werden; ebenso sind sie durch unsere Satzungen und Ordnungen geprägt; und schließlich lassen sie sich belegen durch unsere Angebote in der Übungspraxis. Allerdings sollte erwähnt werden, daß die Praxis der Vereinsarbeit z.T. hinter den Leitideen der Führungsgremien herhinkt.

Generelle Anmerkungen zum Thema des Symposiums aus der Sicht eines "Sportfunktionärs":

a) Der Begriff "Sport-Kultur" ist für viele Sportfunktionäre und Praktiker ein Kompositum mit widersprüchlichem Charakter: 'Kultur' wird eher als ein anderes, entgegengesetztes Handlungsfeld betrachtet; Kulturhalle und Sporthalle sind ganz unterschiedlich geartete und eingerichtete Begegnungsstätten; Kultur hat mit Sport kaum etwas zu tun, daran ändern auch einige kulturgeschichtliche Ausstellungen oder kulturelle Veranstaltungen (z.B. bei Olympischen Spielen) nichts; Kultur ist eher ein Additivum zum Sport, als daß umgekehrt Sport in kulturelle Bezüge eingebunden wird. Mit einem solchen "Vorurteil" bei Sportfunktionären muß gerechnet werden.

b) Sport - Alternativer Sport: In weiten Kreisen des offiziellen Sportbetriebes herrscht ein reduziertes Sportverständnis. Sport wird gleichgesetzt mit geregeltem, normiertem, internationalisiertem Sporttreiben. Kaum gesehen bzw. anerkannt wird das freie, selbstgestaltete Spielen, Körpererfahrung, Bewegungsgestaltung, darstellendes Spiel. Erst langsam wächst das Bewußtsein für dieses andere (alternative) Sinnmodell des Sports. Ansätze zu einer alternativen Sportkultur stoßen also in dieser Hinsicht bei den Sportfunktionären auf ein weites Vorurteil.

c) Alternative Sportkultur im hier definierten Sinne will ganz bewußt eine politische Dimension mit einbeziehen, ja zum tragenden Moment machen. Das dürfte bei Sportfunktionären wie in der Vereinsarbeit auf

Widerstand stoßen. Sport und Politik (hier im Sinn der parteilichen Stellungnahme und Aktion im Hinblick auf konkrete, gesellschaftlich wichtige Ereignisse) dürfen nicht zu eng zusammengebracht werden! So ist die fast durchgehende Position des etablierten Sports.

Alternative Sportkultur aus der Sicht des DTB

a) Sport und Kultur   Aufgrund seiner historischen Entwicklung und seiner jetzigen grundsätzlichen Verbandspolitik steht der DTB einer Verbindung von Sport und Kultur sehr aufgeschlossen gegenüber (Hinweis auf das Amt eines Kulturwartes, die Einrichtung einer Historischen Kommission, Foren und Ausstellungen bei Turnfesten, Pflege der Musik und des Liedgutes). Grundsätzlich liegt aber dem DTB die Verbindung von Sport und Kultur (im Gegensatz zu den meisten Fachverbänden im DSB) sehr nahe.

b) Sport als alternativer Sport: Ein solches Konzept ist für den DTB kein Neuland, allenfalls eine gewisse Perspektivenverschiebung. Es gehört von jeher zum Bestand des Turnens im Jahnschen Sinne einer vielseitigen Körperkultur, Sport auch als Körper- und Bewegungserfahrung, als sozialen Erfahrungsraum zu sehen. Dabei soll nicht verkannt werden, daß sich auch der DTB einer Tendenz zur 'Versportung' nicht entziehen kann. Insgesamt ist bei diesem Verband aber eine größere Aufgeschlossenheit für ein Konzept im Sinn 'Alternativen Sporttreibens' vorhanden. Die Führungsgremien bemühen sich intensiv um eine Erweiterung des Sportverständnisses in diesem Sinn (vgl. u.a. Grundsatzprogramm und Schwerpunktaufgaben des Turntages 1976; Lehrgangsprogramme der Turner-Jugend und des Fachbereichs Breiten- und Freizeitsport).

c) Politische Dimension alternativer Sportkultur: Hier tue ich mich am schwersten mit einer "offiziellen" Antwort.
Ich kann eigentlich nicht viel mehr dazu sagen, als daß unser Verband den politischen Perspektiven, wie sie hier dargestellt werden, relativ neutral gegenübersteht, wie jeder Fachverband des DSB zu dieser Neutralität eigentlich verpflichtet ist. Dennoch glaube ich feststellen zu können, daß gerade in unserem Verband eine Sensibilität für aktuelle politische Problemstellungen vorhanden ist. Ich darf Ihnen gerade in diesem Zusammenhang eine Passage aus unserer gerade verabschiedeten neuen Satzung vorlesen, die das belegt. Ich glaube, wir sind der einzige Fachverband des DSB, der etwas ähnliches in seiner Satzung fixiert hat.
"Der Deutsche Turner-Bund ist bildungs-, sozial- und gesellschaftspolitisch tätig. Im Mittelpunkt steht aber immer das Wohl des Menschen, dazu gehört neben den freudvollen und gesundheitsdienlichen Angeboten auch die besondere Verpflichtung, zu einer lebenswerten, friedlichen und menschenfreundlichen Umwelt beizutragen". Ich glaube, diese Passage aus unserer Satzung belegt, daß auch in dieser politischen Hinsicht eine Sensibilität vorhanden ist. Wie sie ausge-

schöpft wird in der Praxis, ist dann eine andere Sache. Immerhin haben sich auch Führungskräfte des DTB der Initiative "Sportler gegen Atomraketen" angeschlossen.

Ich wollte mit meiner Stellungnahme verdeutlichen, daß der DTB sicherlich gegenüber dem, was wir hier gehört und gesehen haben, offen ist und daß wir diese Aktivitäten insgesamt unterstützen und begrüßen können. Am Ende möchte ich eine Äußerung von P. WEINBERG von gestern abend noch einmal aufgreifen, um damit gleichzeitig eine Perspektive, aber auch eine Gefahr anzudeuten, die ich hier habe sehen und interpretieren können. Ich sehe die Gefahr, daß sich diese neue Bewegung zu leicht und zu schnell in die Isolation begibt. Die Perspektive müßte für mich sein, sich in den gesellschaftlichen Zusammenhängen zu bewegen und in den Institutionen selbst aktiv zu werden.●

...oder neue Vereine gründen?

Verein für Sport- und Körperkultur e.V.

Was für Zeiten

Manifest des VSK Köln

Was sind das für Zeiten, wo ein Gespräch über Bäume fast ein Verbrechen ist, weil es ein Schweigen über so viele Untaten einschließt!

Bert Brecht

In einen Sport, der sich nicht in die Verhältnisse einmischen möchte, in denen er stattfindet, mischen sich diese Verhältnisse ein. Dies bekommt zum einen dem Sport nicht, weil er lebloser Spiegel einer konkurrenz- und erfolgsorientierten Gesellschaft bleibt.
Zum anderen wird aus der vermeintlichen politischen Abstinenz unversehens eine politische Bestätigung der herrschenden Verhältnisse:
Die Olympiade 1936 in Berlin diente der Vorbereitung faschistischer Schlächtereien.
Heute schließt ein Gespräch über Bäume kein Schweigen über Untaten ein. Seveso, Minamata und Harrisburg sind Marksteine für Verbrechen an der Natur, die langsamer wirken als Nuklearsprengköpfe, aber nicht weniger tot-sicher.
Wenn der Rhein zu schmutzig ist, um darin zu schwimmen, fordern wir nicht ein neues Schwimmbad, sondern beharren auf sauberem Gewässer.

Wenn wir erreichen wollen, daß wir uns in Köln menschengerecht bewegen können, müssen wir uns fürs Fahrrad oder den öffentlichen Nahverkehr einsetzen.

Ein Sportverein, der solches fordert, kann nicht der herkömmlich autoritäre sein. Er muß von Grund auf demokratisch sein. Ein solcher Sportverein ermöglicht Kontrolle und Bestimmung durch die Mitglieder nicht nur, er erfordert sie.

Wir wollen uns lösen von deutscher Vereinsmeierei, bei der jeder nur sein eigenes Nest gemütlich herzurichten bemüht ist. Es geht nicht um eigene Sportanlagen, sondern darum, den Zugang zu den bestehenden für alle - nicht nur für die Wettkampfsportler - zu öffnen.

Die Gruppe derer, die am Wochenende im Grüngürtel Fußball spielen, ist größer als der 1.FC Köln. Und der Grüngürtel ist wichtiger als das Müngersdorfer Stadion. Die Interessen des nicht-institutionalisierten Sports sind zum großen Teil allgemeine Interessen, weshalb wir sie gemeinsam mit den sogenannten Freizeitsportgruppen vertreten wollen.

Kultur heißt die Gesamtheit der auf den Beziehungen der Menschen untereinander und zur Natur beruhenden Verhaltensmuster. Diese betreffen vordringlich auch den Körper - wie wir uns bewegen, fühlen, atmen, lieben.

Das Verhältnis von Körper und Kultur kann nicht zerstört werden, nur mißachtet. Dies in zweifacher Hinsicht, indem entweder der Körper als nicht zu sich gehörig betrachtet und geringgeschätzt wird, sich um Gift, Lärm und Bürohetz nicht gekümmert wird; oder er umgekehrt verabsolutiert wird, er womöglich abgehärtet werden soll, an die unleidliche Welt angepaßt, statt diese an den Körper. Dies ist Körperkult. Was wir dagegen wollen, ist KörperKultur, was heißt, das Verhältnis von Körper und Kultur, von dem jeder Teil ist, bewußt wahrnehmen und verändern.

KörperKultur verlangt auch Veränderung nach Innen: der Sport darf nicht in seiner deformierten Form belassen werden, die auf den starken, schnellen und gewandten, auf den Leistungsstarken zugeschnitten ist. Es darf nicht weiterhin organisiert wie eine Fabrik - einziger Unterschied die freiwillige Teilnahme - ablaufen.

Selbstdarstellung:

Wir sind eine Gruppe von Sportlern und Sportinteressierten, die im Frühjahr 1981 einen "alternativen", d.h. bewußt politisch handelnden Sportverein aus der Taufe hoben.

Schnell waren wir uns darüber einig, daß zur Erreichung der - zunächst noch recht unklar formulierten Ziele eine gewisse Mindestgröße und -bekanntheit nötig sei. Und klar war uns ebenso, daß wir uns mit der Vereinsgründung im Neuland bewegten, wo Erfahrungen und Erkenntnisse nicht aus schierem Nachdenken zu ziehen sind, sondern nur aus praktischen Versuchen. Es sollte kein starres Gebäude entstehen, das uns auf alle Zeiten festlegen würde, sondern wir wollten Erfahrungen sammeln, diese auswerten und uns danach weitere Ziele stecken. Den Beginn machten wir mit dem Spielfest.

Vom Leib allein her wird so kaum eines seiner Übel beseitigt. Deshalb sind alle nur gesundheitlichen Verbesserer unserer Lage so kleinbürgerlich und kurios, die Rohköstler, die leidenschaftlichen Pflanzenesser, oder auch die mit der Atemtechnik. All das ist Hohn gegenüber dem soliden Elend, gegenüber Krankheiten, die nicht durch schwaches Fleisch, sondern durch starken Hunger, nicht durch falschen Atem, sondern durch Staub, Rauch, Blei verursacht werden.

Ernst Bloch

.....was wir bisher gemacht haben:

Spielfest
»Sport und Umwelt«

Mit dem Motto des Spielfestes wollten wir den Zusammenhang zwischen Sport und Umweltproblemen thematisieren. "Die gesamte Arbeits- und Wohnsituation in der Stadt schränkt unsere Bewegungsmöglichkeiten und -fähigkeiten ein. Durch das Einbeziehen natürlicher Gegebenheiten in Spiel und Sport wollen wir diese Beziehung zwischen Sport, Körper und Umwelt bewußt machen. Wenn wir erleben, über welche Bewegungsmöglichkeiten wir verfügen und was uns daran hindert, unserem Bewegungsdrang freien Lauf zu lassen, können wir aktiv daran gehen, diese Hemmnisse zu beseitigen. Wenn wir wollen, daß man sich in Köln menschengerecht bewegen kann, dann müssen wir uns für Grünanlagen, fürs Fahrrad und für den öffentlichen Nahverkehr einsetzen. (Aus dem Aufruf für das Spielfest).

Eine Unmenge von Arbeit, Zeit und Ideen steckten wir in die Vorbereitungen dieses Festes. Wir sprachen und arbeiteten mit Behindertengruppen und -schulen, mit Freizeitfußballern und Kindergärtnerinnen, mit Theater-Tanz- und Musikgruppen, mit Altensport und sonstigen Freizeitgruppen, sowie mit vielen New Games-Interessierten zusammen. Uns ging es darum, einen organisatorischen Rahmen zu schaffen, indem Junge und Alte, Nichtsportler und Weltmeister, Behinderte und Nichtbehinderte Gelegenheit hatten, gemeinsam zu spielen, zu reden, zu tanzen, zu picknicken: miteinander in Kontakt zu kommen. Auch das kulturelle Programm war kein Supermarkt, in dem man zugreift und konsumiert, sondern auch dieses lebte von Mitmachen und Mittanzen der Besucher(innen).

So weit so gut. Jedenfalls waren wir am Abend des Festes zwar alle total abgekämpft wie sicherlich auch viele der großen und kleinen Besucher(innen), aber ebenso zufrieden. Spaß hatte dieses Spielfest allen Beteiligten gemacht. Nur mit den geplanten zahlreichen Informationsständen zu den Themen Sport, Spiel, Stadt und Umwelt hatte es gehapert. Für uns war ein wesentlicher Aspekt dieses Festes ja gewesen, den unmittelbaren Zusammenhang von Sport und Umwelt darzustellen. Wir hatten deshalb Bürgerinitiativen angesprochen, daß sie unser Fest als Forum dazu nutzen, sich und ihre Arbeit vorzustellen. Leider war bei den BIS aber nach ihren eigenen Festen wohl die Luft heraus. Verständlich, aber trotzdem schade. So konnten sich die Besucher lediglich auf einigen von uns erstellten Säulen über die miserable Spielplatzsituation informieren.

Unser anschließendes Resümee des Festes mündete dann sofort in Überlegungen für ein weiteres Fest! Und so zufrieden wir alle mit der sportlichen und kulturellen Gestaltung des Spielfestes waren, stellten wir doch ein gewisses Unbehagen wegen des Fehlens des unmittelbar politischen Aspektes fest. Schließlich hatten wir es nicht umsonst Sport und Umwelt genannt. Für unser nächstes Fest entschlossen wir uns, einen besonderen Schwerpunkt auf den politischen Teil zu legen.

Tanz auf dem Vulkan

Angesichts der immer größeren Aufrüstung und Kriegsgefahr in Ost und West und der Vorbereitungen für die große Friedensdemonstration in Bonn wollen auch wir gegen Pershing und Atomraketen demonstrieren. Deshalb luden wir alle Friedensfreunde zu dem "friedlichen Tanzfest in unfriedlichen Zeiten" "TANZ auf dem VULKAN" ein. "Als die Titanic sank, soll die Kapelle noch einmal besonders schmissig aufgespielt haben, wirbelten die Tanzpaare besonders leidenschaftlich über das Pakett. Auf dem Vulkan tanzt es sich besonders gut - mit Cruise Missiles und Neutronenbombe wird die Angelegenheit jedoch etwas zu heiß. Daran können wir nicht einfach vorbeitanzen, das läßt sich auch nicht einfach überspielen. Deshalb laden wir alle Friedensfreunde für Samstag, den 28.11.81 ab 14.00 Uhr in die Gesamtschule Zollstock ein, zu unserem "Tanz auf dem Vulkan". Zur Auseinandersetzung über die Fragen der Friedensbewegung nach Bonn, aber auch zum Feiern und Rocken bis in den Morgengrauen." (Aus einem Aufruf für das Tanzfest). Ab 14.00 Uhr war geplant, sich an den Ständen aller Kölner Friedensinitiativen über deren Arbeit und Ansichten zu informieren, zwei Filme zum Stand des Rüstungspotentials der Supermächte und Fotoausstellungen, Kollagen etc. sollten gezeigt werden. Ab 16.00 Uhr sollte dann eine Podiumsdiskussion losgehen..

. Anschließend stand dann Körperkultur, wie zum Teil auf dem Spielfest gehabt, auf dem Programm. Neue Spiele, südamerikanische und deutsche Volkstänze zum Mitmachen genauso wie Jazztanz und Rock'n Roll. Zwischendurch Aufführungen des Murks Theaters, Pantomime und Männertanz. "Und wenn alle Musik- und Lärminstrumente mitbringen, können wir auch versuchen, spontan ein Stück für 100 Gitarren und 13 Bratpfannen zu komponieren!" Aber dieses sicherlich lustige und chaotische Orchester fiel dann leider ebenso ins Wasser wie alles Geplante auch . . .

Nach zweimonatiger Vorbereitung, nachdem 3.000 Plakate gedruckt waren, nachdem die Teilnehmer für die Podiumsdiskussion über alternative Verteidigungsstrategien zugesagt hatten und nachdem ein sportlich-kulturelles Programm stand, das in seiner Verbindung von Sehen-Hören, Fühlen und Mitmachen zumindest erstmalig gewesen wäre - nach alledem zog der Verwaltungsleiter der Gesamtschule Zollstock seine Raumzusage zurück. Vielleicht hatte er Order von oben gekriegt, vielleicht war es ein persönlicher Willkürakt. Gleichwie: Wenn wir nicht mehr hier Politik und da Kultur produzieren, sondern beides zu politischer Kultur verbinden wollen, legt sich die Verwaltung quer. Diese Erfahrung hatten wir bereits bei der organisation des Spielfestes "Sport und Umwelt" gemacht. Damals sperrt sich das Sport- und Bäderamt mit allen möglichen und unmöglichen Mitteln, Verboten und Auflagen gegen unser Fest. Nach heißen Debatten bekamen wir schließlich die Genehmigung und ebenfalls die Ankündigung, daß das Sport- und Bäderamt zusätzlich Personal einsetzen würde, "um sicherzustellen, daß die Grundidee dieser Veranstaltung - Spielfest - nicht von Einzelnen oder Gruppen mißbraucht würde. (Politische Aktionen oder Aktionen Umweltschutz usw.). Der Verwalter der Gesamtschule Zollstock saß noch an einem längeren Hebel als das Sport- und Bäderamt damals. Denn im Gegensatz zu den Jahnwiesen konnte er die Schule abschließen. Also standen wir wütend und ohne eine Erklärung vor dem Ende unserer Veranstaltung. Was wir daraus gelernt haben, war und ist, daß wir selbstverwaltete Kultur- und Sportzentren, wie z.B. Stollwerck brauchen!

Nachdem sich die Enttäuschung und der Frust bei uns gelegt hatten, war uns allen klar, daß wir trotzdem auf dem Vulkan tanzen wollten. Genauso sicher war aber auch, daß wir solch einen Arbeitsaufwand in kurzer Zeit nicht mehr hätten aufbringen können. Gleichzeitig begann bei uns die Diskussion über Sinn und Zweck, solche Feste - wie eben dieses Friedensfest - zu organisieren.

Einig waren wir uns darin, daß wir uns im Gegensatz zu herkömmlichen Sportvereinen und deren Sportverständnis nicht aus politischen und gesellschaftlichen Problemen heraushalten können und wollen. Es bildeten sich immer stärker folgende Standpunkte in der Diskussion heraus:

Die einen meinten, da Frieden eine existentielles Problem ist, sei es unsere Aufgabe, die Friedensveranstaltung inhaltlich und organisatorisch selbst zu gestalten. Während die anderen meinten, für die inhaltliche Gestaltung des politischen Teils seien die Friedensinitiativen kompetenter, wobei wir dazu aufgerufen seien, herauszuarbeiten, welche Bedeutung dem Sport in diesem Bereich zukommt (z.B. Verhältnis von Sport und Militarismus).

Ansonsten sollte das politische Hauptgewicht unserer Vereinsarbeit im sportpolitischen Bereich liegen (z.B. Zuweisung von Hallen, Förderung des nichtinstitutionalisierten Sports etc.), denn wir seien ja schließlich ein Sportverein. Letztendlich fanden wir keinen einheitlichen Standpunkt für die Zukunft. In Anbetracht der kurzen Zeit einigten wir uns für das zu wiederholende Tanzfest auf folgende Konzeption: Da eine Podiumsdiskussion wie die geplante nicht mehr organisiert werden konnte sollte der Schwerpunkt auf dem kulturellen Programm liegen. Den besonderen Zusammenhang von Sport und Militarismus haben wir mit sportlichen Ausdrucksformen dargestellt. Zusätzlich hatten wir ein Skript zu diesem Thema erarbeitet. Auf Stellwänden verdeutlichten wir: wo sich der Sport direkt in den Dienst des Militarismus stellt(e) und wo sich innerhalb des Sports dieselben Strukturen wie im Militarismus zeig(t)en. Außerdem zeigte die Sülz-Klettenberger Friedensinitiative Filme zum Thema Frieden und Abrüstung.

Im Anschluß an das "friedliche Tanz- und Spielfest in unfriedlichen Zeiten" resümierten wir wieder einmal, daß die Körperkultur nach dem Motto "Sehen-Hören-Mitmachen" bei allen Beteiligten viel Anklang gefunden hatte und zudem viel Schweiß und Spaß brachte.

1 : 0 für die deutsch-türkische Freundschaft

Der Verein für Sport und Körperkultur e.V. veranstaltete in Zusammenarbeit mit dem Türkei-Komitee und anderen Gruppen im Monat Juni 82 bis zum 3. Juli ein Fußballturnier mit 27 deutschen und ausländischen, insbesondere türkischen Freizeit-, Senioren- und Jugendmannschaften. Das Turnier war ein Beitrag gegen die zunehmende Ausländerfeindlichkeit in der BRD. Höhepunkt war der allerdings sehr verregnete Endspieltag auf der Jahnwiese, in K.-Junkersdorf mit der anschließenden, vom Uni-Asta und vom Türkei-Komitee organisierten Abschlußveranstaltung; mit türkischer Folklore, aktuellen Informationen zur politischen Lage in der Türkei, einer Lesung junger türkischer Dichter aus Chorweiler, Klaus dem Geiger und einer Podiumsdiskussion zum Thema Ausländerfeindlichkeit. Der Erlös dieser Veranstaltungsreihe, ca. 2.200 DM kommt dem Alternativen Türkei-Komitee Bielefeld zu, das Familienangehörige von Folteropfern in der Türkei betreut und finanziell unterstützt bzw. Prozeßbeobachtungen finanziert.

Obgleich der Wert einer in dieser Art durchgeführten Politveranstaltung - mangelnde Beteiligung der türkischen Parteien, mangelnde Vorbereitung durch das Türkei-Komitee, Stollwerk als Veranstaltungsort und nicht zuletzt mangelnde Verständigung in den eigenen VSK-Reihen und erst recht mit den anderen beteiligten Gruppen - umstritten bleiben muß, obgleich zahlreiche kleine Organisationsmängel im Ablauf des Fußballturniers nicht übersehen werden konnten, ist ein solches Solidaritäts-Sporttreiben mit den vom Ausschluß aus der BRD bzw. aus Köln bedrohten, und was Asylbewerber betrifft, weitgehend entrechteten ausländischen Kollegen und Mitbürger vom politischen Wert her nicht hoch genug einzuschätzen. In einer Zeit, in der mit zunehmender Arbeitslosigkeit allerorts nach Sündenböcken verlangt wird, die verantwortlichen politischen Parteien das ohnehin nicht Arbeitern gesonnene Grundgesetz, betreffs Familienzusammenführung und politisches Asyl, weitgehend außer Kraft setzen, in Tagen, in denen die bürgerliche Presse eine wohldosierte Hetzkampagne vor allem gegen unsere türkischen Mitbürger führt, Neo-Nazis und ihnen nahestehende Bürgerinitiativen rassistisches Gedankengut verbreiten, kann der VSK als sich politisch verstehender Sportverein nicht wort-, besser: tatenlos dem reaktionären Treiben gegenüber stehen bleiben. Insofern, als wir imstande sind, gemeinsam zu sporten und zu spielen, verständigen wir uns mit anderen, unterdrückten Menschen in unserer Stadt.

Insofern, als bis zur 3. Kreisklasse des organisierten Vereinssports und in zahlreichen Freizeit-, Jugend-Ausländer-, Betriebs- und Grüngürtelmannschaften Fußball zum Großteil von Angehörigen der unteren Gesellschaftsschichten gespielt wird, kann das gemeinsame Kikken über das bloße Sporttreiben hinaus gegenseitige politische Verständigung sein, wie wir gezeigt haben. Und da übersehen wir nicht, daß vor allem der Fußball von Reaktionären und vom Kapital mit erfolgreicher propagandistischer Massenwirkung für ihre politischen Zwecke genutzt wird. Solange uns die Kickerei aber noch selber Spaß macht, lassen wir uns nicht in noch nicht pervertierte Winkel treiben, sich sportlich und spielerisch zu betätigen.

Sportkurse

Ein Schwerpunkt unserer Arbeit liegt in den Sportkursen. Vor allem den Sportstudenten und Lehrern unter uns ist daran gelegen, die aus der Kritik ihres Studiums entwickelten Ideen in die Praxis umzusetzen. In vielen Diskussionen haben wir folgende Aufgaben und Ziele der Sportkurse formuliert, die damit zwar nicht auf immer festgelegt sind, uns momentan jedoch als Richtlinien dienen.

1
- Förderung des nicht-institutionalisierten Sports (Freizeitsport),
- Menschen den Zugang zu Sport und Körperkultur zu erleichtern, denen dieser Zugang gemeinhin schwerfällt (z.B. weil sie meinen unsportlich zu sein, oder sozial benachteiligt sind;
- neue Bewegungsinhalte zu entwickeln, zu experimentieren, um Sportformen zu finden, die nicht nur auf die Leistungsstarken zugeschnitten sind (z.B. Gemeinschaftsspiele),
- bislang nur wenigen vorbehaltene Inhalte wie z.B. Tanztheater, breiter zugänglich zu machen,
- die bewußte und die sinnliche Wahrnehmung des Körpers zu fördern, um im Idealfall das Verhältnis von Körper und Kultur wahrnehmbar zu machen

- Kommunikationsnetze zu schaffen, die über die bestehenden engen Strukturen, insbesondere die soziale Beschränkung hinausgehen.
(Die Reihenfolge der Punkte ist zufällig und enthält keine Gewichtung. Angesichts der beschränkten Hallenkapazitäten ist Gewichtung wahrscheinlich nötig).
Sind diese Zielsetzungen sinnvoll? Sind die Ziele realistisch? Müssen weitere Ziele angegangen werden?

2
Aus den in 1 aufgeführten Aufgaben ergibt sich ein Doppelcharakter des Vereins. Er ist nämlich zum einen die Vereinigung von Menschen mit gleichen oder ähnlichen politischen und sportpolitischen Ansichten, der der Verfolgung gemeinsamer Ideen dient ("Idealverein"). Gleichzeitig ist er eine Vereinigung von Leuten, die für andere Leistungen verrichten, z.B. motorischen Unterricht geben, also Dienstleistungen verrichten. Dies ist ein direkter Widerspruch, der bei jeder Maßnahme des Vereins unter der Tischdecke vorlugt.

3
Die Spannung zwischen "Dienstleistungsverein" und "Idealverein" gibt dem Verein für Sport & Körperkultur seine Entwicklungsdynamik. Der Widerspruch darf nicht zugunsten eines der beiden Pole augelöst werden, da der Verein ansonsten ein uninteressanter Klüngelclub im kleinsten Freundeskreis wird - oder ein politisch uninteressantes Kleinunternehmen.

4
Auf dem Gebiet der Sportkurse wird der Dienstleistungscharakter überwiegen, andernfalls würde die Teilnahme an den Kursen schon mit Übereinstimmung mit den allgemeinen (politischen) Zielen vorausgesetzt, worüber die Kurse erst die Diskussion anleiern sollen.

5
Dieses darf aber keineswegs dazu führen, daß die Sportkurse nur noch als Dienstleistungen angeboten werden und nichts mehr von den, wie niedrig auch immer, gesteckten Zielen des Vereins rüberkommt. Eine solche Vorgehensweise würde auf Dauer zu einer Abkopplung der Sportkurse vom Gesamtverein führen.

Sport und Spiel im Stadtteil

Die Stadtteilgruppe ist eine Initiative im VSK, zumeist getragen von 6 - 12 Leuten. Wir haben es uns zur Aufgabe gemacht, mitten im Stadtteil Ehrenfeld, auf Marktplätzen und Wiesen mit Ehrenfeldern zu spielen und "alternativ" zu sporten. Wir spielten mit Schwungtuch, Wanderski, Wanderndem A. Schlangenhäuten und Spiele mit herkömmlichen Sportgeräten wie Volleyball und Fußball gehörten ebenso dazu. Außerdem sollte den in diesem von Beton, Staub und viel Schlachthofatmosphäre zugeschütteten Stadtteil lebenden Arbeitern und deren Familien die inbegriffene Aussage verdeutlicht werden: "zu wenig grün, um frei atmen zu können, zu wenig Platz, um sich frei bewegen zu können." Schließlich sollte unsere Aktion auch politische Agitation sein - auch auf der Suche nach neuen Agitationsformen - um mit Ehrenfeldern ins Gespräch zu kommen.

Dies sollte mit Flugblättern, Zeitungsverkauf, Bücherstand, Aufklärung unterstützt werden. Themen sollten sein:
a) die zunehmende Ausländerfeindlichkeit und die Erfahrungen der Ehrenfelder mit ihren ausländischen Mitbürgern bzw. deren Erfahrung mit ihren deutschen Nachbarn.
b) Wasser- und Umweltprobleme in Köln und Umgebung insbesondere auch in Ehrenfeld.

Unsere ersten Erfahrungen machten wir dann an einem regnerischen Tag auf dem Lenauplatz. Welche andere Stelle als der Lenauer Platz hätte dann auch geeigneter sein sollen, um unseren Elan und unsere Begeisterung einem Härtetest zu unterziehen, einem mit am dichtest von Türken besiedelten Viertel in Köln, bewohnt von vielen deutschen Arbeitern. Wie bei zahlreichen vorhergegangenen Spieletreffs im Volksgarten konnten wir auch diesmal mit Schwungtuch, wanderndem A und Wanderski ca. 20 Kinder, in der Hauptsache kleine Türkenkinder beschäftigen und begeistern. Mit Stelltafeln versuchten wir eine Selbstdarstellung unseres Vereins. Für Erwachsene hatten wir aber nichts für diesen Freitagnachmittag vorbereitet, was hätte zumindest Blickfang oder Signal sein können, um sie zum Stehenbleiben oder gar Mitmachen zu bewegen. Ohne weitere Schlüsse aus unserem eigenen Verhalten und unserer mangelnden Vorbereitung auf einen solchen Platz und entsprechendes Publikum in Ehrenfeld zu ziehen wurde der Asphaltplatz und überhaupt die Gegend und die Zeit, Freitag nachmittag, verantwortlich für die, wenn nicht triste, dann nicht sehr erfolgreiche "Vorstellung" gemacht.

Wir gingen also am darauffolgenden Sonntag auf die Tuka-Wiesen in Ehrenfeld, um wenigstens Rasen unter den Füßen zu haben, statt des verletzungsgefährlichen Asphalt. Auch auf diesen riesigen, zum Teil von Buschwerk geteilten Rasenflächen am Rande des Stadtteils waren wir auf Ehrenfeld schlecht vorbereitet. Mit dem Rücken zur Wand, wie überall in der BRD auch, genauer gesprochen mit dem Rücken zum Buschwerk, ließ sich kaum ein türkischer Erwachsener von unserer Gaukelei zum Mitmachen bewegen, sofern wir überhaupt aus gesicherter Entfernung gesehen werden konnten. Die Macht der unterdrückten Körper war wieder mal stärker als unser Spontaneismus.

Also entschlossen wir uns nach einer Diskussion, ob mehr Struktur im Ganzen oder spontane Darstellungsform sinnvoll sei, für ein bißchen mehr Struktur im Ganzen. Wir ließen politische Agitation eine solche erst mal für sich sein und versuchten in den nächsten Wochen im Volksgarten, auf Veedels- und Unifesten zu üben, und uns schließlich ein größeres Repertoire anzueignen: Klamauf, Akrobatik, Weltball und vieles mehr.

Wir werden hier ansetzen und weitermachen. Erstens, weil's uns und den vielen Mitmachenden Spaß macht und zweitens, weil Hansi mit seiner Akrobatik und Jonglierei erst richtig in Fahrt gekommen ist. Und drittens, weil wir bei der Abschlußveranstaltung zum Fußballturnier des VSK gegen Ausländerfeindlichkeit wieder einmal gesehen haben, daß politische Agitation auch neuer Aussageformen bedarf. Und während dies für den unterdrückten Ehrenfelder eine spontane Aktion gewesen sein mag, wird es für uns noch lange eine intensive, durchdachte und strukturierte Arbeit bedeuten.

Freizeitgruppe

Anfang 82 bildete sich im VSK eine Gruppe, die verschiedene Freizeitmöglichkeiten für alle diejenigen anbieten wollte, die über die Kursangebote hinaus etwas im und mit dem Verein unternehmen möchten.

Neben dem Ziel, mit Spaß etwas gemeinsam zu erleben, wollten wir durch unsere Freizeitgruppe zur Verbesserung der Kommunikation unter den Teilnehmern bzw. aller am Verein Interessierten beitragen. (Dahinter steht auch die Idee, die Teilnehmer solcher Angebote durch eine stärkere Identifikation mit dem Verein für die eigentliche Vereinsarbeit zu aktivieren).

Ein Aspekt dieser Angebote ist auch der Versuch, eine Verbindung von Freizeit und Politik herzustellen, z.B. indem wir umweltpolitische Fragen miteinbeziehen. Bisher haben wir zwei Unternehmungen gestartet:

1. Eine Fahrradtour mit 25 Teilnehmern in die Wahner Heide mit ökologischer Führung durch das Naturschutzgebiet.

2. Ein Wochenende in der Tagungsstätte Schloß Gnadenthal mit 12 Teilnehmern. Dabei haben wir nur die Anmeldung und die Fahrt organisiert, alle übrigen Aktivitäten wurden von den Teilnehmern selbst gestaltet.

Plenum

Das Plenum trifft sich jeden Sonntagabend im Stollwerk. Durch unsere Mitgliedschaft im Palazzo Schoko wollen auch wir einen kleinen Beitrag zur Unterstützung eines sinnvollen autonomen Kulturzentrums leisten. Die Sitzungen sind öffentlich, und wir wollen damit auch viele Kursteilnehmer direkt an unseren Entscheidungen mitbeteiligen. Vor allem auch über die Kurse hinaus. Interessierte haben über das Plenum die Möglichkeit, mehr über unsere inhaltliche, politische Arbeit zu erfahren oder besser, aktiv mitzumachen.

Während in der vergangenen Zeit organisatorische Fragen ein drückendes Übergewicht hatten, wollen wir in Zukunft verstärkt inhaltliche Auseinandersetzungen führen. Über das Plenum soll zudem der Informationsfluß zwischen den Kursteilnehmern, Übungsleitern und Arbeitsgruppen verbessert werden. Aus diesem Grund ist es wichtig, daß die Kursleiter(innen) einmal im Monat verbindlich im Plenum teilnehmen.

Gnadenthal - Juli 1982

Damit nach der Sommerpause unsere Vereinsarbeit mit neuen Ideen und besser strukturiert fortgeführt werden kann, fuhren wir zu einem gemeinsamen Arbeitswochenende nach Gnadenthal. Um einen mangelnden Informationsfluß zu den Kursteilnehmern und den übrigen Vereinsmitgliedern und einer zunehmenden Isolierung der Kurse zu begegnen, beschlossen wir in Gnadenthal eine verbindliche Teilnahme der Kursleiter an einer Plenumssitzung im Monat. So soll künftig die Zusammenarbeit zwischen dem Plenum und den Kursen gefördert werden: Information der Kursaktivitäten und -probleme ins Plenum, inhaltliche Diskussion und bessere Kontrolle der gesamten Vereinsarbeit; Informationsrückfluß der

Aktivitäten und anstehende Feste und Veranstaltungen in die Kurse.
Ferner sprachen wir an diesem Wochenende über die Hallenproblematik. Wie in anderen Städten auch ist der Platz zum Sporttreiben hier in Köln sehr begrenzt.
Die Hallen- und Platzverteilung wird von den Bezirksvertretungen der einzelnen Stadtteile festgelegt. Unsere Erfahrung zeigte, daß etablierte Vereine, die im Stadtsportbund organisiert sind, erhebliche Vorteile bei der Hallenverteilung genießen.
Im Sommer hatten wir das "Glück", daß viele Vereine die Freiplätze bevorzugten, und wir so einige Hallen benutzen konnten. Doch die Miete zweier Hallen betrug für uns ca. 600,-- DM, während Vereine, die dem Stadtsportbund angeschlossen sind, die Hallen kostenlos benutzen können.
Nach den Richtlinien der Hallenverteilung sollten gemeinnützige Vereine, wie wir einer sind, bevorzugt werden; doch in der Praxis sieht es wiederum so aus, daß kommerzielle Schulen, wie z.B. Tiffany, die Hallen belegen (spielt da Geld eine Rolle?).
Im Winter verschärft sich das Problem für uns wieder, denn die etablierten Vereine werden ihren Vorrang ausnutzen und Hallen belegen. Wie sich im letzten Jahr gezeigt hat, trägt sich der Verein zu einem geringen Teil durch Mitgliedsbeiträge. Die maßgeblichen Einnahmen fließen aus den gezahlten Kursgebühren. Wenn auf Grund unserer Hallenprobleme nur wenige Kurse stattfinden können, kommen weniger Gelder herein. Dies bedeutet, daß wir uns beim Kauf von Materialien, Spielgeräten und bei der ohnehin geringen Aufwandsentschädigung für Kursleiter beschränken müssen. Größere Veranstaltungen, wie z.B. Spiel- oder Tanzfest, bedrohen bei einer finanziellen Pleite (z.B. bei Regen) die Existenz unseres Vereins.
Über weitere Geldquellen verfügen wir nicht ... Bislang sind wir keinem Sportverband beigetreten und erhalten somit auch von dieser Seite keinerlei Zuschüsse. Wie unsere bislang geführten Diskussionen gezeigt haben, würde die Mitgliedschaft in einem Sportverband nur wenige Vorteile für unseren Verein bringen. So scheint es uns günstiger, auch weiterhin autonom zu bleiben und uns nicht in diese Verbandshierachie einzugliedern.
Hier muß man jedoch von Fall zu Fall überlegen und entscheiden, denn eine Mitgliedschaft z.B. im Behinderten-Sportverband würde für uns schon einige gravierende Vorteile bringen, z.B. im versicherungsrechtlichen Bereich. Die festgelegten Kursgebühren sind eng kalkuliert. Dies ist uns nur dadurch möglich, daß einige wenige Leute sehr viel unbezahlte Arbeit leisten. Von einer Bezahlung der Kursleiter (innen) kann eigentlich nicht die Rede sein. Die gezahlten 15,-- DM pro Doppelstunde (incl. Vorbereitung und Anfahrt) lassen sich nur als geringe Aufwandsentschädigung verstehen.
Wir sind kein Verein, der Geld anhäuft, sondern wir können im Gegenteil unsere Arbeit nur durch hohes idealistische Engagement leisten. Dies ist eine gute Sache, allerdings wäre es erfreulich, wenn sich die anfallenden Arbeiten in Zukunft auf mehrere Mitglieder verteilen ließen. Also, alle Interessierten sind herzlich zur Mitarbeit willkommen. Ihr könnt ja mal zu unseren Plenumssitzungen kommen oder in unserem Büro anrufen:
Dienstags, Mittwochs, Donnerstags von 16.00 - 18.00 Uhr,
Telefon: 41 07 91.

Mitgliedschaft
Um an den Sportkursen teilzunehmen, ist es nicht nötig, Vereinsmitglied zu werden. Aber diejenigen, die sich mit unserer Grundsatzerklärung auseinandergesetzt haben und sich mit unseren Zielen identifizieren sind als Mitglieder herzlich willkommen.
Der Mitgliedsbeitrag beträgt mindestens 5,-- DM im Monat. Zusätzlich zum Beitrag nehmen wir eine einmalige Eintrittsgebühr von 20,-- DM. Der Beitrag ist steuerlich abzugsfähig (Spenden auch). Um den Aufwand beim Einzug der Mitgliedererklärung zu reduzieren, haben wir auf jährliche Zahlungsweise umgestellt.

assoziierte Mitglieder:
Bei uns können außerdem Freizeitmannschaften, alle Arten von Sportgruppen etc. sogenannte assoziierte Mitglieder werden, wobei diese Gruppen ihre volle Autonomie behalten. Vorteile einer solchen Mitgliedschaft wären u.a.:
- es besteht eine Mitversicherung in unserer Vereinshaftpflicht;
- außerdem können diese Gruppen alles, was in Vereinsbesitz ist, mitbenutzen
- weiterhin können die durch unser Büro gegebenen Möglichkeiten genutzt werden (z.B. Spielervermittlung etc.).
Zwei Fußball-Freizeit-Mannschaften und eine Sportgruppe eines Asylanten-Wohnheimes sind bereits assoziierte Mitglieder.

Werkstatt für Medienarbeit & Freizeitpädagogik

Die Werkstatt für Medienarbeit und Freizeitpädagogik e.V. ist ein gemeinnütziger Verein, der im Bereich der Kulturarbeit in der Jugend- und Erwachsenenbildung mit folgenden Zielvorstellungen arbeitet.:

1
Die Werkstatt will mit ihren Angeboten, Lehrgängen, Workshops, Kursen, Veröffentlichungen und anderen Aktivitäten dazu beitragen, daß eine schöpferische Weiterentwicklung von Medienarbeit im kulturpädagogischen Bereich vorangetrieben wird. Dabei steht die Selbsterfahrung mit unterschiedlichen Medien, wie Theater, Tanz, bildnerisches Gestalten, Foto/Film/Video, Bewegungserfahrung, Musik und Spiel im Mittelpunkt der Arbeit.

2
Experimentieren mit verschiedenen Medien heißt für uns aktive und kreative Auseinandersetzung mit unseren Lebensbedingungen; eigene Ausdrucksformen entwickeln; sinnvoll und kooperativ miteinander zu arbeiten; Phantasie zu entfalten und Erweiterung der eigenen Fähigkeiten.

3
Die zentrale Aufgabe der Werkstatt ist die Erwachsenenbildung. Der Verein will seine Ziele durch eine intensive Bildungsarbeit für Sozialpädagogen und -arbeiter, Erzieher, Lehrer, Eltern, Jugendgruppenleiter und Studenten anstreben. Neben der Fortbildungsarbeit führen wir auch Aktivitäten mit Kindern und Jugendlichen durch. Die unterschiedlichen Angebote sollen den genannten Zielgruppen ermöglichen, Kenntnisse und Fähigkeiten in der Pädagogik und besonders in der Medien- und der Kulturarbeit zu erwerben oder zu vertiefen. Neben offenen Angeboten organisiert die Werkstatt für ihre Mitglieder unterschiedliche Veranstaltungen zur Weiterbildung und zur Freizeitgestaltung.

4
Die Werkstatt strebt eine Zusammenarbeit mit allen Initiativen und Selbsthilfegruppen sowie Verbänden und Institutionen an, die sich einer emanzipatorischen Pädagogik und Kulturarbeit verpflichtet haben. Der Verein ist weder parteipolitisch noch konfessionell gebunden.

Johann Bölts bei der Vorstellung der Werkstatt am Symposium (normal sieht er anders aus).

Entwicklungsgeschichte der Werkstatt

Die Werkstatt für Medienarbeit und Freizeitpädagogik e.V. wurde Anfang 1979 von Leuten gegründet, die in der Kinder- und Jugendarbeit tätig waren. Da der Verein zunächst nicht über eigene Räume verfügte, bestand bis 1981 die Arbeit aus Aktivitäten, die mit anderen Organisationen gemeinsam durchgeführt wurden. Mitglieder der Werkstatt leiteten Seminare und Kurse beim Bundesverband der Arbeiterwohlfahrt, der Landjugend, an Fachhochschulen und bei verschiedenen Volkshochschulen und Jugendämtern im Bezirk Weser-Ems. Ferner veröffentlichte die Werkstatt pädagogische Praxismaterialien und arbeitete an Veröffentlichungen des Bundesjugendwerks der Arbeiterwohlfahrt mit.

Mit diesem Theaterworkshop (Living Theatre/New York) begann die Werkstatt im Oktober 81 ihre Tätigkeit in eigenen Räumen (Baumgartenstraße/Oldenburg). Im Winter/Frühjahr 82 wurden Kurse und Workshops mit den Schwerpunkten Theater, Tanz, Masken und Bewegungserfahrungen durchgeführt. Für die Kurse verpflichteten wir einerseits renomierte Kursleiter (Jürgen Hensen vom Theater "Filio Feo"/Hamburg/Beatriece Werner und Michael Zugowski/Paris), andererseits führten wir Angebote von Mitarbeitern der Werkstatt in den Bereichen - Tanz, Experimentelles Musiktheater, Akrobatik, Spielpädagogik, Schminken, Maskenbau, Volkstanz, Selbsterfahrung und Bewegungserfahrung - durch.

Da die derzeitigen Räumlichkeiten der Werkstatt einer Ausweitung des Angebotes nicht genügen, suchen wir z.Z. nach neuen Räumen (auch um Übernachtungsmöglichkeiten für überregionale Teilnehmer zu schaffen).

Seit 1980 gehört zur Werkstatt die Theatergruppe "inflagrantie", die in den Räumen der Werkstatt arbeitet und Angebote in den Bereichen Mitspieltheater und Straßenaktionen macht.

noch einmal Johann Bölts (oben), links Axel Geselle und Gunther Brehme sowie

Finanzierung der Werkstatt

Die Werkstatt finanziert ihre Arbeit durch die Mitgliederbeiträge, Spenden, Kursgebühren und dem Verkauf von Praxismaterialien. Bisher wurde unsere Arbeit nicht durch öffentliche Mittel gefördert. Verschiedene Organisationen haben uns sporadisch unterstützt, so Hoffmanns Comic Theater, die Akademie Remscheid und der Bundesverband der Arbeiterwohlfahrt.
Unsere finanzielle Hauptbelastung entsteht durch die Unterhaltung der eigenen Räumlichkeiten (Miete, Energiekosten). Da wir bestrebt sind, unsere Kursgebühren so zu gestalten, daß alle Interessenten teilnehmen können, sind unsere Einnahmen sehr begrenzt.

Zusammenarbeit mit anderen Organisationen

Die Werkstatt für Medienarbeit und Freizeitpädagogik arbeitet seit ihrer Gründung sehr intensiv mit dem Bundesjugendwerk der Arbeiterwohlfahrt zusammen. Ein gemeinsames Forschungsprojekt (Stiftung Jugendmarke) über alternative Kulturarbeit soll nächstes Jahr diese Zusammenarbeit vertiefen. Die Werkstatt ist Mitglied im Bundesverband Spiel, Theater, Animation e.V. (Busta), unterhält enge Kontakte mit der Landesarbeitsgemeinschaft Kulturpädagogische Dienste - Jugendkunstschulen NW, dem Verein für Kinästhetik/Zürich, dem Verein zur Förderung von Medien- und Kulturarbeit/Bonn und den verschiedensten freien Gruppen in der Theater- und Kulturszene.

Wir streben ferner eine engere Zusammenarbeit mit den örtlichen Gruppierungen, die in diesem Feld arbeiten, an und sind an der Gründung einer Bezirksarbeitsgemeinschaft Spiel, Theater, Animation interessiert. Ferner sehen wir einer sich anbahnenden Kooperation mit der Universität im Bereich Hochschulsport positiv entgegen.●

Lüer Mertens und Uwe Petersen von der Werkstatt

Diskussionsbeiträge

Rin inne Kartoffeln - raus ausse Kartoffeln..

Teilnehmer: Ich weiß gar nicht so genau, wer ich bin, ob ich alternativ bin oder nicht. Ich hab so ne Idee, die hat der Herr Maier umrissen, da finde ich mich wieder. Andere finden sich woanders wieder. Aber auf jeden Fall denke ich, wenn man sich so vereinnahmen läßt, man geht in die Institutionen rein und will die Gelder haben, daß die Verhärtungen, die da aufkommen, denen wir ständig ausgesetzt sind, uns doch eigentlich dazu veranlassen, irgend etwas anderes zu suchen. Das ist für mich die eine Gefahr. Die andere Gefahr ist, daß man schon wieder anfängt, auch unter den Leuten, die vielleicht das Lied der bots vom 'weichen Wasser' im Kopf haben. Daß Leute das nicht auf sich beziehen, sondern schon wieder dadurch Verhärtungen aufkommen, indem sie die anderen ausgrenzen. Ich finde, das verhindert ein offenes Gucken nach dem, was da ist. Deswegen finde ich das sehr gut, wenn Bero Rigauer sagt, wir müssen die Leute da abholen, wo sie stehen. Wir müssen uns wahrscheinlich selber da abholen, wo wir stehen. Das sind für mich die beiden großen Gefahren, wo wir uns vielleicht selber nicht mehr wiederfinden, wenn wir den einen oder anderen Weg gehen. Ich denke aber auch, daß diese Sache hier, die sich entwickelt, daß wir darein Vertrauen haben können, weil wir vielleicht lernen, uns selbst zu vertrauen.

Bernd Volger: Ich hab auch Schwierigkeiten mit "alternativ". Man kann sich wahrscheinlich ganz schnell einig werden, daß man den leistungsorientierten Wettkampfsport nicht will. Wenn ich mir aber in Erinnerung rufe, was Herbert Maier gesagt hat, Bewußtwerdung von Körper, das hat glaub ich aber nach wie vor etwas mit Sport zu tun, dann bin ich aus den bisher gesehenen und geschilderten alternativen Angeboten ziemlich fein raus, denn da hab ich mich nicht mit auseinanderzusetzen. Wie mache ich das denn eigentlich, daß ein Hürdenlauf für den Menschen zum Erlebnis wird? Daß er sich selbst wahrnimmt, daß er sich selbst positiv wahrnimmt? Daß er ein Gefühl bekommt für sich selbst. Weil das Erlebnisse sind, bei denen man das Ergebnis nur sich selber, seiner eigenen Tüchtigkeit, zuschreiben kann. Aber ich bin eigentlich fein raus, wenn ich "alternativ" nur so sehe, wie ich es anfangs geschildert und hier gesehen habe.

Teilnehmerin: Eine Frau soll hier auch mal zu Wort kommen.
Ein institutionalisierter Bereich, in dem wir schon drin sind, ist hier vollkommen ausgeblendet worden: die Schule. Da brauchen wir nicht reinzugehen, da werden wir auch nicht in dem Sinne geschluckt. Das war mein Interesse, hierher zu fahren, nämlich Schülern eine andere Sichtweise von Sport zu vermitteln, und da auch wieder Multiplikator zu sein für solch eine Bewegung. Wir machen zusammen mit Kollegen diese Sache in Bielefeld, um gemeinsam zu versuchen, etwas Neues zu erfahren. Das kriegt man allein in einem Kollegium meist nicht hin. Die Institution Schule finde ich einen ganz guten Standort, um dort sowas zu machen.

Teilnehmer: Wir arbeiten seit zehn Jahren in einer Initiativgruppe, sind nicht in die Institutionen gegangen. Ich komme aus dem Kulturbereich, und ich finde, daß alter. Sportkultur sich nicht nur auf andere Sportformen und -inhalte beziehen darf, sondern auch neue Strukturen finden muß. Und wenn sie in die Schule geht oder in andere Institutionen, dann hat sie Strukturen, die schon vorhanden sind. Wenn ich allein da rein gehe, und ich bezweifle, daß man da als ganze Gruppe reinkommt, dann bin ich Einzelkämpfer. Vielleicht sind neue Inhalte und neue Spielwiesen für mich vorhanden, und das wird genehmigt, solange die Struktur nicht angegriffen wird. Das ist genau das Dilemma der Lehrer. Bei uns ist das so, daß wir zum großen Teil aus der Schule rausgegangen sind.

Teilnehmer: Das leuchtet mir schon daß man idealtypisch sagt, nicht nur die Inhalte und Formen, sondern auch die Strukturen müssen geändert werden. Ich glaube, daß bei Jugendlichen und Erwachsenen im Freizeitbereich wenig Eigenfantasie da ist. Die Neugier, die bei Kindern noch da ist, ist dann bei Älteren weg. Das läuft aber im wesentlichen über die Schule als ein Prägezentrum. Da läuft ja eine Entmündigung der Kinder, Neugierde Fantasie, produktives Gestalten, Rumbasteln wird permanent und systematisch ausgetrieben. Gerade in der Grundschule wird der Körper diszipliniert. Der Körper wird einfach ausgeschaltet. Ich finde es sehr, sehr wichtig, gerade da anzusetzen und Alternativen zu entwickeln. Und da muß ich sagen, okay, an den Strukturen kann ich so schnell nichts ändern. Aber es ist menschennotwendig, daß ich genau da ansetze, und nicht warte, bis die Schule anders ist.

Herbert Maier: Ich möchte ganz gern zwei Sachen aufnehmen. Wir tun uns sicherlich keinen Gefallen damit, in die Institutionen einzuströmen. Das hat Peter Weinberg gestern Abend schon gesagt: die Gefahr ist, daß sich das fixiert, verfestigt, und genauso tot wird wie viele machtvolle Bewegungen, ich erinnere dabei an die badischen Turner von 48, weil ich selber Badener bin. Damals war ich natürlich noch nicht dabei. Das war auch eine sehr machtvolle politische Bewegung. Das Andere ist, daß wir glaub ich wieder anfangen müssen, ganz kleine Brötchen zu backen, auf ganz kleinem Feuer zu kochen, um erst mal wieder ein bißchen mit uns Kontakt aufzunehmen.

Es gibt wirklich keine bessere Möglichkeit, wenn man nicht auf die Werbung vertraut, und wenn man nicht auf die offizielle Politik vertraut. Den eigenen Standpunkt in einer bestimmten Situation für sich selber zu finden, selber in diese Situation reinzugehen, und mal zu gucken, wie ich mich da empfinde, z.B. wenn ich jetzt hier bin. Und da werden wir sehr schnell merken, daß wir vieles verlernt haben, an uns selber wahrzunehmen.

Wollen wir ein kleines Experiment machen? Diejenigen, die jetzt in ihrer Körperlichkeit ein bißchen Ermüdung spüren, die bitte ich, die Hände vom Gesicht zu nehmen, vom Kopf zu nehmen und einen Moment die Augen zuzumachen. Drei Atemzüge lang. Versuche dabei, Dir Deinen Kopf vorzustellen. Vor allen Dingen den Umfang Deines Kopfes. Wenn Du das ungefähr hast, dann mach folgendes: dann nimm ganz langsam Deine Hände, und guck mal, ohne die Augen zu öffnen, wie groß der wirklich ist.

Was dabei zu zeigen ist: manche tragen ihren Kopf vor sich her, manche sind vielleicht sehr aufgequollen, weil sie ihm sehr viel Bedeutung geben, das Wesentliche dabei zu zeigen ist aber, daß wir von uns selber, von unserer Identität unheimlich schwache Vorstellungen haben. Wenn ich Euch jetzt noch gebeten hätte, Euch Euer Becken und Eure Genitalien vorzustellen, und auch anzufassen, dann wäre noch ein ganz anderes Problem aufgetreten, nämlich daß wir durch vielfältige Tabuisierung in unserer Gesellschaft ganze Bereiche unseres Körpers auslöschen. Das heißt auch, ganze Bereiche, die uns eine Rückmeldung geben können, dadurch daß sie empfinden, wie ich mich selber in einer bestimmten Situation befinde. Selbständigkeit, eines der Stichworte und Schlagworte, die viel diskutiert werden, hat auch was mit selbst stehen, mit eigenem Stand zu tun. Und durch eigenen Stand, durch eigenes Stehen zu verstehen. Das hängt alles miteinander zusammen.

Teilnehmer: Für mich sind hier zwei Pole diskutiert worden: das individuelle Rangehen und das politische Rangehen. Das hat sich zum Schluß ja schon ein bißchen relativiert. Die Übungen, die Herbert Maier mit uns gemacht hat, sind ja eine ganz tolle Sache. Dazu gehört aber für mich, wie bin ich als politischer Mensch, als sozialer Mensch, überhaupt die ganzen Ebenen, die zu mir gehören. Das Bewußtwerden über meinen Körper, über meine Person gehört eigentlich dazu. Deshalb finde ich, daß man das gar nicht gegenüberstellen sollte, in die Institutionen oder nicht. Die einen haben die Ziele, die anderen solche und die können sich doch durchaus gegenseitig befruchten.

Bero Rigauer: Ich möchte dazu auffordern, in die Sportvereine hinein zu gehen, aber auch in andere Vereine und Gruppen, wie immer die sich nennen mögen. Und nicht zu fragen, ist das ein traditioneller Verein oder eine alternative Gruppe, ob selbstverwaltet oder nicht. Wenn man, wie ich das immer wieder getan habe, in Sportvereinen anfängt, mit alternativen Programmen zu arbeiten, dann ist nach meiner Erfahrung das Wichtigste, die Leute dort abzuholen, wo sie stehen. Das hört sich sehr einfach an, Herbert Maier kennt dieses Prinzip. Wir haben es in einem Projekt, das wir zusammen mit anderen hier an der Universität durchgeführt haben, entwickelt und als Methode erprobt.

Wenn ich natürlich jemanden mit unbekannten Inhalten konfrontiere, wird er erst einmal abblocken, Wenn ich aber da anfange, wo er steht, sei es beim Fußball oder bei einer gymnastischen Übung und ihm dann langsam neue Wege anbiete, dann wird man Erfolge haben.

Herbert Maier: Weil ich unverdächtig bin, mit dem Sportbund irgend etwas zu tun zu haben, kann ich genauso provozierend sagen: ich möchte wirklich davor warnen, daß wir ein unheimlich schädliches Prinzip des Leistungssports übernehmen, und das ist ausscheiden. Gestern wurde verschiedentlich gesagt, man wisse nicht so genau, was ist die Kulturbewegung, was gehört da eigentlich alles drunter. Nun laßt uns wirklich ernst machen mit dieser Aussage und nicht so tun, als ob wir heute schon sagen können, was nicht dazu gehört Laßt es möglich sein, daß alle möglichen Bewegungen dazu gehören und laßt auch diesen Bewegungen und Entfaltungen ein bißchen Zeit, sich zu zeigen und zu sehen, was sie können. Ich sag das ganz provokativ: einiges, was in Vereinen möglich ist, ist für mich auch alternativ und akzeptabel. Indem sie versuchen, einige Schritte in eine andere Richtung zu gehen, mehr zu sich selber zu kommen.●

Was sagen denn die Wissenschaftler dazu?

Peter Weinberg

Alternative Sportkultur aus handlungstheoretischer Sicht

Vorbemerkung

Im Jahre 1980 hat in Köln - organisiert von der Fachtagung Sport in der VDS - ein Symposium stattgefunden, das ein ähnliches Rahmenthema hatte: 'Kritische Sporttheorie - Alternativen für die Sport - und Bewegungserziehung'.
Hier wie in Oldenburg war man auf der Suche nach alternativen Handlungsmöglichkeiten im Sport, allerdings eingegrenzt auf das Gebiet von Erziehung. Das Thema des ADH-Symposiums weist darüber hinaus: Es wird gefragt, ob in alternativen Handlungsmöglichkeiten eine Perspektive enthalten ist, die langfristig zu einer Weiterentwicklung und u.U. auch Umwandlung des bestehenden Sportsystems führen könnte. Ich will hierzu etwas aus handlungstheoretischer Sicht sagen. Was heißt das?
Bei dieser Frage habe ich mich auch an Köln erinnert gefühlt. In einem Bericht über das Symposium hat Michael DIETTRICH eine nette Formulierung gefunden, mit der er damalige Diskussionen gekennzeichnet hat. Es trafen in Köln, so M. DIETTRICH, "die beiden Hauptstränge einer kritischen Sporttheorie aufeinander, die in den Gängen der Kölner Sporthochschule etwas lax die 'Handlungsforscher' und die 'Körperfreaks' getauft wurden ..." (1980, S. 21)
Ich will diese Formulierung einmal aus meiner Sicht und in bezug auf das mir gestellte Thema rückübersetzen:
Es stehen sich ein Theorie- und Praxisverständnis gegenüber, das mit Begriffen wie Zielgerichtetheit, Bewußtheit und Organisiertheit des Handelns (eben aus handlungstheoretischer Sicht) sowie Spontanität, Subjektivität, Emotionalität und Körpererfahrung (aus alternativer Sicht) charakterisiert werden kann.
Ich werde zeigen, daß aber auch alternative Unternehmungen zielgerichtet sind, daß hier handelnde Menschen sehr bewußt an ihre Sache herangehen und daß sogar 'organisiert' wird. Ich möchte im folgenden zuerst schildern, was mir rein oberflächlich betrachtet auffällt, wenn ich über alternative Sportkultur nachdenke und dann werde ich einige theoretische Bewertungen und Einordnungen vorstellen.

Erscheinungsformen alternativer Sportkultur

1
In den 'Alternativen' soll etwas gemacht werden, das nicht alle so tun, etwas besonderes.
Bei Friedensjoggern oder -radfahrern, auch in der Traumfabrik, werden Ziele verfolgt, die sich von gängiger Vereinsauffassung absetzen, von daher gesehen mit allgemeinen Vorstellungen von Sport nicht unbedingt deckungsfähig sind. Es wird z.T. auch etwas gemacht, das deutlich politisch ist und einen Widerspruch des sog. unpolitischen Sports provozieren muß. Es wird etwas gemacht, was noch nicht alle Menschen tun. So gibt es noch keine gesellschaftlichen Regelungen oder eine satzungsgemäße Sanktionierung des Tuns. Individuelle Spiel- und Handlungsräume sind groß und überschaubar, Ziele, Motive und emotionale Bewertungen sind bei den Handelnden sehr stark miteinander verbunden.

2
Es soll etwas gemacht werden, das für die Handelnden sinn- und bedeutungsvoll ist. Hier liegen wohl wesentliche Triebkräfte einer alternativen Sportkultur, verbunden mit einer deutlichen Kritik am Sport. Nicht Technik an sich, das anzustrebende Resultat, nicht die abstrakte Leistung oder ein sich immer wiederholender Trainigsprozeß sollen das Handeln bestimmen. Es sollten soziale Beziehungszusammenhänge und Prozeßstrukturen von Sport (und Bewegung allgemein) herausgestellt und mit neuen Zielen verknüpft werden:
- für den Frieden laufen
- Spaß und Freude an der Bewegung herausstellen
- Solidarität und Verbindungen schaffen
- Gegensatz von Mann und Frau z.B. in sog. Gemischtrunden wenigstens ansatzweise abbauen
- die ganzheitliche Subjektivität bis in kleinste Verästelungen hinein entfalten.

3
Es wird etwas besonderes gemacht, und doch ist das, was gemacht wird, irgendwie alltäglich, schon bekannt:

rechts: Jonglieren und Akrobatik am Symposium

Mit Babbleplastelementen spielten Erwachsene (Symposium) genauso gern wie Kinder (Spiel- und Kulturfest Universität Oldenburg 1982)

- es wird geradelt oder gelaufen
- es werden bekannte Kunststückchen gezeigt
- es wird Fußball oder Volleyball gespielt
- es wird Gymnastik gemacht, es wird getanzt.

Es scheint kurios: während der traditionelle Sport 'für alle' da sein will und offensichtlich immer am besonderen der sportlichen Spitzenleistung ausgerichtet wird, ist alternative Sportkultur nur scheinbar spektakulär, will aber gerade für alle Menschen ein Beispiel geben.

4
Es ist interessant, daß alternative Sportkultur durchaus etwas ist, von dem man möchte, daß es alle tun:
- es werden Einladungen zu Friedensturnieren verschickt
- andere Gruppen treffen sich zu Spiel- und Kulturfesten
- die Traumfabrik geht auf Tournee
- Gemischtmannschaften nehmen am ordentlichen Sportbetrieb teil
- es werden sogar Vereine gegründet.

Ich fasse meine Eindrücke zusammen: Durch alternative Sportkultur sollen neue Handlungs- und Bewegungsmöglichkeiten geschaffen werden, die einen Bezug zur traditionellen Bewegungskultur haben, die aber auch darüber hinausgehen.
Es werden neue Ziele gesetzt, die mit einer neuen Art von 'Sport-Bewußtsein' verfolgt und organisiert werden. Auch wenn alternative Unternehmungen eher auf Individualität und Subjektivität abgestellt sind (als das jeweils 'Besondere'), sind sie zugleich auch - vielleicht gegen den Willen der Handelnden - auf die Allgemeinheit, auf gesellschaftliche Handlungszusammenhänge gerichtet. Nun komme ich zum nächsten Teil meiner Ausführungen: ich werde einige theoretische Bewertungen und Einordnungen meiner Beobachtungen und Eindrücke vorstellen.

Der gesellschaftliche Charakter (auch alternativer) Sportkultur

Betrachtet man Ziele, Inhalte, Organisationsformen und Objekte (Handlungsgegenstände) einer alternativen Sportkultur etwas genauer, so tragen sie deutlich gesellschaftliche Züge. Dies mag überraschen, weil doch eben gerade die subjektive, individuelle Seite des Handelns herausgestellt werden soll. Auch alternative Sportkultur bewegt sich auf dem allgemeinen Weg der Geschichte, einer Geschichte, zu der auch die Entwicklung von Sport gehört.
Die durch Sport hervorgebrachte kulturelle Tätigkeit der Menschen repräsentiert ein gesellschaftliches, objektives System von Handlungs- und Bewegungsmöglichkeiten. Es ist gleichsam eine Voraussetzung für individuelles Handeln, für subjektive Bewegungsentwicklung: Diese, wie ich meine sehr positive Funktion von Sport wird überlagert und in ihrer

Bedeutung eingeschränkt durch spezifische gesellschaftliche Verhältnisse und Mechanismen, wie wir sie im gegenwärtigen Sport mit Merkmalen wie Konkurrenz, Leistung, Privatheit, Überbietung, Entsinnlichung usw. beobachten können.

Alternative kulturelle Tätigkeit setzt m.E. objektiv an diesen widersprüchlichen Entwicklungen (allgemein positive Tendenz versus aktueller Eingeschränktheit von Sport) an. Die Formen alternativer Sportkultur sind ein Gradmesser für Widerspruchserfahrungen des Einzelnen und Umdeutungen von Sport in 'neue Praxis'. Dieses halte ich für positiv: in alternativer Sportkultur entdecken einige Menschen Handlungs- und Bewegungsmöglichkeiten, die durchaus einmal zur Kultur für alle Menschen werden könnten. Es wäre in Zukunft noch genauer zu untersuchen, welche über den Einzelnen und das besondere hinausgehende Potentiale zur gesellschaftlichen Integration in alternativer Praxis angelegt sind.

Ich bin mir aber nicht sicher, ob alternative Gruppierungen den von mir angedeuteten Zusammenhang auch so sehen - so sehen wollen?

Es kann durchaus sein, daß der Weg von Privatheit, partieller Isolation des Einzelnen und von Partialisierung des Handelns (weil 'nur' motorisch) wieder in neue Privatheit und Isolation mündet - wenn auch freudvoll erlebt. Ich bin mir also nicht sicher, wie Widersprüche in Sport und alternativer Sportkultur tatsächlich gewendet werden.

Handeln und Zukunft hin

Ein besonderes Merkmal menschlicher Tätigkeit sind Zielgerichtheit und Bewußtsein. Es sind Formen vorgreifender Widerspiegelung der Gegenwart, sie enthalten Ideen, Gedanken und Pläne, die - wie weit auch immer - in die Zukunft gerichtet sind.

Ich sehe nun analog hierzu in alternativer Sportkultur eine Art vorgreifender gesellschaftlicher Praxis.

Diese Praxis ist schon Realität, aber noch keine allgemeine gesellschaftliche Realität, d.h. Kultur für alle Menschen. Aus der Verbindung von individueller vorgreifender Praxis mit realen gesellschaftlichen Entwicklungsprozessen im Sport sehe ich die wesentliche Perspektive alternativer Sportkultur herauswachsen.

Eine alternative Sportkultur hat m.E. dann eine ernstzunehmende Perspektive, wenn sie bewußt in gesellschaftliche Handlungszusammenhänge (von Sport) eingebracht wird. Ansonsten wird sie zum Reservat nur individueller Praxis und bleibt, historisch betrachtet, ein Handlungsmuster ohne gesellschaftlichen Entwicklungswert.

Andererseits: eine gezielte Integration in gesellschaftliche Handlungszusammenhänge bringt neue Probleme mit sich. Denn nunmehr müßten auch alternative Handlungen stärker geregelt werden, es wäre auch zunehmend soziale Organisationsformen erforderlich, damit verbunden eine gewisse Abkehr vom spontanen und ungeregelten Handeln.

Fazit

Eine alternative Sportkultur hat reale Grundlagen in den Widersprüchen des bestehenden Sports. Sie repräsentiert so etwas wie den Versuch, einen Weg aus dem Bekannten, Gewohnten, manchmal Verbrauchten und nicht immer nur positiv zu Bewertenden heraus zu finden.
Eine Perspektive ist dann gegeben, wenn die hier entdeckten und entwickelten Handlungs- und Bewegungsmöglichkeiten sich mit allgemeiner historischer Entwicklung verbinden. Dann allerdings wird alternative Sportkultur keine besondere, eigenartige Praxis mehr sein.
Als vorgreifende Praxis kann sie Beispiele geben für Problemlösungen des gesamten Sports, für Probleme, die objektiv für Sport gegeben sind. 'Alternative Praxis' hat zumindest den Vorteil, daß Ursachen von Problemen klarer benannt und daß Wege zu ihrer Überwindung eher gefunden werden als im traditionellen Sportbetrieb. Wenn dies der Anspruch ist - oder wird -, können Tendenzen einer neuen Privatheit und Isolation überwunden bzw. in Grenzen gehalten werden. So gesehen könnte die bestehende Wirklichkeit durch neue Praxis auf ein höheres Niveau von kultureller Tätigkeit für alle Menschen geführt werden. Und an dieser Stelle sei mir ein Bezug zur Arbeitersportbewegung gestattet.
Im Arbeitersport sind auch andere, alternative Wege im Gegensatz zum bürgerlichen Sport beschritten worden. Aber nicht in kultureller Engstirnigkeit und als 'private' Isolation von Arbeitern oder der Arbeiterklasse. Die Entwicklung der Arbeitersportbewegung lag vielmehr auf dem Weg des Allgemeinen und der wirklichen Geschichte von Sport. Die Arbeitersportler haben niemals einen eigenen Sport im Sinne einer 'roten Rolle vorwärts' oder eines 'roten Recks' angestrebt. Ihr Interesse galt der gesamten Entwicklung von Sport. Es sollte der Sport durch neu entwickelte Ziele, Inhalte und Organisationsformen auf ein höheres gesellschaftliches Niveau gehoben werden.
Diese Aufgabe bleibt uns heute noch. Insofern ist die viel und oft beschworene Arbeitersportbewegung immer noch ein Beispiel für unsere Arbeit im Sport. (Ohne daß wir uns gezwungen sehen sollten, konkrete Formen oder Inhalte auf die heutige Zeit übertragen zu müssen).
Als gesellschaftliche allgemeine praxis wird alternative Sportkultur nichts Besonderes mehr sein, bis vielleicht neue alternative Bewegungen den Prozeß des Fortschritts neu in Gang setzen.●

Holger Grabbe

Theorie alternativer Sportkultur

Soziologische Betrachtungen zur Beziehung zwischen Spiel - Bewegung - Umwelt

Der Versuch, theoretische Momente einer alternativen Sportkultur auf einer soziologischen Betrachtungsebene zu entwickeln, kann auf das Tagesthema "Spiel-Bewegung-Umwelt als kategorialen Rahmen zurückgreifen: Die begriffliche Entfaltung des Zusammenhangs zwischen Spiel, Bewegung und Umwelt ist schon Bestandteil, vielleicht Grundlage einer Theorie alternativer Sportkultur.

Die Entfaltung eines solchen kategorialen Rahmens ermöglicht (vielleicht) einen perspektivischen Entwurf, um prinzipielle Leitlinien für eine gesellschaftlich wünschenswerte "alternative Sportkultur" benennen zu können (und sich - vielleicht - darauf einigen zu können), andererseits läßt sich aus dieser Begriffsfindung ein Ansatz zur Analyse vorfindbarer alternativer Sportkulturpraxis entwickeln und anwenden.

Die Suche nach dem Zusammenhang von Spiel-Bewegung-Umwelt läßt sich als Lebensraumstudie bezeichnen, der eine "ökologische Spieltheorie" zugrunde liegt, wie sie in den 30er Jahren von der Umweltpsychologie ausgehend und in letzter Zeit am Schlagwort "Straßensozialisation" (vgl. ZINNECKER, 1979) öffentlich gemacht worden ist.

Zwar ist Spiel als tätige Aneignung von Umwelt bisher wesentlich bezogen auf die psychische Entwicklung des Kindes etwa durch Wygotski oder in den praktischen Aktionen der Pädagogischen Aktion München auf Kinderspiel hin betrachtet worden. Es liegt jedoch m. E. nahe, eine allgemeine Übertragung zu versuchen. Drei spieltheoretische Merkmale etwa, die Jörg Richard anhand der Wygotskischen Spielanalyse ausführt, (WYGOTSKI, 1973; vgl. auch RICHARD, 1980) lassen sich wohl auf Spieltätigkeit allgemein erweitern und somit auch auf Sportkultur beziehen.

1
Antrieb und Motiv für das Spiel ist der Wunsch nach tätiger Aneignung der Umwelt. Über das Spiel erfolgt die Befriedigung dieses Bedürfnisses und zugleich entstehen neue Bedürfnisse und Neigungen.

2
Spieltätigkeit unterscheidet sich von anderen Tätigkeiten durch die eingebildete Situation, in der eine Trennung zwischen "optischem" und "semantischem" Feld vorgenommen wird. In der eingebildeten Situation wird die soziale Struktur in Form der Regel entwickelt. Inhalt und Organisation des Spiels werden vom Inhalt des sozialen Lebens bestimmt.

3
"Im Spiel ist die Handlung dem Sinn unterworfen, während im realen Leben selbstverständlich die Handlung über den Sinn herrscht" (WYGOTSKI, 1973, S 32). Der Sinn ist an die Situation und in ihr vorfindbare Gegenstände gebunden und kann darüber hinaus gelöst und neu konkretisiert werden. Spieltätigkeit kann zu einer neuen Sinngebung emanzipieren. Die gegenständliche und soziale Welt wird durch die Vorstellungskraft bewegt; die affektiven Kräfte bilden und entwickeln kreative und phantasiebegabte Fähigkeiten.

Wenn es in einer Theorie alternativer Sportkultur darauf ankommt, Anlässe für Sportkultur zu erklären und Ausdruck und Auswirkungen von Sportkultur zu erfassen, so kann das spieltheoretische Schema "Umwelt bewegt Spiel - Spiel bewegt Umwelt" im Tagungsthema wiedergefunden werden.

Gestützt werden kann dieses spieltheoretische Konzept, das hier über Kinderspiel und Kindesentwicklung hinaus verallgemeinert wird auf Formen des gesellschaftlichen Lebens durch die Persönlichkeitstheorie Lucien SEVES, der menschliches Handeln als Konstituens für die Struktur der Persönlichkeit sieht und als "psychologisches Produkt" in der Vermittlung zwischen Fähigkeiten und Bedürfnissen konzeptioniert (als Topologie von Zeitplänen und Biographien). Auch hier wird die zentrale Frage erörtert, wie das Verhältnis von Fähigkeiten und Bedürfnissen durch Handeln "bewegt" werden kann, durch gesellschaftlich bestimmtes Handeln, weil die Situationen, in denen Aktivitäten stattfinden, durch die vorfindbare Gesellschaftsformation bedingt sind und die Auseinandersetzungen insofern als gesellschaftliche Auseinandersetzung gesehen werden muß. Sève nennt die Auseinandersetzung den Kampf um "Zeit zu leben": "Die Forderung nach Zeit zu leben heißt in der Praxis - jener Praxis der Arbeiterbewegung, von der die Wissenschaft von der Persönlichkeit soviel zu lernen hätte - Kritik der Trennung zwischen abstrakter und konkreter Persönlichkeit, die der Kapitalismus mit einem unsichtbaren Skalpell in unserer Seele vollzogen hat, Kritik einer Lebensweise, die das Aufopfern des konkreten persönlichen Lebens für die abstrakte gesellschaftliche Lebens für die Erfordernisse der ständigen Reproduktion des ganzen Systems verlangt" (SEVE 1973, S. 347).

In einem - abgewandelten - Schema von Sève läßt sich der Bezug alternativer Sportkultur zu den zwischen individuellen Bedürfnissen und gesellschaftlichen Bedingungen vermittelnden Aktivitäten veranschaulichen: Diese noch sehr undifferenzierte Topologie soll zunächst Maßstab zur Kritik anderer Theorieansätze zur alternativen Sportkultur sein.

Als relevante Theorieansätze alternativer Sportkultur kommen insbesondere diejenigen in Betracht, die sich aus der Kritischen Theorie herleiten und mit Emanzipationsanspruch auftreten.

Hier nun findet sich eine deutliche Parallele zur Entwicklung in der Diskussion im sportwissenschaftlichen Bereich und im freizeitpädagogischen Bereich.

In beiden Bereichen ist versucht worden, engere z. B. Leistungs-bzw. Erholungskonzepte zu überwinden und analysierte gesellschaftliche Problemlagen, die sich als subjektive Problemlagen widerspiegeln, anzugehen.

Der Bezug auf Kategorien der Frankfurter Schule - die von Habermas selbst in seinen "Notizen zur Freizeit" auf die Freizeit (HABERMAS, 1958) und von seinem Schüler Rigauer (RIGAUER, 1969) auf Sport angewandt worden sind - hat sich über die Rezeption insbesondere von Mollenhauer Eingang verschafft im Entwurf einer kritischen Erziehungswissenschaft.

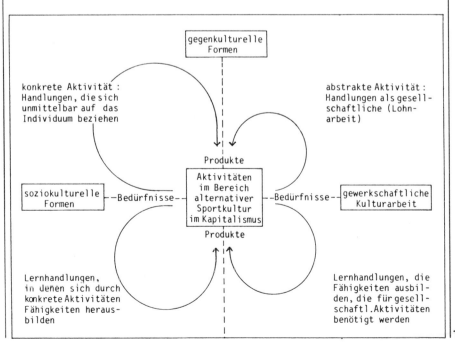

Diese nun konnte Gewähr bieten für eine kritische Freizeitpädagogik wie für eine kritische Sporttheorie. Die Kritik an diesen kritischen Bezügen hat inzwischen in ähnlicher Weise parallel stattgefunden etwa durch Güldenpfennig in der Sporttheorie und Grabbe in Freizeitpädagogik (GÜLDENPFENNIG, 1980; GRABBE, 1982).

Es ist von daher nur konsequent, wenn das Verhältnis von Sport und Freizeit zur Arbeit, zur Interaktion, zur Öffentlichkeit und zur Sinnfrage untersucht worden ist und - gegen interaktionistische Ansätze - beiderseits ein vergleichbarer Theoriehintergrund einbezogen wird (z.B. bezogen auf Wygotski, Sève, Galperin).

Ich habe in meiner "Kritik einer Kritischen Freizeitpädagogik" ihren Bezug auf die Kritische Theorie an vier Aspekten kritisiert - und zwar an den freizeitpädagogischen Prämissen
- Emanzipation durch Interaktion
- Verständigung durch Öffentlichkeit
- Aufwertung von Freizeit durch Abwertung der Arbeit
- Sinnfindung in "offenen Situationen" (als Reaktion auf Motivationskrisen durch Sinnverlust).

In der Auflistung Christian Wopp (WOPP, 1982), wo denn Ansätze alternativer Sportkultur aufzufinden sind - erfindet sie in dem breiten Spektrum soziokultureller, gewerkschaftlicher und gegenkultureller Positionen (in Spielaktionen, Bürgerinitiativen, in der Friedensbewegung, auf Abenteuerspielplätzen, in der Auseinandersetzung um eigene Körperlichkeit, im Jogging, in der Trimm-Bewegung usw.) - in dieser Auflistung nun wird deutlich, daß dies Feld sehr diffus ist.

Ich denke, daß eine Kritik alternativer Sportkultur deshalb nötig wird, weil solchermaßen vorfindbare alternative Sportkultur als Kritik an traditionellen Sportformen zwar viel an faktischer Veränderung im Sportbereich bewirkt hat, aber nur dringlich eine nächste Phase einer vereinheitlichenden Zielsetzung und stringenteren theoretischen Grundlegung eingeleitet werden muß.

Ansätze sehe ich hierzu nun in den ganzheitlichen Materialistischen Kulturtheorien, die "Lernweisen" thematisieren und den Menschen als handelnd in seine Umwelt eingreifende Persönlichkeit sehen (sh. Sève und Wygotski) (vgl. HUND/KRAMER, 1980).
Die Betonung dieser theoretischen Ausrichtung ist Resonanz auf die festzustellende Ausuferung und Differenzierung in den jeweiligen kulturellen Einzelbereichen.

Als Beispiel: Es gibt nicht nur die angeführten Abenteuerspielplätze als alternative "Spielplatzkultur", sondern etwa "Jugendfarmen" als immobile oder "Spielmobile" als mobile Ergänzung, Variante oder gar Gegenbewegung. Die jeweilige theoretische Grundlegung und Inhalts- und Formbestimmung zu erhellen, um Begriffsverwischungen zu vermeiden, dies muß der nächste Schritt sein in der Konsolidierung eines Netzwerkes alternativer Kulturaktivitäten.

Denn bisher ist es wohl so einzuschatzen, daß Bastionen traditioneller Kulturinstanzen durch zwei Prozesse zum Wanken gebracht worden sind:

1
Aktivitäten bedeutsamen Umfangs in angrenzenden Feldern sind nachgewiesen und als Argumentationshilfen verwandt worden (Badespaß als Breitensport). Dies führt zu einer Erweiterung der Selbstverständnisse der disziplingebundenen Institutionen z.B. der Schwimmvereine.

2
Begriffliche Einengungen sind gesprengt worden und haben bishin zu Begriffsauflösungen oder Vereinnahmungen geführt. Wenn Sport etwas mit Spiel zu tun hat, dann gehört auch der Abenteuerspielplatz zur alternativen Sportkultur. Ist das Budenbauen dann noch Sport oder nicht? Wenn die traditionellen Kriterien zur Defin-

ition von Sport nicht mehr geeignet scheinen, lassen sich dann die Kriterien anderer Bereiche - z. B. der Spieltheorie - dem Sport überstülpen? Welchen Fortschritt in der begrifflichen Entwicklung bringt dies?

Bei genauerem Hinsehen fällt auf, daß z.T. in den jeweiligen Einzelbereichen die Spannung zwischen progressiven und restaurativen Strömungen mindestens ebenso groß ist wie zwischen den Bereichen wie etwa Sportkultur und Freizeitpädagogik. Die Konsequenz daraus müßte sein: Nicht die allgemeine Ausweitung von Sport als alternative Sportkultur auf Spiel und Bewegung und Umweltbezug bringt schon eine begriffliche und strategische Weiterentwicklung. Erst die Formierung interdisziplinärer Ansätze mit adäquater theoretischer und gesellschaftspolitischer Grundlegung ermöglicht die Entwicklung von Kräften und aussichtsreichen Perspektiven.

In diesem Sinne ist es ein Ergebnis der Fraktionierung alternativer Kulturbestrebungen, wenn auf dem ADH-Symposion eine bestimmte - materialistische - freizeitpädagogische Position zum Tragen gebracht wird.

Für eine "soziologische Betrachtung" ist es deshalb besonders wichtig - neben der Einschätzung sportkulturtreibender Gruppen vor Ort - die Formierung der Kräfte zu betreiben, die quasi im Überbau die politischen Strategien entwerfen, die entweder die Basis hemmen oder unterstützen.

Der ADH z.B. muß sich dieser Funktion bewußt sein und entsprechende solidarische Formierungen vorantreiben.

Zum Schluß möchte ich ein Beispiel bringen, wo ich selbst alternative Sportkultur betreibe, ich als Nicht-Sportpädagoge, der Sportkultur als integrierten Bestandteil eines Projektes der Kinder- und Jugendkulturarbeit sieht.

Das Projekt, das wir gerade konzipieren, nennt sich "Gemeinschaftsbauernhof" und könnte das für den ländlichen Bereich sein, was der Abenteuerspielplatz für die Stadt ist: Kinder und Jugendliche können ihre verloren gegangenen Zusammenhänge erfahren, die sich auf ihre ländliche Situation beziehen und die ihnen die Bauernschaft, die zum Unternehmertum geworden ist, nicht mehr vermitteln kann. Ein Element dieses Gemeinschaftsbauernhofes werden Pferde sein. Reiten in diesem Zusammenhang soll zur alternativen Sportkultur werden und sich vom Reiten im Reiterverein, auf der Jugendfarm oder dem Ferienbauernhof unterscheiden, weil hier das Handeln mit Pferden (Züchten, Pflegen, Ackern, Fahren, Streicheln, Reiten) im Zusammenspiel mit anderen bäuerlichen Aktivitäten sich nicht vereinseitigen läßt, sondern als Lebensweise wirkt.●

Von der Theorie erschlagen?

Oldenburger Manifest zur Alternativen Sportkultur

Der Anlaß

Anläßlich des 5. Symposiums des Allgemeinen Deutschen Hochschulsportverbandes am 19./20. November 1982 mit dem Thema "Spiel-Bewegung-Umwelt: Perspektiven alternativer Sportkultur" kamen in Oldenburg/Oldb. über 500 Teilnehmer aus der Bundesrepublik Deutschland, West-Berlin, Dänemark, Holland, Österreich und Frankreich zusammen. Zwei Tage lang wurden vielfältige Praxisformen des Spielens und des Bewegens durchgeführt, vorgeführt, erprobt und diskutiert.

Die Inhalte

Auf dem Symposium sollte ermittelt werden, ob zur Zeit eine alternative Sportkultur im Entstehen ist, was das Besondere und Neue daran ist und welche Perspektiven sich auftun.

Allgemein bestand bei den Symposiumsteilnehmern eine Unsicherheit darüber, den Begriff "alternative Sportkultur" genauer zu definieren. Es wurde diskutiert, welches die Alternativen sind und wie das Verhältnis des Sports zur alternativen Kultur ist.

- Zu beobachten ist, daß immer mehr Menschen sich auf Wiesen und Freiflächen treffen, um sich zu bewegen und um gemeinsam zu spielen.
- Bewegungsangebote wie darstellende Spiele oder die Verbindung von Bewegung und Musik finden heute immer stärkeren Zuspruch.
- Traditionelle und im Erfahrungsschatz teilweise schon verlorengegangene Spiele werden ebenso wiederentdeckt wie neue Spiele, bei denen das Erlebnis, die Spannung und die Kooperation im Mittelpunkt stehen.
- Immer mehr Menschen setzen sich mit ihrer eigenen Körperlichkeit zunehmend bewußter auseinander, wie z.B. bei der Atemgymnastik, Eurythmie, dem Autogenen Training, Joga, Tai Chi, Aikido.
- In vielen Fällen sind Sportler Mitglieder von Bürgerinitiativen oder ähnlichen politischen Interessengemeinschaften und bringen dort die spezifischen Elemente des Spiels und der Bewegung ein, wie z.B. in Fahrradinitiativen, als Segler und Kanuten gegen die Verschmutzung der Gewässer oder in der Friedensbewegung.

Auf dem Symposium wurde deutlich, daß es vielfältige und sehr unterschiedliche Erscheinungsformen gibt, die eine Alternative zum vorherrschenden Sport sind oder in denen versucht wird, eine Alternative zu entwickeln.

Ebenso wie bei den Inhalten gibt es auch bei den Organisationsformen des alternativen Sports erhebliche Unterschiede. Einerseits existieren Initiativen, die sich bewußt außerhalb der etablierten Organisationen stellen, weil sie dort keine Chance sehen, Formen des alternativen Sports einbringen und entwickeln zu können. Andere Personen und Initiativen versuchen in Organisationen wie Sportvereinen, Schulen und Hochschulen Inhalte des alternativen Sports einzubringen, obwohl das häufig sehr mühsam ist und zu erheblichen Konflikten führt.

Auch dieser Punkt der Organisation des alternativen Sports wurde auf dem Symposium kontrovers diskutiert, ohne jedoch zu einem Ergebnis zu gelangen. Das wesentliche Ergebnis des Symposiums war es daher, daß die verschiedenen Personen und Initiativen aus den unterschiedlichen Bereichen des alternativen Sports ins Gespräch kamen, Erfahrungen austauschten und miteinander diskutierten und diesen Prozeß des Aufeinanderzugehens und des Zuhörens fortführen wollen.

Die Perspektiven
Das Symposium in Oldenburg hat gezeigt, daß es viele verschiedene Inhalte des alternativen Sports in jeweils unterschiedlich entwickelten Formen gibt. Diese vielfältigen Ansätze sollten gleichberechtigt nebeneinander stehen und die Möglichkeit der Entwicklung haben. Erst dann wird sich die Tragfähigkeit der einzelnen Ansätze zeigen.

Als gemeinsame Perspektiven wurde formuliert:

1
Alternativer Sport muß einen Beitrag dazu leisten, daß immer mehr Menschen die Bereiche des Spiels und der Bewegung erobern können.

2
Mit den Prozessen des Eroberns sollten Prozesse des Veränderns der eigenen Lebensweise und der Lebensbedingungen einhergehen.

3
Wesentliche Elemente des alternativen Sports sollten die Selbstbestimmung und die Selbstorganisation sein.

4
Die dadurch bewirkten Veränderungen der eigenen Lebensweise und der Lebensbedingungen erfordern, daß durch den alternativen Sport jene Hindernisse erfahrbar und erkennbar werden, die den Veränderungen entgegenstehen.

5
Gruppen, die alternativen Sport betreiben, sollten aus ihrem isolierten Anlaß heraus untereinander zur Kooperation gelangen.

6
Alle Gruppen, die alternativen Sport betreiben, sollten sich Möglichkeiten des überregionalen Erfahrungs- und Informationsaustausches schaffen.

Die Forderungen
Die Teilnehmer des Oldenburger Symposiums fordern die Öffentlichkeit auf:

- Den Sport als soziale Leistung wie im bisherigen Umfang zu fördern. Vor allem dürfen die Zuschüsse an die Sportvereine und die kommunalen Spiel- und Bewegungsangebote nicht gekürzt werden.
- Initiativen des alternativen Sports sollten nicht durch bürokratisches Verhalten behindert werden, sondern als Form der Selbsthilfe anerkannt werden und, wo das von den Initiativen gewünscht wird, räumlich und materiell unterstützt werden.
- Der weiteren Kommerzialisierung des Sports ist massiv entgegenzuwirken, damit eines Tages nicht nur noch diejenigen Sport treiben können, die finanziell dazu in der Lage sind.

Die Vereine, Schulen und Hochschulen werden aufgefordert:

- In ihren Bereichen Formen des alternativen Sports zu ermöglichen und aktiv zu fördern, weil es sich hierbei um bedürfnis- und interessenorientierte Spiel- und Bewegungsangebote handelt, durch die viele Menschen angesprochen werden, die bisher dem Sport ablehnend gegenüber stehen.
- Das Entstehen von Formen des alternativen Sports zum Anlaß zu nehmen, ihre Angebote und Strukturen zu überdenken und zu verändern. ●

Literatur

ALTEKAMP, K./DIECKERT, J./KOCH, J. WINKLER/ J. (1980): Die Sport-Mehrzweckhalle. Eine Untersuchung im Auftrag des Kulturministeriums von Nordrhein-Westfalen. Oldenburg: 1980
AUTORENKOLLEKTIV: Schultheater. Bd. 1, Bern: 1976; Bd. 2, Bern: 1978; Bd. 3: Bern 1979
BAACKE, DIETER (1980): Freizeit-Symptom für gestörte Kommunikation. In: Herausgebergruppe 'Freizeit': Freizeit in der Kritik. Alternative Konzepte zur Freizeit- und Kulturpolitik. Köln: 1980
BAER, ULRICH/HOYER, KLAUS (1982): Spielaktion in der Schule. Tanzexpress auf Gleis 4. In: betrifft: Erziehung 3/1982
BEDUHN, RALF (1982): Die Roten Radler. Münster: 1982
BERTELSMANN, KLAUS (1975): Ausdrucksschulung. Unterrichtsmodelle und Spielprojekte für kreatives und kommunikatives Lernen. Stuttgart: 1975
BISCHOFF, JOACHIM/MALDANER, KARLHEINZ (Hrsg.) (1980): Kulturindustrie und Ideologie. Teil 1: Arbeiterkultur, Theorie des Überbaus, Freizeit, Sport. Hamburg: 1980
BOEHM, U./LITTEK, W. (Hrsg.) (1982): Technische Entwicklung, Arbeitsteilung und berufliche Bildung. Frankfurt/M.: 1982
BOSCH, MANFRED (Hrsg.) (1977): Kulturarbeit. Versuche und Modelle demokratischer Kulturvermittlung. Frankfurt/M.: 1977
BREMISCHES SCHULGESETZ vom 18.2.1975 (Bremisches Gesetzblatt S. 89) in der Fassung des Gesetzes vom 20.2.1978 (Bremisches Gesetzblatt S. 69) und des Gesetzes vom 24.7.1978 (Bremisches Gesetzblatt S. 167)
BRINKMANN, ANDREAS/TREESS, UWE (1980): Bewegungsspiele. Hamburg: 1980
BUNDESJUGENDWERK DER ARBEITERWOHLFAHRT (Hrsg.) (1982): Praxismappe. Spiele für Kinder, Jugendliche & Erwachsene. Bonn: 1982
BUNDESVEREINIGUNG KULTURELLER JUGENDBILDUNG (Hrsg.) (1981): Nix los in der Provinz? Kulturarbeit mit Kindern und Jugendlichen auf dem Lande. Redaktion: Dorothea Kolland. Berlin (West): 1981

CRÄMER/DIDSZUWEIT (1981): Der Stoff, aus dem die Träume sind. In: betrifft: Erziehung Juni 1982
DAS ADRESSBUCH alternativer Projekte 81/82. Klingelbach: 1981
DGB (1980): Bestandsaufnahme 1976 - 1979. Gewerkschaftliche Kulturarbeit. Düsseldorf: 1980
DGB (1981): Vorstellungen des DGB zur Kulturpolitik und Kulturarbeit. Düsseldorf: 1981
DIETRICH, KNUT/LANDAU, GERHARD (1979): Soziales Lernen und Lehren. In: Zeitschrift für Sportpädagogik 1/1979, S. 8 - 15
DIETTRICH, M. (1980): Kritische Sporttheorie - Alternativen für die Sport- und Bewegungserziehung. In: Hochschulsport 10-11/1980
DSB (1980): Spielfest. Frankfurt/M.: 1980
DUDEN (1974): Fremdwörterbuch. Mannheim: 1974
EICHEL (Hrsg.) (1973): Geschichte der Körperkultur in Deutschland. Berlin (DDR): 1973
ELSTNER, FRANK/DSB (Hrsg.) (1979): Spiel mit. Dortmund: 1979
FLUEGELMANN, ANDREW (1981): Die Neuen Spiele. Bd. 1 und 2. New York: 1981
FRANKFURTER ARBEITSGRUPPE (1982): Offener Sportunterricht - analysieren und planen. Reinbek bei Hamburg: 1982
FUCHS, ARNIM/SCHNIEDERS, HEINZ-WILHELM (Hrsg.) (1982): Kulturarbeit. Berichte und Analysen. Weinheim: 1982
FUNKE, JÜRGEN (1980 a): Körpererfahrung. In: Sportpädagogik 4/1980, S. 13 - 20

FUNKE JÜRGEN (1980 b): Möglichkeiten der Verbindung von Theorie und Praxis in der Primarstufe und der Sekundarstufe I - Fallbeispiele aus der Unterrichtspraxis. In: ADL (Hrsg.): Theorie in der Sportpraxis. Schorndorf: 1980
FUNKE, JÜRGEN (1982): Im Büro und am Fließband. In: Sportpädagogik 6/1982, S. 66 S. 66 - 71
FUNKE, J./HEINE, E./SCHMERBITZ, H. (1979): "Initiativstunde". Von Schülern selbst getragener Unterricht. In: Sportpädagogik 1/1979, S. 36 - 40
GASSER/ODEY (1977): 'Sportfete' als Alternative zu den Bundesjugendspielen. In: Sportpädagogik 1/1977
GERICH, M. u.a. (1981): Erweiterung der Realitätskontrolle durch sportliche Tätigkeit. Zur Perspektive und praxis alternativer Sport- und Bewegungserziehung. In: Diettrich, M. (Hrsg.): Kritische Sporttheorie - Alternativen für die Sport- und Bewegungserziehung. Köln: 1981
GRABBE, HOLGER (1980): Thesen zur Überwindung des Freizeitbegriffs. In: Herausgebergruppe 'Freizeit': Freizeit in der Kritik. Alternative Konzepte zur Freizeit- und Kulturpolitik. Köln 1980
GRABBE, HOLGER (1982): Kritik der kritischen Freizeitpädagogik. In: Neue Praxis 1/1982
GRAND, MARTINA (1981): Mobile-Spiel-Sport-Aktionen. Spielerei oder Beitrag zur Gestaltung des Vereins und Schulsports? Hausarbeit im Fach "Leibeserziehung/Sport". Hamburg: 1981
GROEN, NORBERT (1981): Alternative zum Trimmpfad. Planung einer Bewegungslandschaft. Oldenburg: 1981
GRÖSSING, STEFAN (1977): Einführung in die Sportpädagogik. Frankfurt/M.: 1977
GÜLDENPFENNIG, SVEN (1980): Texte zur Sporttheorie und Sportpolitik. Köln: 1980
GÜNTER, ROLAND/RUTZEN, JOACHIM (1982): Kultur tagtäglich. Hamburg: 1982
GÜNTER, ROLAND/RUTZEN, JOACHIM (1979): Kulturkatalog. Alternative Kulturpraxis. Hamburg: 1979

HABERMAS, JÜRGEN (1958): Soziologische Notizen zum Verhältnis von Arbeit und Freizeit. Bonn: 1958
HAMBURGER SPORTJUGEND (1978): Mobile-Spiel-Sport-Aktion. Berichte - Arbeitshilfen - Dokumentation. Hamburg: 1978
HAMBURGER SPORTJUGEND (1982): Spielekarren 82 . . . und dann machen wir 'mal anders Sport. Hamburg: 1982
HAMBURGER SPORTJUGEND (1980): Umwelt, Natur. Eine Dokumentation. Hamburg: 1980
HAMBLIN, KAY (1979): Pantomime - Spiel mit deiner Fantasie. Soyen: 1979
HASELBACH, BARBARA (1976): Improvisation, Tanz, Bewegung. Stuttgart: 1976
HAUG, FRITZ/MAASE, KASPAR (1980): Materialistische Kulturthese und Alltagskultur. Argumente-Sonderband AS 47. Berlin (West): 1980
HELMS, EBERHARD (1979): Lerngelegenheiten im Sportunterricht. In: Sportunterricht 5/1979, S. 178 - 182
HELMS, EBERHARD (1979): Aktive Schulpause - Freie Lerngelegenheiten - Selbstgesteuertes Lernen und Üben im Schulsport. In: Theorie in der Sportpraxis. VIII. Kongreß für Leibeserziehung. Berlin: 1979
HENTIG, HARTMUT VON (1971): Allgemeine Lernziele der Gesamtschule. In: Deutscher Bildungsrat: Gutachten und Studien der Bildungskommission, Bd. 12. Stuttgart: 1971, S. 13 - 43
HERAUSGEBERGRUPPE 'FREIZEIT' (1980): Freizeit in der Kritik. Alternative Konzepte zur Freizeit- und Kulturpolitik. Köln: 1980
HILDEBRANDT/LAGING (1981): Offene Konzepte im Sportunterricht. Band 2 Sport: Lehren - Unterrichten - Trainieren. Limpert: 1981
HINRICHS, WILHELM/WITZKE, EDMUND/WOPP, CHRISTIAN (1982): Pädagogisches Handeln und Lehren als Vermittlung von Selbständigkeit. In: Schulke, Hans-Jürgen (Red.) (1982): Selbständigkeit und Regelmäßigkeit im Breitensport.

Bericht vom 4. Wissenschaftlichen Symposium zum Hochschulsport. Ahrensburg bei Hamburg: 1982
HÖRMANN, (Red.) (1981): Entführung in eine Traumfabrik. In: Neue Musikzeitung 3/1981
HOFFMANN, HILMAR (1981): Kultur für alle. Perspektiven und Modelle. Frankfurt/M./ 1981
HOLLSTEIN, W. (1979): Die Gegengesellschaft. Alternative Lebensformen. Bonn: Bonn: 1979
HORKHEIMER, MAX/ADORNO, THEODOR W. (1974): Soziologische Exkurse. Frankfurt/M.: 1974
HUBNER, IRENE (1981): Kulturzentren. Weinheim: 1981
HUMMEL, SIEGFRIED (1979): Kommunikationszentrum im Zielsystem der kulturpolitischen Gesellschaft. In: Kultur aktiv 1979
HUND, WOLF D. KRAMER, DIETER (1974): Für eine materialistische Theorie der Kultur. In: Sozialistische Politik Nr. 29. Berlin (West): 1974
HUND, WOLF D. KRAMER, DIETER (1978): Beiträge zur materialistischen Kulturtheorie. Köln: 1978
HUND, WOLF D. (1978): Probleme einer materialistischen Theorie der Kultur. In: Hund Kramer (Hrsg.): Beiträge zur materialistischen Kulturtheorie. Köln: 1978

IMSF (Hrsg.) (1978): Kulturelle Bedürfnisse der Arbeiterklasse. München: 1978
KARL, FRED (1981): Die Bürgerinitiativen. Soziale und politische Aspekte einer neuen sozialen Bewegung. Analyse und Dokumentation des IMSF, Band 10, Frankfurt/M.: 1981
KLEINDIENST-CACHAY, CH. (1982): Der Musisch-Ästhetische Gegenstandsbereich. In: Sportpädagogik 6/1982, S. 8 - 10
KOHL, HERIBERT (1980): Soziale Defizite im Freizeitbereich. In: Herausgebergruppe 'Freizeit': Freizeit in der Kritik. Alternative Konzepte zur Freizeit- und Kulturpolitik. Köln : 1980
KON, I.-S. (1971): Soziologie der Persönlichkeit. Köln: 1971
KRAMER, DIETER (1980): Plädoyer für die Abschaffung der Freizeit. In: Herausgebergruppe 'Freizeit': Freizeit in der Kritik. Alternative Konzepte zur Freizeit- und Kulturpolitik. Köln: 1980
KUHL, EVELIN/SIEMPEKKAMP, UWE/BLAETTER, MICHAEL (1980): Erfahrungsbericht "Kleine Spiele" TU Berlin, Hochschulsport. In: Hochschulsport 2 - 3/1980
KURTUR AKTIV in alten Gebäuden. Eine Dokumentation über soziokulturelle Zentren. Hrsg. von der Arbeitsgruppe "Soziokulturelle Zentren in denkmalgeschützten Gebäuden" des Vereins Bürger- und Kulturzentrum Bockenheimer Depot e.V. Berlin: 1979
LANDESVEREINIGUNG KULTURELLE JUGENDBILDUNG Nordrhein-Westfalen (Hrsg.) (1980): Kultur selber machen. Remscheid: 1980
LEFEBVRE, HENRI (1974): Kritik des Alltagslebens. Band I - III. München: 1974
LEIST, KARL-HEINZ (1982): Sport kein Stoff zum Träumen? In: Sportpädagogik 3/1982, S. 12 - 15
MAASE, KASPAR (1978): Arbeiterklasse, Reproduktion und Kultur im heutigen Kapitalismus. In: IMSF (Hrsg.): Kulturelle Bedürfnisse der Arbeiterklasse. München 1978
MAASE, KASPAR (1980): Mehr Freizeit - weniger Kultur? In: Herausgebergruppe 'Freizeit': Freizeit in der Kritik. Alternative Konzepte zur Freizeit- und Kulturpolitik. Köln: 1980
MAIER, HERBERT (1979): Da TuanChin. Oldenburg: 1979
MAYRHOFER, HANS/ZACHARIAS, WOLFGANG (1977): Neues Spielen mit Kindern. Ravensburg: 1977
MAYRHOFER, HANS/ZACHARIAS, WOLFGANG (1973): Aktion Spielbasar, Spielräume in der stadtmobilen Spielplatzbetreuung. Weinheim: 1973

METSCHER, THOMAS (1980): Kultur und Ideologie. In: Haug/Maase: Materialistische Kulturthese und Alltagskultur. Berlin(West): 1980

METSCHER, THOMAS (1978): Kultur und Humanität - Anmerkungen zu einem dialektischen Kulturbegriff. In: IMSF (Hrsg.): Kulturelle Bedürfnisse der Arbeiterklasse. München: 1978

MICHAEL, WOLFGANG (1982): Kulturpädagogik aus Autoreifen und Bierkisten. Die Münchener "Pädagogische Aktion" und ihr außerschulisches Lern- und Spielprogramm. In: betrifft: Erziehung 3/1982

MIEDZINSKI, K. (1982): Die "Bewegungsbaustelle". In: Sportpädagogik 3/82

MUCHOW, MARTHA/MUCHOW, HANS-HEINRICH (1980): Der Lebensraum des Großstadtkindes. Bensheim: 1980

MÜHLBERG, DIEDRICH (1978): Zur Diskussion des Kulturbegriffs. In: Hund/Kramer (Hrsg.): Beiträge zur materialistischen Kulturtheorie. Köln 1978

MÜLLER, WERDER (1979): Pantomime. München: 1979

NAHRSTEDT, WOLFGANG (1980): Über die 'Freizeitgesellschaft' zu einer Freien Gesellschaft? In: Herausgebergruppe 'Freizeit': Freizeit in der Kritik. Alternative Konzepte zur Freizeit- und Kulturpolitik. Köln 1980

NEUMANN, OSKAR (1977): Warum braucht die Arbeiterklasse Kultur? In: Bosch (Hrsg.): Kulturarbeit. Versuche und Modelle demokratischer Kulturvermittlung. Frankfurt/M.: 1977

OPASCHOWSKI, HORST W. (1979): Einführung in die Freizeit. Kulturelle Breitenarbeit, Methoden und Modelle der Animation. Bad Heilbrunn (OBB): 1979

ORLICK, TERRY (1982): Kooperative Spiele. Herausforderung ohne Konkurrenz. Weinheim/Basel: 1982

PALM, JÜRGEN (1980): Kommt eine neue Spielbewegung? Spielfest, Spieltreffs, Spielwiesen in den Städten. In: ADS, Gemeinde und Sport. Jahrbuch 1980/81. Frankfurt/M.: 1980

PETERSEN, URSEL (1977): Schüler gestalten ihr Sportfest. In: Grundschule 10/1977

POSCH, SUSU/HINRICHS, WILHELM (1982): Anmerkungen zu Wilhelms Spielkiste im Hochschulsport der Carl von Ossietzky-Universität Oldenburg (hektogr. Papier). Oldenburg: 1982

RASCHKE, HELGA (1981): Bewegungen und Tanz mit dem Schattenspiel. In: Sportpädagogik 4/1981, S. 34 - 38

RICHARD, JÖRG (1980): Macht das Spielmobil mobil. Dokumentation der Fortbildungstagung für Spielmobilmitarbeiter. Berlin: 1980

RIGAUER, BERO (1969): Sport und Arbeit. Frankfurt:M.: 1969

ROMEISS, FELICITAS (1980): Thesen zur gesellschaftlichen Rolle von Freizeit. In: Herausgebergruppe 'Freizeit': Freizeit in der Ktitik. Alternative Konzepte zur Freizeit- und Kulturpolitik. Köln 1980

ROPOHL, UDO (1980): Zu den drei alternativen Kulturen. In: Haug/Maase: Materialistische Kulturthese und Alltagskultur. Berlin (West): 1980

RÜDEN, PETER VON (Hrsg.) (1979): Beiträge zur Kulturgeschichte der deutschen Arbeiterbewegung, 1848 - 1918. Frankfurt/M.: 1979

RUSSELL, JOAN (1979): Creative Dance in the primary school. Plymouth: 1979

SABAIS, HEINZ WINFRIED (1975): Sportverein als Kulturgemeinde? In: Quanz, Diedrich R.: Sport im Verein. Düsseldorf: 1975

SCHNIEDERS, HEINZ-WILHELM (1982): Von Nottensdorf nach Stade. Jugendliche inventarisieren ihre Heimat. In: Fuchs/Schnieders (Hrsg.): Soziale Kulturarbeit. Berichte und Analysen. Weinheim: 1982

SCHWAAB, KARL (1976): Freizeit die wir meinen. In einer Sendung des Saarländischen Rundfunks am 11.2.1976 (Manuskript)

SCHWERBITZ, HELMUT/WITTEBORG, JÖRG (1982): Pausengestaltung in der Sporthalle. In: Sportpädagogik 4/1982

SCHUNTER-KLEEMANN, SUSANNE (1978): Arbeitslosigkeit, Arbeitsbedingungen, Freizeitsituation und ihre Wirkung auf kulturelle Aktivitäten. In: IMSF (Hrsg.): Kulturelle Bedürfnisse der Arbeiterklasse. München: 1978
SCHUPPEN, PETER (1978): Marx und Engels über Kultur und Kulturentwicklung. Theoretische Grundlagen für eine Gegenstandsbestimmung marxistisch-leninistischer Kulturgeschichtsschreibung. In: Hund/Kramer (Hrsg.): Beiträge zur materialistischen Kulturtheorie. Köln: 1978
SEVE, LUCIEN (1973): Marxismus und Theorie der Persönlichkeit. Frankfurt/M.: 1973
SOLIDARITÄTSJUGEND DEUTSCHLANDS (1982): Unsere Arbeit 1979 - 1982. Herausgegeben zum XI. Ordentlichen Bundeskongreß in Nürnberg. Offenbach: 1982
SPITZER, KLAUS/GÜNTER, JANNE/GÜNTER, ROLAND (1979): Spielplatzhandbuch. Ein kritisches Lexikon. Berlin (West): 1979
STATTBUCH 2 (1980): Ein alternativer Wegweiser durch Berlin. Berlin (West): 1980
STRUPPEK, KURT (1982): Stadtteilmesse Rotthausen. Markt der Eindrücke und Börse der Begebenheit. In: Fuchs/Schnieders (Hrsg.): Soziale Kulturarbeit. Berichte und Analysen. Weinheim: 1982
TIEDEMANN, CLAUS (1980): Gesellschaftliche Bedingungen für Sport. In: Herausgebergruppe 'Freizeit': Freizeit in der Kritik. Alternative Konzepte zur Freizeit- und Kulturpolitik. Köln: 1980
VOIGT, B. (1982): Über das Interesse an der produktion von Jugendlichen ohne Ausbildungsvertrag. In: Boehm/Littek (Hrsg.): Technische Entwicklung, Arbeitsteilung und berufliche Bildung. Frankfurt/M.: 1982
WARWITZ, SIEGBERT (1977): Projektunterricht. Schorndorf: 1977
WARWITZ, SIEGBERT (1982): Was ist eigentlich ein Projekt? In: Sportpädagogik 6/1982, S. 16 - 23
WEINBERG, PETER (1982): Perspektiven alternativer Sportkultur. Unveröffentlichtes Skript zu einem Referat anläßlich des Symposiums in Oldenburg. Oldenburg: 1982
WOHL, ANDRZEJ (1981): Soziologie des Sports. Allgemeine theoretische Grundlagen. Sport, Arbeit, Gesellschaft. Band 15. Köln: 1981
WOPP, CHRISTIAN (1981): Das kleine Skikursbuch. Wuppertal: 1981
WOPP, CHRISTIAN (1977): Freizeitsport und Aspekte einer marxistischen Persönlichkeitstheorie. In: Hennig/Schönberg/Wopp (Hrsg.): Freizeitsport in Betrieb und Verein. Köln: 1977
WUTZ, EWALD (1980): Sport im Schulleben. Unveröffentlichtes Skript eines Referats anläßlich eines Fortbildungslehrganges für Schulamtsdirektoren und Schulräte. München: 1980
WYGOTSKI, L.S. (1973): Das Spiel und seine Rolle für die psychische Entwicklung des Kindes. In: Ästhetik und Kommunikation 11/1973
ZIMMER-SCHÜRINGS, MARGOT (Hrsg.) (1979 a): Zur Theorie und Praxis von Körper- und Bewegungserziehung. Oldenburg: 1979
ZIMMER-SCHÜRINGS, MARGOT (1979 b): Bewegungserziehung und Körpertherapie? Oldenburg: 1979
ZINNECKER, JÜRGEN (1980): Straßensozialisation. In: Zeitschrift für Pädagogik 5/1979

Adressen

Siegrid ALBRECHT, Korsorsstr. 143, 2906 Achternmeer, Tel. 04407-8511
Rainer BALTSCHUN, Feldstr. 59, 2800 Bremen 1, Tel. 0421-71551
Arne BERGMANN, Wichelnstr. 32, 2900 Oldenburg, Tel. 0441-76604
Inge DEPPERT, Gravestr. 4, 2800 Bremen 33, Tel. 0421-254119
Walburga DETERS, Tanzforum Oldenburg, Kurwickstr. 2, 2900 Oldenburg,
  Tel. 0441-504395
Andreas GIRKE, Udo RUNGE, Holtenauer Str. 179, 2300 Kiel
Heiko GROSCH, Worphauser Landstr. 22, 2804 Lilienthal, Tel. 04208-1034
Holger GRABBE, Universität Bielefeld, Universitätsstraße, 4800 Bielefeld
HAMBURGER SPORTJUGEND im HSB, Referat Allgemeine Jugendfragen,
  Rainer Lucht, Schaferkampsallee 1, 2000 Hamburg 6, Tel. 040-412154
Herbert HARTMANN, Institut für Sportwissenschaft, FB 3, Technische Hochschule
  Darmstadt, Hochschulstr. 1, 6100 Darmstadt, Tel. 06151-163161
Eberhard HELMS, FU Berlin, Institut für Sportdidaktik (Z 17) WE 5, Malteser-
  str. 74 - 100, 1000 Berlin
Rüdiger HILLGÄRTNER, Universität Oldenburg, Ammerländer Heerstraße,
  2900 Oldenburg, Tel. 0441-7982345
Wilhelm HINRICHS, Projekt Spiel-Bewegung-Umwelt, Universität Oldenburg, Uhl-
  hornsweg 49 - 55, 2900 Oldenburg, Tel. 0441-7983164
Rüdiger KLUPSCH, Virchowstr. 102, 4640 Gelsenkirchen
Jürgen KOCH, Projekt Spiel-Bewegung-Umwelt, Universität Oldenburg, Uhlhorns-
  weg 49 - 55, 2900 Oldenburg, Tel. 0441-7983170
Jürgen und Ursula KRETSCHMER, WOR, Fachbereich Erziehungswissenschaften,
  Universität Hamburg, Von-Melle-Park 8, 2000 Hamburg 13
Georg LUBOWSKY, Liegnitzer Str. 12, 2900 Oldenburg, Tel. 0441-62596
Herbert MAIER, Otto-Gildemeister-Str. 19, 2800 Bremen, Tel. 0421-3498280
Heino NAWRATH, Tanzforum Oldenburg, Kurwickstr. 2, 2900 Oldenburg,
  Tel. 0441-504395
Franz NITSCH, Deutschhausstr. 31, 3550 Marburg/Lahn
Rainer PAWELKE, Sportwissenschaftliches Institut der Universität Regensburg, Uni-
  versitätsstr. 31, 8400 Regensburg, Tel. 0941-9432510
Bero RIGAUER, Universität Oldenburg, Uhlhornsweg 49 - 55, 2900 Oldenburg,
  Tel. 0441-7983151
Andreas SAGGAU, Biedermannplatz 10, 2000 Hamburg 76, Tel. 040-2799777
Achim SCHÖNBERG, Föhrenkamp 4, 2905 Friedrichsfehn, Tel. 04486-1913
SOLIDARITÄTSJUGEND DEUTSCHLANDS im RKB, Medersbuckel 4, 7500 Karls
  ruhe 41, Tel. 0721-60031
VEREIN FÜR SPORT UND KÖRPERKULTUR, Bismarckstr. 20, 5000 Köln 1,
  Tel. 0221-410791
Peter WEINBERG, Fachbereich Sportwissenschaft, Universität Hamburg,
  2000 Hamburg 13
WERKSTATT FÜR MEDIENARBEIT UND FREIZEITPÄDAGOGIK, Stau 119,
  2900 Oldenburg, Tel. 0441-16712
Kamilla WILL, Projekt Spiel-Bewegung-Umwelt, Universität Oldenburg, Uhlhorns-
  weg 49 - 55, 2900 Oldenburg, Tel. 0441-7983164
Christian WOPP, Hochschulsport der Universität Oldenburg, Uhlhornsweg 49 - 55,
  2900 Oldenburg, Tel. 0441-7982085
Frank ZECHNER, Nordkamp 40a, 2906 Wardenburg, Tel. 0441-505223
Heidi ZIEGER, Auguststr. 85, 2900 Oldenburg, Tel. 0441-72273
Heimke ZUR KAMMER, Langestr. 50, 2833 Harpstedt, Tel. 04244-7947

In den Schriftenreihen des ZENTRUMs FÜR PÄDAGOGISCHE BERUFSPRAXIS der Universität Oldenburg sind unter anderem folgende Titel erschienen:

Ingo Scheller
Erfahrungsbezogener Unterricht

Das Buch beschäftigt sich mit der Aneignung, Verarbeitung und Veröffentlichung von Erfahrungen im Rahmen schulischen Unterrichts.
Ingo Scheller macht an vielen Beispielen deutlich, wie das Prinzip der Schülerorientierung umsetzbar ist: Gespräch, szenisches Spiel, Schreiben, Literatur, Photographie ...
Das Buch gibt wertvolle Anregungen und Hinweise für einen abwechslungsreichen, phantasievollen Unterricht.

DIN A 4, 380 Seiten, zahlreiche Abbildungen

Karsten Friedrichs, Hilbert Meyer, Eva Pilz
Unterrichtsmethoden

Das Buch führt ausführlich und gründlich in das Gebiet der Unterrichtsmethoden ein. Vom Frontalunterricht bis hin zu Gruppenunterricht, Rollenspielen usw. werden die gängigen Methoden vorgestellt und diskutiert. Dabei berücksichtigen die Autoren auch Probleme, die in anderen Büchern mit einer ähnlichen Thematik kaum oder gar nicht angesprochen werden, wie z.B. Körpersprache und Disziplinschwierigkeiten. Dies alles wird nicht abstrakt erörtert, sondern konkret an Unterrichtsbeispielen gezeigt und vorgeführt.

DIN A 4, 490 Seiten

Otto Lange (Hrsg.)
Problemlösender Unterricht und selbständiges Arbeiten von Schülern

Die in diesem Sammelband enthaltenen Beiträge stellen das Prinzip des Problemlösens von verschiedenen Seiten vor: neben Aufsätzen, die theoretische Konzeptionen zur Eigentätigkeit von Schülern und zur Erfassung von Problemlösefertigkeiten behandeln, stehen Beiträge, die sich stärker der Umsetzung des didaktischen Ansatzes im mathematisch-naturwissenschaftlichen und Technikunterricht der Sek. I zuwenden. Hierbei sind die konkreten Unterrichtsbeispiele besonders anschaulich und illustrativ.

DIN A 5, 260 Seiten, farb. Abb.

Erich A. F. Westphal
... die Wissenschaft (wieder) menschlich machen
- Vorlesungen zur Pädagogik als Wissenschaft -

Der Autor geht in diesen Vorlesungen der Frage nach, was die Pädagogik als Wissenschaft zur Bewältigung der Praxisprobleme von Lehrern beitragen kann. Resignation und Ohnmacht gegenüber dem Alltag lassen sich nur überwinden, wenn man nach neuen Ansätzen sucht. Der Autor sieht sie in einer ganzheitlichen Wahrnehmung und Bearbeitung von Alltagssituationen der Berufspraxis, im Sinne einer Lebensproblemzentrierung- und -analyse.

DIN A 5, 234 Seiten

M. Zimmer-Schürings/H. Maier (Hrsg.)
Zur Theorie und Praxis von Körper- und Bewegungserziehung

In diesem Heft werden neuere und z. T. bislang wenig beachtete Konzeptionen für sportliche Betätigung innerhalb und außerhalb der Schule vorgestellt. In einigen Beiträgen werden fachdidaktische Ansätze des Sportunterrichts aufgezeigt; die in den anderen Beiträgen enthaltenen praxiserprobten Vorgehensweisen lassen sich für einen phantasievollen Sportunterricht fruchtbar machen.

DIN A 5, 92 Seiten

M. Zimmer-Schürings
Bewegungserziehung oder Körpertherapie?
- Über anthropologische und psychologische Grundlagen einer künftigen Sportpädagogik -

In verschiedenen Beiträgen werden die Grundlagen einer künftigen Sportpädagogik skizziert, die sowohl verschiedene Formen der Bewegungstherapie als auch die Entwicklung alternativer Bewegungsräume umfaßt. Das Heft vermittelt Anregungen für die Gestaltung eines kreativen Sportunterrichts.

DIN A 5, 92 Seiten

Autorengruppe:
Entwicklung alternativen sportlichen Freizeitverhaltens
- Materialien und Berichte einer Veranstaltung zum Thema "Sport und Kreativität" -

Unter dem übergreifenden Gesichtspunkt "Sport und Kreativität" werden verschiedene Möglichkeiten alternativen sportlichen Verhaltens vorgestellt; dies reicht von der Spielplatz- und Schulhofgestaltung bis hin zur Gestaltung von Spielnachmittagen und Freizeitveranstaltungen.
Zahlreiche praxiserprobte Übungen werden in Wort und Bild dargestellt. Unterrichtseinheiten zur "Kreativität im Schulsport" runden das Heft ab.

DIN A 5, 152 Seiten

Herbert Maier (Hrsg.)
Freizeit-Forschung
- *Wissenschaftliches Symposium an der Universität Oldenburg vom 10. bis 11. September 1980* -

Das Heft beinhaltet die auf einem wissenschaftlichen Symposium gehaltenen Beiträge, die sich mit Theorieansätzen des Freizeitsports befassen. Neben verschiedenen Forschungsrichtungen werden Einblicke in die praktische Umsetzung der einzelnen Ansätze vermittelt und Vorschläge für sportliche Freizeitgestaltung gemacht.

DIN A 5, 124 Seiten

Jürgen Koch, Herbert Maier, Bero Rigauer
Integrative Körper- und Bewegungserziehung und sportliches Verhalten

Der Ansatz einer integrativen Körper- und Bewegungserziehung wird auf verschiedenen Dimensionen entfaltet, und dabei werden sowohl theoretische Positionen verdeutlicht als auch praxisbezogene Vorschläge und Übungsteile vorgestellt.

DIN A 5, 143 Seiten, Photos

Bernd Bollweg
Hermeneutik der Körpersprache
Doris Kroll
Objektive Zeitstrukturen und subjektives Empfinden

Das Heft enthält zwei längere Arbeiten, die sich mit der Bedeutung von Körpersprache und ihrem Stellenwert im Kommunikationsprozeß sowie mit der Problematik von Zeitstrukturen und ihren verschiedenartigen Auswirkungen auf die Lernweise von Berufstätigen befassen.

DIN A 5, 186 Seiten, Photos

Johannes Feuerbach
Körperbewußtheit, Bewegung und Tanz

Der in diesem Heft dargestellte Unterrichtsversuch stellt ein Beispiel vor, wie Ansätze von körperlichen Ausdrucksverhalten, Bewegung und tänzerischen Elementen in der Schule vermittelt werden können. Eine ausführliche Beschreibung des Lernprozesses ermöglicht einen Nachvollzug des unterrichtlichen Geschehens und gibt vielfache Anregungen für die eigene Unterrichtspraxis.

DIN A 5, 114 Seiten

Norbert Groen
Alternative zum Trimmpfad
- *Planung einer Bewegungslandschaft* -

Norbert Groen analysiert in seiner Untersuchung verschiedene Konzeptionen des Freizeitsports, der Trimm-Bewegung und der herkömmlichen Gestaltung von Trimmpfaden. Ausführlich werden Alternativen zur bisherigen Anlage von Trimmpfaden (wie z.B. Waldsportanlagen, Bewegungslandschaften usw.) aufgezeigt; praxisnah werden Realisierungsmöglichkeiten solcher Alternativen von der Planung bis zur Finanzierung dargestellt und anhand zahlreicher Beispiele illustriert.

DIN A 5, 124 Seiten, zahlr. Photos,

Klaus Hahn, Wilhelm Hinrichs, Wilfried Schneider
Standortanalyse einer Spiel- und Sportanlage

Die Autoren untersuchen die Belastung von Spiel- und Sportanlagen durch Immissionen von Verkehrswegen; da die sportliche Betätigung auf solchen Anlagen zu gesundheitlichen Schäden führen kann, wird dafür plädiert, derartige Faktoren in Zukunft bei der Standortwahl stärker zu berücksichtigen, wofür geeignete Vorgehensweisen aufgezeigt werden.

DIN A 5, 135 Seiten

Herbert Maier
Bewegungsdefizite als persönliche und soziale Risikofaktoren - Konsequenzen für Unterricht und Schulgestaltung

Die Publikation umfaßt die ganze Bandbreite der im Modellversuch Freizeitsport durchgeführten theoretischen, empirischen und praktischen Studien: Rhythmus, Spiel, Bewegungsabläufe, Zeitstrukturen, Hermeneutik der Körpersprache, Schülerarbeitsplatzanalyse usw. Daraus werden Vorschläge für praktische Innovationen im Schulsport abgeleitet (z.B. Förderung des Bewegungsverhaltens durch die Einführung neuer Geräte) und Konsequenzen für die Sportlehrerausbildung gezogen.

DIN A 5, 249 Seiten

Boldt, Kreuzwieser, Ring (Hrsg.)
Frieden und Abrüstung
- *Materialien für einen fachübergreifenden Unterricht* -

Das Buch enthält Unterrichtseinheiten und Stundenentwürfe für einen fachübergreifenden Unterricht in der Primarstufe, Sekundarstufe I und Sekundarstufe II. Neben erprobten Stundenverläufen werden Texte und Medien vorgestellt, die zur weiteren Unterrichtsgestaltung herangezogen werden können. Materialien zur Diskussion um Theorie und Praxis der Friedenserziehung und Konfliktforschung runden die Publikation ab.

DIN A 5, 597 Seiten

Ein Katalog zu den Schriften des ZpB kann angefordert werden bei der

Universität Oldenburg
Zentrum für pädagogische Berufspraxis
Ammerländer Heerstraße 100

2900 Oldenburg